佛山市人文和社科研究丛书编委会
FOSHANSHI RENWEN HE SHEKE YANJIU CONGSHU BIANWEIHUI

主　任：商学兵　黎才远　邓　翔
副主任：何子健　陈恩维
编　委：谢中元　邓　辉　李若岚
　　　　李建丽　刘建萍　张良桥
　　　　雷郎才　淦述卫　申元凯
　　　　李慧霈

中共佛山市委宣传部　　主编
佛山市社会科学界联合会

佛山市人文和社科研究丛书
FOSHANSHI RENWEN HE SHEKE YANJIU CONGSHU

走向"后申遗时期"的佛山非遗传承与保护研究

ZOUXIANG "HOUSHENYISHIQI"
DE FOSHAN FEIYI CHUANCHENG
YU BAOHU YANJIU

谢中元 著

中山大学出版社
SUN YAT-SEN UNIVERSITY PRESS
·广州·

版权所有　翻印必究

图书在版编目（CIP）数据

走向"后申遗时期"的佛山非遗传承与保护研究/谢中元著. —广州：中山大学出版社，2015.8

（佛山市人文和社科研究丛书）

ISBN 978-7-306-05348-0

Ⅰ. ①走… Ⅱ. ①谢… Ⅲ. ①文化遗产—保护—研究—佛山市 Ⅳ. ①K296.53

中国版本图书馆 CIP 数据核字（2015）第 158281 号

出 版 人：徐　劲
策划编辑：刘丽丽　李海东
责任编辑：刘丽丽
封面设计：方楚娟
责任校对：赵　婷
责任技编：何雅涛
出版发行：中山大学出版社
电　　话：编辑部 020-84110283，84111996，84111997，84113349
　　　　　发行部 020-84111998，84111981，84111160
地　　址：广州市新港西路 135 号
邮　　编：510275　传真：020-84036565
网　　址：http://www.zsup.com.cn　E-mail：zdcbs@mail.sysu.edu.cn
印 刷 者：广州家联印刷有限公司
规　　格：787mm×1092mm　1/16　14.75 印张　272 千字
版次印次：2015 年 8 月第 1 版　2015 年 8 月第 1 次印刷
定　　价：42.00 元

如发现本书因印装质量影响阅读，请与出版社发行部联系调换。

《佛山市人文和社科研究丛书》
出版前言

文化是一座城市的品格和基因，佛山是座历史传统悠久、人文气息浓郁、文化积累深厚的城市。近年来，佛山经济社会发展日新月异，岭南文化名城建设如火如荼，市、区有关部门及镇街从各自工作职能或地方发展特点出发，陆续编辑出版了一些人文或社科方面的书籍及资料。但从全市层面看，尚无一套完整反映佛山历史文化和人文社科方面的研究丛书，实为佛山社会文化传承的一大憾事。为弥补这不足之处，中共佛山市委宣传部、佛山市社会科学界联合会决定联合全市社会科学研究力量，深入挖掘佛山历史文化资源，梳理佛山哲学社会科学研究成果，编辑出版《佛山市人文和社科研究丛书》，并力争将其打造成为佛山市的人文社科研究品牌和城市文化名片。

本套丛书的策划和编辑，主要基于以下几个方面的考虑：一是体现综合性。丛书从全市层面开展综合性研究，既彰显佛山社会经济文化综合实力，也充分展现佛山人文社科研究水平，避免了只研究单一领域或个别现象，难以形成影响力的缺憾。二是注重广泛性。丛书对佛山历史文化、名人古迹、民俗风情、非物质文化遗产和经济、政治、社会、生态等各个方面都给予关注，而佛山经济社会发展亮点、历史文化闪光点和研究空白领域更是丛书首选。三是突出本土性。丛书选题紧贴佛山实际，具有鲜明的地方特色，作者主要来自佛山本地，也适当吸收外部力量，以锻炼培养一批优秀的人文社科研究人才。四是侧重研究性。丛书严格遵守学术规范，注重学术研究的广度、深度和高度。注重理论的概括、提炼和升华，在题材、风格、构思、观点等方面多有独到之处，具备权威性、整体性、系统性和新颖性，是值得收藏或研究的好书籍。五是兼顾通俗性。丛书要求语言通俗易懂，行文简洁明了，图文并茂，条理清晰，易于传播，既可作阅读品鉴之用，也是开展对外宣传和交流的好读物。六是坚持优质性。丛书综合考虑研究进度和经费安排，本着宁缺毋滥的原则，采取成熟一本、出版一本的做法，"慢工出细活"，保证研究出版的质量。七是力求系统性。

每年从若干选题中精选一批进行资助出版，积沙成塔，形成规模，届时可再按历史文化、哲学社会科学、佛山典籍整理等形成系列，使丛书系列化、规模化、品牌化。八是讲究方便性。每种书，既是整套丛书的一部分，编排体例、形式风格保持一致，又独立成书，自成一体，各有风采，避免卷帙浩繁，方便携带和交流。

自2012年底正式启动丛书编辑工作以来，编委会多次召开专门会议，讨论确定研究主题、编辑原则、体例标准、出版发行等事宜。最终确定《佛山功夫名人影视传播研究》、《走向"后申遗时期"的佛山非遗传承与保护研究》、《佛山传统建筑研究》、《解构与传承——康有为思想的当代价值研究》等作为丛书的第二批项目，列入我市重点社科理论研究课题予以资助出版。经过选题报告、修改完善、专家审定、编辑校对等环节，最终呈现给读者的就是第二批《佛山市人文和社科研究丛书》。今后，编委会将继续从全市各单位、各院校及社会各界广泛征集项目进行论证遴选和资助出版，力争通过数年的持续努力，形成一整套覆盖佛山人文社科方方面面的研究丛书，使之成为建设佛山岭南文化名城、增强地方文化软实力的一项标志性工程。

本套丛书的编辑得到了佛山科学技术学院、佛山市委党校、佛山职业技术学院、顺德职业技术学院等院校和全市广大人文社科工作者的大力支持，中国社会科学院首批学部委员、著名学者杨义教授欣然为丛书作总序，中山大学出版社为丛书的出版做了大量艰苦细致的工作，在此一并表示衷心的感谢，并对所有关心和支持丛书编撰工作的社会各界人士致以深深的敬意！

佛山市人文和社科研究丛书编委会
2015年3月9日

都来了解佛山的城市自我
——《佛山市人文和社科研究丛书》总序

杨 义
（中国社会科学院首批学部委员）

  大凡有文化底蕴的地方，都有它的身份、品格和精神，有它的人物、掌故和地方风物，从而在祖国文化精神总谱系中留下它独特的文化 DNA。佛山作为一座朝气蓬勃而又谦逊踏实的岭南名城，自然也有它的身份、品格、精神，有它的人物、掌故、风物和文化 DNA。对于佛山人而言，了解这些，就是了解他们的城市自我；对于外来人而言，了解这些，就是接触这个城市的"地气"。

  佛山有"肇迹于晋，得名于唐"的说法。汉武帝派遣张骞通西域之后，中国始通罽宾，即今之克什米尔。罽宾属于或近于佛教发祥之地，在东汉魏晋以后的数百年间，多有高僧到中原传播佛教和译经。唐玄奘西行求法，就是从罽宾进入天竺的。据清代《佛山志》，东晋时期，有罽宾国僧人航海东来传教，在广州西面的西江、北江交汇的"河之洲"季华乡结寮讲经，宣传佛教，洲岛上居民因号其地为"经堂"。东晋安帝隆安二年（398），初来僧人弟子三藏法师达毗耶舍尊者，来岛再续传法的香火，在经堂旧址上建立了塔坡寺。因而佛山经堂有对联云："自东晋卓锡季华，大启丛林，阅年最久；念西土传经上国，重兴法宇，历劫不磨。"其后故寺废弛。到了唐太宗贞观二年（628），居民在塔坡岗下辟地建屋，掘得铜佛三尊和圆顶石碑一块，碑上有"塔坡佛寺"四字，下有联语云："胜地骤开，一千年前，青山是我佛；莲花极顶，五百载后，说法起何人。"乡人认为这里是佛家之山，立石榜纪念，唐贞观二年镌刻的"佛山"石榜至今犹存。佛山的由来，因珠江冲击成沙洲，为佛僧栽下慧根，终于立下了人杰地灵的根脉。

  明清以降的地方志，逐步发展成为记录地方历史风貌的百科全书。读地方之一类文献，成为了解地方情势，启示就地方而思考"我是谁"的文化记忆遗产。毛泽东喜欢读地方志书。在战争年代，每打下一座县城，就找县志来读。1929年打下兴国县城，获取清代续修的《瑞金县志》，如获至宝，挑灯夜读。新中国成立后，毛泽东到各地视察、开会，总要借阅当地志书。1958年在成都会议之前，就率先借阅《四川通志》、《蜀本纪》、《华阳国志》，后又要来《都江堰水利述要》、《灌县志》，并在书上批、画、圈、点。他在这次成都会议上，提倡在全国编修地方志。1959年，毛泽东上庐山，就借阅民国时期吴宗慈修的《庐山志》及《庐山续志稿》。可见编纂地方人文社会科学文献，是使人明白这个地方"我从何而来"、"我的文化基因若何"，保留历史记忆，增加文化底蕴的重要工程。

从历史记忆可知，佛山之得名，是中外文化交流的一个靓丽的典型。它栽下的慧根，就是以自己的地理姻缘和人文胸怀，得经济文化的开放风气之先。因为佛教东传，不只是一个宗教事件，同时也是开拓文化胸襟的历史事件。随同佛教而来的，是优秀的印度、波斯、中亚和希腊文化，它牵动了海上丝绸之路。诸如雕塑、绘画、音乐、美术、珍宝、工艺、科技、思想、话语、逻辑、风习，各种新奇高明的思想文化形式，都借助着航船渡过瀚海，涌入佛山。佛山的眼界、知性、文藻、胸襟为之一变，文化地位得到提升。

但是佛山胸襟的创造，既是开放的，又是立足本土的。佛山的城市地标上"无山也无佛"，山的精神和佛的慧根，已经化身千千万万，融入这里的河水及沃土。佛山的标志是供奉道教的北方玄天大帝（真武）的神庙，而非佛寺，这是发人深省的。清初番禺人屈大均的《广东新语》卷六说："吾粤多真武宫，以南海佛山镇之祠为大，称曰祖庙。"那么为何本土道教的祖庙成了佛山的标志呢？就因为佛山为珠江水流环抱，水是它的生命线，如屈大均接着说的："南冥之水生于北极，北极为源而南冥为委，祀赤帝者以其治水之委，祀黑帝者以其司水之源也。"于是，从北宋元丰年间（1078—1085）起，佛山就建祖庙，宋元以后各宗祠公众议事于此，成为联接各姓的纽带，遂称"祖庙"。祖庙附有孔庙、碑廊、园林，红墙绿瓦，亭廊嵯峨，雕梁画栋，绿荫葱茏，历数百年而逐渐成为一座规模宏大、制作精美、布局严谨，具有浓厚岭南地方特色的庙宇建筑群。

这种脚踏实地的开放胸襟，催生和推动了佛山的社会经济开发的脚步。晋唐时期的佛山，还只是依江临海的沙洲，陆地尚未成片。到了宋代，随着中原移民的大量涌入和海外贸易的兴起，以及珠江三角洲的进一步开发，佛山得到了进一步的发展，于是有"乡之成聚，肇于汴宋"的说法。佛山临近省城，可以分润省城的人才、文化、交通、商贸需求的便利；但它又不是省城，可以相当程度地摆脱官府权势压力和体制性条条框框的约束，有利于民间资本、技艺、实业和贸易方式的发育。珠江三角洲千里沃野，需要大量铁制的农具，因而带动了佛山的冶铁铸造业。屈大均《广东新语》卷十五说："铁莫良于广铁，……诸炉之铁冶既成，皆输佛山之埠，佛山俗善鼓铸，……诸所铸器，率以佛山为良，陶则以石湾。"生产工具的改进和省会、海外需求的刺激，又进一步带动了以桑基鱼塘为依托的缫丝纺织业。

起源于南粤先民的制陶业，也在中原制陶技术的影响下，迅速发展起来了。南宋至元，中原移民把定、汝、官、哥、钧诸名窑的技艺带到佛山石湾，与石湾原有的制陶技艺相融合，在吸取名窑造型、釉色、装饰纹样的基础上，使"石湾集宋代各名窑之大成"。石湾的土、珠江的水，在佛山人手里仿佛具有了灵性，它们在南风古灶里交融裂变、天人合一，幻化出五彩斑斓的石湾陶。清人李调元《南越笔记》卷六记载："南海县之石湾善陶。凡广州陶器，皆出石湾，尤精缸瓦。其为金鱼大缸者，两两相合。出火则俯者为阳，仰者为阴。阴所盛则水浊，阳所盛则水清。试之尽然。谚曰'石湾缸瓦，胜于天下。'"李调元是清乾嘉年间的四川人，晚年著述自娱，这也取材于《广东新语》。水下考古曾在西沙沉没的古代商船中发现许多宋代石湾陶瓷。在东至日本朝鲜、西至西亚的亚曼和东非的坦桑尼亚等地，也有不少石湾陶瓷出土。自明代起，石湾的艺术陶塑、建筑园林陶瓷、手工业用陶器不断输出国外，尤其是园林建筑陶瓷，极受东南亚人民的欢迎。东南亚各国如泰国、越南、新加坡、马来西亚、印度尼西亚等地的出土文物中，石湾陶瓷屡见不鲜。至今在东南亚各地以及香港、澳门、台湾地区庙宇寺院屋檐瓦脊上，完整保留有石湾制造的瓦脊就有近百条之多，建筑饰品更是难以计其数。石湾陶凭借佛山通江达海的交通条件和活跃的海外贸易，走出了国门，创造了"石湾瓦，甲天下"的辉煌。石湾陶瓷史，堪称一部浓缩的佛山文化发展史，也是一部精华版的岭南文化发展史：南粤文化是其底色，中原文化是其彩釉，而外来文化有如海风拂拂，引起了令人惊艳的"窑变"。

佛山真正名扬四海，还因其在明清时期演绎的工商兴市的传奇。明清时期的佛山，城市空间不断拓展，商业空前繁荣，由三墟六市一跃而为二十七铺。佛山的纺织、铸造、陶瓷三大支柱产业，都进入了繁荣昌盛的发展阶段。名商巨贾、名工巧匠、文人士子、贩夫走卒，五方辐辏，汇聚佛山。或借助产业与资本的运作，富甲一方，造福乡梓；或潜心学艺、精益求精，也可创业自强。于是，佛山有了发迹南洋的粤商，有了十八省行商会馆，有了古洛学社和佛山书院，有了诸如铸铁中心、南国丝都、南国陶都、广东银行、工艺美术之乡、民间艺术之乡、中成药之乡、粤剧之乡、武术之乡、美食之乡等让人艳羡的美名，有了陈太吉的酒、源吉林的茶、琼花会馆的戏……百业竞秀、名品荟萃，可见街市之繁华。乡人自豪地宣称："佛山一埠，为天下重镇，工艺之目，咸萃于此。"外地游客也盛赞："商贾丛集，阛阓殷厚，冲天招牌，较京师尤大，万家灯火，百货充盈，省垣不及也。"清道光十年（1830）佛山人口据说已近60万，成为"广南一大都会"，与汉口、景德镇、朱仙镇并称"天下四大名镇"，甚至与苏州、汉口、北京共享"天下四大聚"之美誉，即清人刘献廷《广阳杂记》卷四所云："天下有四聚，北则京师，南则佛山，东则苏州，西则汉口。"佛山既非政治中心，亦非军事重镇，它的崛起打破了"郡县城市"的旧模式，开启了中国传统工商城市发展的新途径。它以"工商成市"的模式，丰富了中国城市学的内涵。

近现代的佛山，曾经遭遇过由于交通路线改变、地理优势丧失、经济环境变化的困扰。但是，佛山没有步同列四大名镇的朱仙镇一蹶不振的后尘，而是在艰难中励志探索，始终没有松懈发展的原动力，在日渐深化的程度上实行现代转型。改革开放以来，佛山又演绎了经济学家津津乐道的"顺德模式"和"南海模式"。前者是一种以集体经济为主、骨干企业为主、工业为主的经济发展方式。借助这种模式，顺德于20世纪80年代完成了从农业社会到初始化工业社会的过渡，完善了有利于科学发展的体制机制，诞生了顺德家电的"四大花旦"——美的、科龙、华宝、万家乐。后者是以草根经济为基础，按照"三大产业齐发展，五个层次一起上"的方针，调动县、镇、村、组、户各方面的积极性和社会资源，形成中小企业满天星斗的局面。上述两种模式衍生了佛山集群发展的制造业基地、各显神通的专业市场、驰名中外的佛山品牌、享誉全国的民营经济。

佛山在自晋至唐的得名过程中埋下了文化精神的基因，又在现代产业经济发展中，培育和彰显了一种敢为人先、崇文务实和通济和谐的佛山精神。这种文化基因和文化精神，使佛山人得近代风气之先，走出了一批影响卓著的名人：从民族资本家陈启源到公车上书的康有为，从"近代科学先驱"邹伯奇到"铁路之父"詹天佑，从"岭南诗宗"孙蕡到"我佛山人"吴趼人，从睁眼看世界的梁廷枏到出使西国的张荫桓，从岭南雄师黄飞鸿到好莱坞功夫巨星李小龙。在现代工商发展方式上也多有创造，从工商巨镇到家电之都，从"三来一补"到经济体制改革，从专业镇建设到大部制改革，从简镇强权到创新型城市建设，百年佛山人在政治、经济、文化领域引领风骚，演绎了一个个岭南传奇。佛山适时地开发了中国最具经济实力和发展活力之一的珠江三角洲腹地，位于亚太经济发展活跃的东亚及东南亚的交汇处的地理位置优势，由古代四大名镇之一转型为中国的改革先锋。

佛山人生生不息、与时俱进的创造力，蕴含着深厚的文化血脉和丰富的文化启示，值得进行系统的梳理和深层次的阐释。当代的佛山人，在默默发家致富、务实兴市的同时，应该自觉地了解生于斯、长于斯的这个城市的"自我"，总结这个城市发展的风风雨雨、潮起潮落的足迹，以佛山曾是文献之邦、人文渊薮的传统，来充实自己的人文情怀，提高"佛山之梦"的境界。佛山人也有梦，一百年前"我佛山人"吴趼人在《南方报》上连载过一部《新石头记》，写贾宝玉重入凡世乃是晚清社会，他不满于晚清的种种奇怪不平之事，后来偶然误入"文明境界"，目睹境内先进的科技、优良的制度，不胜唏嘘。他呼唤"真正能自由的国民，必要人人能有了自治的能力，能守社会上的规则，能明法律上的界线，才可以说自由"；而那种"野蛮的自由"，只是薜蟠要去的地方。这些佛山文化遗产，是佛山人应该重新唤回记忆，重新加以阐释的。

　　"我佛山人"是我研究小说史时所熟悉的。我曾到佛山，与佛山人交流过读书的乐趣和体会，佛山的文化魅力和经济成就也让我感动。略有遗憾的是，当我想深入追踪佛山的历史身份、品位和文化DNA时，图书馆和书店里除了旅游手册之类，竟难以找到有丰厚文化底蕴的新读物。"崇文"的佛山，究竟隐藏在繁华都市的何方？"喧嚣"的佛山，可曾还有一方人文净土？我困惑着，也寻觅着。如今这套《佛山市人文和社科研究丛书》，当可满足我的精神饥渴。它涵盖了佛山的方方面面，政治、经济、文化、历史、人文、地理、城市、人物、事件，时空交错、经纬纵横，一如古镇佛山，繁华而不喧嚣，富有而不夸耀；也如当代佛山，美丽而不失内秀，从容而颇具大气。只要你开卷展读，定会感受到佛山气息，迎面而来；佛山味道，沁人心脾；佛山故事，让人陶醉；佛山人物，让人钦佩；佛山经验，引人深思；佛山传奇，催人奋进。当你游览祖庙圣域、南风古灶、梁园古宅之后，从容体味这些讲述佛山文化的书籍，自会感到精神充实，畅想着佛山的过去、当下和未来。我有一个愿望，这套丛书不止于三四本，而应该是上十本、上百本，因为佛山的智慧和传奇，还在书写着新的篇章，佛山是一部读不完的大书。佛山，又名禅城。佛山于我们，是参不透的禅。这套丛书可以使我们驻足沉思，时有顿悟！

　　我喜欢谈论人文地理，近来尤其关注包括佛山在内的南中国海历史文化。但是对于佛山，充其量只是走马观花、浮光掠影，爱之有加，知之有限。聊作数言，权作观感。是为序。

2014年2月9日

序

　　谢中元的《走向"后申遗时期"的佛山非遗传承与保护研究》一书的PDF版发到我的邮箱里后曾经搁置了一段时间。搁置的原因很简单：就是因为我自己久治不愈的"拖延癌"发作，如今不仅事事拖延，而且搞不好就会在拖延中忘却。直到前几天中元问起我对这本书的看法时才惊醒般想起，然后赶快抓紧时间通读。

　　中元在我这儿读博的时间还不到两年，但他其实在考入之前就已经学有所成。他在佛山做的关于非遗保护问题的研究已有不少成果，而且和他聊天也知道他对非遗保护在观念上和实践上都有不少自己的见解，不仅发了一些有分量的学术论文，而且已经出版过关于非遗民俗的书。因此现在又有这本书要出版，也不会让人觉得有什么意外。尽管如此，读完这本书，还是给我留下了深刻的印象。

　　中元这本书分上下两编，上编是关于非遗保护的观念、现实和问题的思考。非遗是近十多年才出现的新概念，非遗保护在中国开展了已有十多年，关于这个概念及其实践的研究探讨一直没有停止。中元的这本书中关于非遗保护基本观念和实践问题的探讨当然也属于这个研究历史中的一部分，但与迄今为止大多数相关研究不同的是，书中的研究体现出一种比大多数研究更突出的追根寻源的学术精神。上编首先从国家发展战略对地方政府的影响作用入手，探讨了中国非遗保护的宏观语境和机制，而后对非遗的内在文化特征——与身体实践的关系分析非遗保护中的传承人问题，第三章是从"后申遗时期"这一特定的时代角度研究中国非遗保护的发展过程中产生的新形态和问题。下编则在上编的宏观和理论研究基础上对佛山非遗保护进行了具体深细的案例解析。

　　中国非遗保护开展十多年了，研究成果即使不能说汗牛充栋，但也很不少了。这本书所谈到的问题和提出的观点在已有研究论著中或多或少有所涉及和探讨。然而如中元这样由宏观社会生态机制到微观身体实践，

1

抓住核心笼圈条贯、层层深入的理论研究，并联系到现实的实践问题以及自己亲历的非遗保护案例进行有深度、有说服力的分析阐释，这样的学理创新和实践应用兼备的成果还真不多见。对于从事非遗保护的研究和工作者来说，读这本书的确有参考价值和启迪思想的作用。

  当然，如果把期待标准提高一点，我希望中元同学在非遗理论研究方面能更进一步拓展知识视野，提供更多的理论建设成果，使非物质文化遗产这个至今还是有点模棱两可的概念获得更坚实的学理支持；同时也在非遗保护实践方面作出更多成果，总结更多经验；更希望在国家文化发展战略支持下非遗保护如何成为中国文化发展的一个新的强劲引擎，这个极具想象力的课题能给中元同学带来更多研究的灵感。

高小康

2015 年夏至

目　录

上编　非遗传承保护的整体观照与反思

第一章　非遗保护中的国家在场与地方实践 …………… 3
第一节　中国非遗保护与地方文化自觉 / 3
　一、全球遗产运动中的中国非遗保护 / 3
　二、非遗申报热与地方文化自觉 / 8
第二节　城镇化中非遗的传承困境与契机 / 12
　一、"城镇化"及其"去农村化"表征 / 12
　二、快速城镇化中的非遗传承危机 / 15
　三、非遗保护与新型城镇化的互动路径 / 18

第二章　非遗传承与传承人的梯队价值 …………………… 22
第一节　佛山非遗传承及传承人研究 / 22
　一、佛山非遗的类别与数量 / 22
　二、佛山非遗的传承方式 / 26
　三、佛山非遗代表性传承人解析 / 34
第二节　非遗传承人的"米提斯"及传承难题 / 42
　一、非遗传承人及其身体 / 42
　二、"米提斯"：传承人的身体实践能力 / 44
　三、非遗传承人"米提斯"的传承之难 / 47
　四、启示：带徒传艺与传承梯队的价值 / 50

第三章　后申遗视角下的非遗保护反思 ………………… 53
第一节　非遗保护中的机会主义及其消解 / 53

一、非遗保护中的机会主义实质 / 53
　　二、行政主导下的申遗机会主义 / 55
　　三、非遗学界的田野缺失与非遗体 / 57
　　四、非遗商业开发中的"抢占公地" / 59
　　五、消解非遗保护中的机会主义 / 61
　第二节　佛山非遗保护的"推进模式"及其前瞻 / 64
　　一、佛山非遗保护的推进模式 / 64
　　二、佛山非遗保护的制约性因素 / 68
　　三、"后申遗时期"佛山非遗保护的路向 / 71

下编　非遗传承保护的类型与个案研究

第四章　佛山表演艺术非遗传承保护的类型与个案 …… 77
　第一节　佛山表演艺术类非遗的传承与保护 / 77
　　一、佛山表演艺术类非遗的分布和类别 / 77
　　二、佛山表演艺术类非遗的存活特征 / 88
　　三、佛山表演艺术类非遗的保护策略 / 94
　第二节　个案：佛山"龙舟说唱"的活态传承与保护 / 100
　　一、口传身授：佛山龙舟说唱的传承方式 / 100
　　二、"惯常"与"即时"：佛山龙舟说唱的表演情境 / 105
　　三、程式化的声腔锣鼓：佛山龙舟说唱的生成依托 / 111
　　四、佛山龙舟说唱的濒危趋向及其保护 / 114

第五章　佛山民俗非遗传承保护的类型与个案 ……… 120
　第一节　佛山民俗类非遗的传承与保护 / 120
　　一、佛山民俗类非遗的主要传承特征 / 120
　　二、佛山民俗类非遗的保护经验及其启示 / 128
　第二节　个案：佛山"官窑生菜会"的传承、衍变与再生 / 136
　　一、官窑生菜会：活态传承的乡土民俗 / 136
　　二、复兴与嬗变：新时期以来官窑生菜会的衍变理路 / 139
　　三、非遗保护语境中官窑生菜会的文化再生 / 143

第六章　佛山手工艺非遗传承保护的类型与个案 …… 147

第一节　佛山手工艺类非遗的传承与保护 / 147
一、互补与共生：传统工商业视野下的佛山手工艺 / 147
二、衰落与自救：近代手工业视野下的佛山传统手工艺 / 149
三、经验与教训：计划经济体制下的佛山手工艺 / 151
四、机遇与阵痛：市场经济条件下的传统手工艺 / 154
五、事业与产业：非遗视野下的传统手工艺生产性保护 / 156
六、佛山手工艺类非遗保护的困境与反思 / 159

第二节　个案：佛山彩灯的生产性保护实践研究 / 164
一、商业情境下佛山彩灯的产销传统 / 164
二、合作化生产中的彩灯艺人与技艺传承 / 166
三、生产市场化与彩灯产品的应需而变 / 169
四、关于佛山彩灯传承与保护的思考 / 173

第三节　个案：佛山剪纸的生产性保护实践研究 / 177
一、商业情境下佛山剪纸的产销传统 / 177
二、技艺发展与佛山剪纸的创新求变 / 183
三、佛山剪纸的"生产性保护"绩效 / 189
四、关于佛山剪纸的传承瓶颈及其反思 / 193

参考文献 …… 198

附　录 …… 205
附录一：截至2014年列入国家级非物质文化遗产名录的佛山非遗统计 / 205
附录二：截至2014年列入广东省级非物质文化遗产名录的佛山非遗统计 / 208
附录三：截至2014年列入广东省级以上名录的佛山非遗代表性传承人统计 / 211

后　记 …… 214

上 编

非遗传承保护的整体观照与反思

第一章 非遗保护中的国家在场与地方实践

第一节 中国非遗保护与地方文化自觉

若从2001年昆曲进入联合国教科文组织第一批"人类口头和非物质遗产代表作"名录算起，中国已实施非遗保护十多年。期间各地各界对"非物质文化遗产"（以下简称"非遗"）概念从陌生到熟悉、从难以理解到积极申报，共同将非遗聚焦成了街谈巷议的热门话题。在国家和地方自上而下的推动下，非遗申报热、研究热、保护热席卷而来，呈现出行政主导、社会参与的运动化特征。"作为21世纪最重要的全球性文化事件，非物质文化遗产保护运动无疑是位列前沿的。"[①] 国家在场与地方文化自觉作为中国非遗热的内在推力，浑然交融又清晰可辨，一起建构了这个覆盖城镇乡野的文化图景。观照透视这场非遗保护运动，有必要在对国家和地方的并置、连接和比对中寻索规律与盲点。作为非遗保护的实施终端，地方在全球非遗保护语境中将国家意志逐级落地，又在经验模式层面充实了国家的政策框架和宏大愿景，因而是阐述非遗保护不可忽视的对象。

一、全球遗产运动中的中国非遗保护

追根溯源，"中国当前的'遗产热'是在国际遗产运动的语境中发生的，遗产运动本质上是一种国家公共资源政治的一种表述，也是东西方权力政治的一种表述"[②]。从1954年5月颁布的《武装冲突情况下保护文化财产公约》到1972年通过的《保护世界文化和自然遗产公约》（我国于

[①] 余悦：《非物质文化遗产研究的十年回顾与理性思考》，《江西社会科学》2010年第9期，第7页。

[②] 魏爱棠、彭兆荣：《遗产运动中的政治与认同》，《厦门大学学报》（哲学社会科学版）2011年第5期，第1页。

1985年加入)，联合国教科文组织将具有特殊价值的遗迹、遗址、文化景观及自然遗产列入世界遗产名录，从而确定了人类遗产保护框架的最早版本。该公约所框定的重点是物质类的文化遗产，虽没有将无形的、非物质的文化遗产纳入保护范围，但使文化和自然双重遗产观成为全球关于遗产保护的新型理念。自20世纪80年代以来，随着工业化、城市化以及全球化对人类自然生存环境的改变由表入里、由浅至深，无形的文化遗产所遭到的濒危困局也越来越鲜明，无形文化遗产开始被整体纳入联合国教科文组织的遗产保护视野。1989年的《关于保护传统和民间文化的建议》、1993年启动的"人类活瑰宝"体系、1998年通过的《宣布"人类口头和非物质遗产代表作"条例》，以稳健的可持续性主张宣示了国际组织保护活态文化遗产的决心与姿态。对文化遗产保护更具共识性的联盟、框架、方法以及合法化主张的寻索、确立和推行，则始于21世纪初的一系列文化宣言和申遗实践（图1.1所示为联合国教科文组织及非遗的LOGO）。

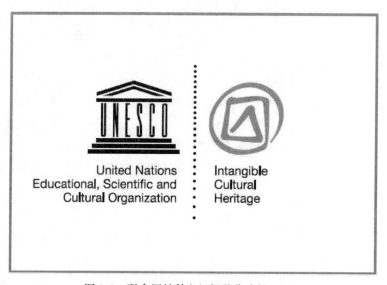

图1.1　联合国教科文组织及非遗的LOGO

2001年11月，联合国教科文组织大会第31届会议决议发起"全球文化多样性联盟"并颁布《世界文化多样性宣言》，提出："文化在各不相同的时空中会有各不相同的表现形式。这种多样性的具体表现形式，便是构成各人类群体所具有的独特性和多样性。文化的多样性是交流、革新和创作的源泉，对人类来说，保护它就像与保护生物多样性进而维持生物平衡一样必不可少。从这个意义上讲，文化多样性是人类的共同遗产，应从当代人和子孙后代的利益考虑予以承认和肯定。"① 该宣言旨在参照"生物多样性"的功能和作用，为文化遗产保护建立"文化多样性"的理论基础，并从文化生态安全角度强化文化遗产保护的本源性意义。基于此，2002年9月16—17日，联合国教科文组织在土耳其伊斯坦布尔举行主题为"非物质文化遗产——文化多样性的体现"的第三次国际文化部长圆桌会议，围绕非遗的范围及面临的威胁、文化多样性与可持续性发展的关系、建立保护非遗的国内制度、加强国际合作等问题展开热烈讨论，最终通过了保护非遗的《伊斯坦布尔宣言》。这两个"宣言"使各参与国对非遗的重要价值及非遗保护的紧迫性形成了基本的认同与共识。

但是，使全球范围内的非遗保护真正从宣言转入行动，从国际组织的理念变为实体国家的实践，则始于《保护非物质文化遗产公约》（以下简称《公约》）。2003年10月17日，联合国教科文组织第32届大会顺利通过《公约》，并于2006年4月生效。《公约》对非遗的定义是："'非物质文化遗产'指被各群体、团体、有时为个人视为其文化遗产的各种实践、表演、表现形式、知识和技能及其有关的工具、实物、工艺品和文化场所。各个群体和团体随着其所处环境、与自然界的相互关系和历史条件的变化不断使这种代代相传的非物质文化遗产得到创新，同时使他们自己具有一种认同感和历史感，从而促进了文化多样性和人类的创造力。"② 表述中优先指涉的"各种实践、表演、表现形式、知识和技能"是作为文化遗产的无形文化表现形态，而"工具、实物、工艺品和文化场所"则是无形文化表现形态的生成依托和存活载体。

其实，日本在1950年、韩国在1962年分别颁行的《文化财保护法》中已提出了"无形文化财"、"民俗文化财"等系列概念，特别是将"无形文化财"的对象集中于传统表演艺术、民间技艺等无形文化表现形式，与"非物质文化遗产"概念有异曲同工之处。如果说文化意义上的"遗产"带有过去时间层面上"文化遗留物"色彩，那么"文化财"则是一个面向现在以及未来创造的增值性概念，"财"比"遗产"更能凸显出国家民族的文化自信态度和自珍意识。日韩的文化财保护实践早于联合国教科文组织的探索，且形成了文化财保护的成熟的"日韩经验"，对国际社会的非遗保护产生了先导示范和正向推动作用。

联合国教科文组织作为统纳全球教育、科学、文化和传播事业的专门

---

① 《联合国教科文组织世界文化多样性宣言》，http：//unesdoc.unesco.org/images/0012/001246/124687c.pdf#page=84。
② 《保护非物质文化遗产公约》（巴黎，2003年10月17日），http：//www.unesco.org/new/fileadmin/MULTIMEDIA/HQ/ERI/pdf/listlegaldocumentsCN.pdf。

机构，所构建的非遗保护框架既有运行于全球范围的普适性，又具备适应不同地区和国家的变通性。《保护非物质文化遗产公约》对包括中国在内的世界各国的非遗保护实践设定了基本的概念框架和操作理念，吹响了全球非遗保护的"集结号"。我国于2004年8月批准加入《保护非物质文化遗产公约》，成为第六个加入《保护非物质文化遗产公约》的国家，此后，我国对非遗保护的全面履约践行持续铺开。2005年，国务院及其办公厅相继颁布《关于加强文化遗产保护的通知》、《关于加强我国非物质文化遗产保护工作的意见》；2006年、2008年，文化部相继发布《国家级非物质文化遗产保护与管理暂行办法》、《国家级非物质文化遗产项目代表性传承人认定与管理暂行办法》；2011年，《中华人民共和国非物质文化遗产法》（图1.2）正式颁布施行。与法规相配合的是，2006年设立了"文化遗产日"，自2006年至今评审公布了四批国家级非遗代表作名录以及四批国家级非遗项目代表性传承人名录，并构建了国家、省、市、县四级非遗代表作名录与代表性传承人名录体系，探索出了"生产性保护"、"整体性保护"、"文化生态保护区保护"等非遗保护实践模式。

图1.2 《中华人民共和国非物质文化遗产法》
（法律出版社2011年版）

国际非遗保护运动一方面契合了我国原本不断嬗变升级的"民族民间文化"保护意愿，另一方面也遇合了我国以"政府主导"为机制的文化行政土壤。在我国行政主导、自上而下的非遗保护体系中，"非物质文化遗产"迅速成为法律、规约、公文以及研究论述、民间表达中的热点概念，显示出被快速传播的趋势。

然而学界对"非物质文化遗产"概念本身在中国语境中的"理论旅行"并非毫无争议。宋俊华通过梳理概念源流指出，《保护非物质文化遗产公约》先是用法语起草，然后以英文、西班牙文、中文、阿拉伯文等六种语言发布，其中，英语版本中用的是"无形文化遗产"（intangible cultural heritage），法文和中文版本中用的是"非物质文化遗产"（non-physical cultural heritage），不同版本的概念表述导致了人们对概念接受和认知的混乱。① 乌丙安认为，对"非物质文化遗产"概念的困惑主要来源于对"非物质"一词的不理解，我们应该使用中国专业学科、中国文化工作中与"非物质文化遗产"相似、相近、几乎相同而又耳熟能详的名词术语，比如用"精神文化遗产"、"民族民间文化遗产"对"非物质文化遗产"进行直接解读。②

诚如斯言，"民族民间文化"作为生发于我国传统农耕文明的本土概念，与联合国教科文组织1989年倡导的"传统和民间文化"相似，所涵括的"民族"、"民间"两词在文化传播、推广与阐述方面更容易契合百姓受众的心理惯习。但是，"非物质文化遗产"划清了与"物质文化遗产"概念在形态上的界限，在内容上则统合了作为无形文化遗产的大传统与小传统、雅文化和俗文化，比"民族民间文化"概念在外延上更为开阔。事实上，精英、宫廷、宗教类的无形文化遗产是难以被纳入"民族民间文化"范畴的，却可进入"非物质文化遗产"序列，这显示出非遗概念的开放性色彩和文化多样性特征。然而，"非物质文化遗产"作为新词被引入地方后还是遭遇了"水土不服"，地方基层的非遗保护初期实践是在工作者和民众对非遗概念囫囵吞枣的前提下急速推进的，如佛山基层非遗保护人员所言："事实上非物质文化遗产的一般性概念也确实有点太笼统……这个定义读起来都觉得深奥费解。"③ 这意味着，地方对非遗的知识启蒙、普及和理论阐述滞后于非遗保护实践，难免带来了"摸着石头过河"的困境和问题。

然而，行政主导下的非遗保护运动遮蔽了参与者个体的概念迷茫。从政府到民间自上而下对非遗保护的逐级启动，以及地方文化自觉唤起后的积极共谋，让非遗保护短期内从文化实践变为了社会热潮，使得各级非遗

---

① 参见宋俊华《非物质文化遗产概念的诠释与重构》，《学术研究》2006年第9期。
② 参见乌丙安《中国文化语境中的"非物质文化遗产"界定》，《光明日报》2005年7月1日。
③ 彭有结：《论非物质文化遗产保护工作》，《文化遗产》2011年增刊，第89页。

名录的项目数量迅速扩张。"申遗"自此成为地方文化部门阶段性的"考试",地方部门的"备考应考"(申报非遗)以及上级政府部门的"监考阅卷"(非遗评审)之间形成一套遗产保护与名录评审的互动机制,维系着"申遗"的热情与"保护"的延续性。层级化的非遗认定意味着要将散落于民间的传统文化表现形式"遗产化",并推动其列入各级非遗代表作名录。如果将世界级非遗名录视为"金榜",那么国家非遗名录、省级非遗名录、地市级非遗名录可被喻为"银榜"、"铜榜"和"铁榜",而一些被普查挖掘而出但又暂时没有列入代表作名录的项目又可被冠之以"准非遗"、"预备非遗"等名号。各地政府及文化部门又以有非遗项目"金榜题名"为非遗工作的硬指标,不约而同地促推着"申遗热"持续升温。

二、非遗申报热与地方文化自觉

2005年,《关于加强我国非物质文化遗产保护工作的意见》确立了非遗保护"政府主导、社会参与、明确职责、形成合力"的基本原则,意味着"政府主导"是我国"申遗时期"非遗保护推进模式中的首要机制,也是我国非遗保护的核心原则。因为"非物质文化成为遗产,或者简单地说,被命名为遗产的程序就是一种公共文化的产生机制。'非物质文化'是一个表示自在状态的概念,只是表示特殊样式的文化的存在;'非物质文化遗产'是一个彰显文化自觉历程的概念,表明特殊样式的文化已经完成了权利主张、价值评估、社会命名的程序而成为公共文化"[①]。对于具有公共文化属性的非遗,政府从立法、规划、指导和经费投入等方面参与非遗保护的各个环节,特别是通过建立法规秩序以保障参与共享非遗的各方遵守并共享规则,同时组建专门机构组织推动非遗的申报、评审、监督、实施等管理和服务。

在政府主导的非遗保护格局中,配套的文化事业管理机制发挥着基础性作用。正因如此,文化遗产的持有主体与文化遗产申报主体、认定主体并不完全统一,尽管民间可以集体或个人的名义申报非遗项目,实际上操作非遗申报的多是地方文体旅游局、文化站、地方博物馆或文化馆等带有行政色彩的官办机构,评定者则都是地方文化精英及体制内的专家学者。原本散落于民间田野的活态文化形式需要借助研究、书写、宣传它的专家学者的"点石成金"之手,从底层草根之事变为官方正典之实,从而得以跻身遗产之列,成为名正言顺的非遗代表作。因此,非遗名录是假借专家

---

① 高丙中:《作为公共文化的非物质文化遗产》,《文艺研究》2008年第2期,第79页。

学者之眼所见，经其发现和表述并按其理解重新建构起来的。非遗由此从自在的民间文化变身为地方政府、地方精英共同促成的文化建构物。通过申遗进入非遗名录，可被称为非遗"产品"的认定命名仪式以及遗产身份的转换认同机制，申遗成功意味着传统民间文化的正式"遗产化"。全球遗产运动中传统民间文化的"遗产化"包孕着一系列复杂的过程，其"'遗产化'过程并非如此简单、机械与平滑，它无法脱离政治、经济、全球化的矩阵，更无法摆脱个体、机构、文化群体、族群、国家等遗产主体的牵涉，再加上一拨'虎视眈眈'的利益群体，遗产就成了'被劫持'的符号"①。

通过官方的推举、认定和命名，原本被地方民众所创造和共享的文化被遗产化之后，从边缘步入中心，得以显示独特的文化价值，其地位迅速提升，成为塑造地方形象的文化资源。地方形象由"中心性（centrality）、活力（dynamism）、认同（identity）与生活品质（quality of life）"四个因素决定，其中认同、生活品质两项主要指美感、历史性与文化设施。② 而非遗作为文化资本符号，在提升地方形象、促进文化设施建设、改善环境、激发认同等方面的工具作用显然是独一无二的。各地所积极推进的非遗申报，本质上在于使贴上非遗印记的传统资源转化为象征资本，希冀以此获得更充分的认可、聚焦和开发，并借助非遗名片换购其他形式的资本与资源。如佛山顺德基层的非遗保护工作者所言："顺德在申报各级非物质文化遗产过程中，曾出现过这样的状况：一些镇、街道把一些新近出现的文化现象、一些出现时间只有几十年的文化现象作为非物质文化遗产申报项目，只要是当地的一些文化，都想申报，而且要不遗余力地向高一级申报。"③ "遗产化"过程始于地方的"申遗"实践，而将非遗当作塑造地方形象或彰显文化政绩的符号资本，又成为地方积极"申遗"的原始动力。

在被列入各级非遗"正册"之后，关于非遗的"制造"活动就在各种用途渠道上枝繁叶茂地蔓延，尽管"制造"手段各不相同，但总是会在标准与特殊、均质与异质之间寻求动态平衡。列入保护名录的非遗随时可被纳入"制造"程序，供宣传、展览、参观、拍摄、参与、体验甚至增删修剪，成为形塑地方认同和地方形象的利器工具。从宏观角度来看，这种类似于"传统的发明"的实践，其实是地方主体为构筑族群纽带、获得身份

---

① 彭兆荣：《遗产学与遗产运动：表述与制造》，《文艺研究》2008年第2期，第91页。
② Brian Grahamb, G. J. Ashworth, J. E. Tunbridge. *A Geography of Heritage*: *Power, Culture and Economy*. London: Arnold & Oxford University Press Inc., 2000, p. 162.
③ 彭有结：《论非物质文化遗产保护工作》，《文化遗产》2011年增刊，第89页。

认同,进而向全球化场景输出差异性文化的过程。因为全球化一方面意味着通过军事、技术、媒体、人口流动、意识形态等诸多力量,将个人精英、商业团体、民族国家等地方性主体纳入全球化的世界秩序,使得渐趋高度压缩的时空呈现出越来越紧密的联系、对话或碰撞;另一方面又意味着自反性的地方化过程,即全球化场域中的地方性主体期冀通过"我们"与"他者"的对比凸显自身特质,以获得他者认可、确认身份归属,因而倾向于发掘再造以非遗为代表的传统文化资源。其实,"在全国申遗的浪潮中,地方政府和民族精英努力挖掘地方特色和民族传统文化,使之脱身蜕变为文化遗产,从而获得发展的机会和外力的援助,已成了普遍的方式"①。

以起源于明代的佛山秋色为例,它原是民众相约秋夜举行"秋色会景"游行,展现传统精巧手工艺品,并以此祈求来年风调雨顺的民间习俗。申遗使秋色习俗从民间文化上升到族群、国家层面。2005年,佛山将佛山秋色与祖庙北帝诞、狮舞、粤剧、龙舟说唱、佛山木版年画、剪纸、石湾陶塑技艺一起申报国家级非遗,结果祖庙北帝诞、佛山秋色双双落选,但于2006年入围了首批广东省级非遗名录。2007年佛山又将"佛山秋色"列入第一批市级非遗名录,并在2008年将其申报为第二批国家级非遗项目。"佛山秋色"的遗产化就体现为:地方政府选择秋色民俗中与当下价值取向相对接的文化要素,将其重组、突出以及重释,使之被表述为"佛山城市的名片"以及"海外乡亲认宗追源的重大节日"。如此一来,秋色民俗中体现佛山传统文化的部分被地方政府作了放大与强化,其官方表述更多体现现代主流话语的比附与阐释,同时对其原生态话语中的迷信色彩进行了意识形态的翻译与转化,使之上升为体现地方价值的地方性知识和文化象征符号。在遗产工程思路的牵引下,佛山秋色变成政府出资、企业参与、媒体渲染的文化"嘉年华",2012年的秋色巡游(图1.3)中甚至还植入了俄罗斯舞蹈、骑马舞等异域风情演出,而其中参演的文化节目也都是提前精心编制而成的。作为广东省级非遗的"乐安花灯节"、"官窑生菜会"、"行通济"等同样如此,莫不是按照认知、解释、记忆、选择、切除、遮蔽、认同、规划、制造的程序被纳入文化的"遗产化"以及遗产的"资源化"轨道,使之逐渐衍变为地方独特文化资本的代名词。

从文化发生学来看,任何非遗项目都是在特定历史时期,由个人或群体创造出来并进入实际存续状态的文化现象,民间文化的"遗产化"和

---

① 徐赣丽:《民间信仰文化遗产化之可能:以布洛陀文化遗址为例》,《西南民族大学学报》2010年第4期。

图1.3　2012年佛山秋色欢乐节巡游（禅城非遗保护中心供图）

"资源化"更不可避免地沾染着个人或群体的人为创造特性。非遗的创造者、非遗所生成的历史语境及其地域空间，构成了评定非遗内在价值的核心依据。而非遗价值的长期性存在，往往由其本身沿袭下来的逻辑规律所支配，在没有行政力量或商业资本干预的情况下，非遗也会出现不同分支、不同层次的变异变迁，出现新的传承者、使用者、存续场所和新的文化功能，当然这种情况的发生是自然缓慢、符合非遗自身发展规律的，且通常不会突然改变非遗的原有特征，原持有者也继续拥有对该遗产的解释权，原生纽带不发生断裂。但是，由于行政力量、商业资本的过度介入，一些被列入非遗的民间文化会出现新的使用主体和使用方式，或是原非遗持有者由于人为适应政策或环境变迁而发明了新的使用空间和方式等等，使非遗丧失或部分丧失了本生形态和原有功能，与产生该非遗的社区观念、信仰、情感等原生环境之间出现了裂变。尤其是"当遗产成功转化为资本时，自然、文化的'社会炼金术'便马到功成了。从这个意义上讲，我们今天所面临和认识的'遗产'正是'过去生产的遗产＋现代制造'的产物"[①]。这正是非遗保护过程中需要警惕的地方，也是"后申遗时期"佛山非遗保护应该消解的难点。

[①] 李春霞、彭兆荣：《从滇越铁路看遗产的"遗产化"》，《云南民族大学学报》2009年第1期，第32页。

第二节　城镇化中非遗的传承困境与契机

随着非遗保护的逐层深入以及新型城镇化规划的强力推出，各成热点的"城镇化"与非遗之间的关系问题成为各方关注焦点。2014年6月14日作为我国第九个文化遗产日，主题被设计为"非遗保护与城镇化同行"；6月17日由文化部主办的"城镇化进程中的非物质文化遗产保护"论坛对此作了集中讨论。这意味着，从非遗保护视角对城镇化进行辩证审视以及在城镇化语境中研究非遗保护应该成为同步之举。近年来，虽有少数研究者将"城镇化"与"非物质文化遗产"概念作并题观照，但仍缺乏系统梳理和深入反思。而目前对于"城镇化"的研究缺少非遗保护维度，对于非遗保护的研究也缺乏城镇化视角，亟待并置二者并对关涉其间的概念和问题以述带论，以期引发更深层次的思考和探究。

一、"城镇化"及其"去农村化"表征

城镇化带来了经济飞速发展与社会变迁，如诺贝尔经济学奖获得者斯蒂格利茨所言，"中国的城市化和美国的高科技发展将是深刻影响21世纪人类发展的两大课题"[①]。但是国内学者对城镇化至今没有形成统一的定义，对城镇化、城市化、小城镇化、农村城镇化等概念的运用也处于杂糅并生状态。"城镇化"最早可追溯至西班牙人塞尔达（A. Serda）1867年在其著作《城市化基本理论》中提出的"Urbanization"概念。该词词头"Urban"意指"都市、城市"，词尾"ization"表示行为的过程，即汉语中的"化"，整词指称乡村向城市转变的过程，且以城市人口占总人口的比重来衡量。由于世界上许多国家"镇"的人口规模比较小，有的甚至没有"镇"的建制，"Urbanization"往往仅指人口向"city"转移和集中的过程，故称"城市化"，其实质是以建设"国际化大都市"与"世界级城市群"为核心理念的城市大型化和集中化，这一发展趋势被法国学者戈特曼（Gottmann）在其著作《城市群：城市化的美国东北海岸》（1961年）中提炼为城市群理论。

城市化作为一种社会经济演进方式，不是单维度的实践过程。弗里德

---

① 转引自吴良镛、吴唯佳、武廷海《论世界与中国城市化的大趋势和江苏省城市化道路》，《科技导报》2003年第9期。

曼（J. Friedman）将城市化划分为城市化Ⅰ和城市化Ⅱ两个层次，前者包括非城市景观转化为城市景观的地域推进过程，人口和非农业活动在规模不同的城市环境的地域集中过程；后者包括城市生活方式、价值观和城市文化在农村的地域扩散过程。① 罗西（R. H. Rossi）则在《社会科学词典》中将城市化解析为四层含义：一是市中心对农村腹地影响的传播过程；二是全社会人口逐步接受城市文化的过程；三是人口集中的过程，包括集中点的增加和每个集中点的扩大；四是城市人口占全社会人口比例提高的过程。② 尽管城市化概念在不同学科有不同的解释，但毋庸置疑，城市化是一个社会生产力水平从低级到高级、人口从农业到非农业转移并不断在城市集中的过程。

中国作为一个建立在分散小农经济基础上的并设有镇的建制的发展中国家，其"城乡演化是一个动态过程，因此城乡之间还存在一种中间形态——'镇'——意指小于城市、从属于县、以从事非农业经济社会活动为主的具有一定城镇基础设施的居民聚集区"③，从而具有与西方各国不同的城市化道路。基于此，中国的城市化意味着人口不仅向"city"（城）集聚而且向"town"（镇）转移，体现为农村人口逐步向大中小城市和城市周边乡镇迁移为基本特征的城镇人口分散化和城镇数量规模化。"（20世纪）80年代以后，许多学者开始以'城镇化'代替'城市化'来描述这种农业人口向非农业转移（包括地域转移和职业转移）的现象。因此，自实行有计划商品经济以来，中国的城镇化道路是城市化、农村城镇化与农村非农化并举，这是在中国国情下的特有的现实抉择。"④ 以致把"旅行"至中国的"Urbanization"一词直接译为"城镇化"⑤。有研究者因此将中国城镇化划分为"基于中心城市集聚与扩散的城镇化模式与基于小城镇和乡镇工业的城镇化模式。通常称前者为'离乡不离土'的'农民进城'的城镇化模式，称后者为'离土不离乡'的城镇化模式"⑥。

虽然西方"城市化"和中国"城镇化"存在概念差异，但城市化和城镇化并无本质差别，都是指"城镇"对"农村"（或乡村、山村）施予"化"的作用。问题在于，中国城镇化在阶段、方式、速度等方面有其自身特点。美国城市地理学家诺瑟姆（Ray M. Northam）于1979年将世界各

---

① 参见康就升《中国城市化道路研究概述》，《学术界动态》1990年第6期，第56～59页。
② 参见许学强、朱剑如《现代城市地理学》，中国建筑工业出版社1988年版，第47页。
③ 胡顺延：《中国城镇化发展战略》，中共中央党校出版社2002年版，第2页。
④ 辜胜祖、朱农：《中国城镇化的发展研究》，《中国社会科学》1993年第5期，第49期。
⑤ 参见辜胜阻《非农化及城镇化理论与实践》，武汉大学出版社1999年版，第6页。
⑥ 冯云廷：《城乡统筹中的城市化模式变革》，《长江日报》2005年12月15日。

国城市化轨迹概括为一条稍被拉平的"S"曲线，以此揭示城市化的三个发展阶段。① 在城市化早期和后期阶段，城市化率提升缓慢，而在城市化中期阶段，城市人口比重迅速突破40%而上升到70%，属于城市化的加速阶段。中国的城镇化水平由1949年的10.6%提高到2010年的49.95%，年均增长0.60个百分点，其中1982年城镇化率为21%，至2012年城镇化率达到53%，城镇化仍处在诺瑟姆所说的加速中的"城市化中期阶段"。其中，中国城镇化率从20%上升至40%只用了22年，而英国、法国、德国、美国、日本分别用了120年、100年、80年、40年和40年，中国城镇化可被称为"快速城镇化"。

"快速城镇化"对于推动经济发展、改变城乡面貌起到了重要作用，李强等将其特征概括为：政府主导、大范围规划、整体推动、土地的国家或集体所有、空间上有明显的跳跃性、民间社会尚不具备自发推进城镇化的条件等，认为其"推进模式"包括七种类型：建立开发区、建设新区和新城、城市扩展、旧城改造、建设中央商务区、乡镇产业化和村庄产业化。② 与之相伴的是，快速城镇化使居住在城镇的人口持续增加，也使城乡差距持续扩大、城乡矛盾日益突出、资源环境条件恶化的问题相伴而生。最突出的表征在于，传统村落的消逝速度不断加快。我国基层行政村的数量从改革开放时的690388个减少到2011年的589874个，年平均递减2956个。③ 这也意味着，商品经济与工业化、人口迁移与人口聚集、城市社区等取代了传统农村的生产生活方式，"去农村化"成为不可遏止的趋势。吴理财认为，城镇化进程使传统村落的生存环境发生了变迁，村落传统的差序格局被打破，村民从以务农为主到以务工为主，村落从熟人社会走向陌生人社会，文化从淡忘趋于消失，传统村庄的人口年龄、性别、知识结构发生了变化，呈现出空心化、老龄化、衰败化的趋势。④ 马航指出："在城市化和全球化的过程中，经济结构的深刻变化给传统村落施加了很大的负面影响，普遍的、单调的形式不断侵蚀着传统村落，许多中国村落已经失去它们的原有特色，在村落的发展中经历了所谓'文化的丧失'。"⑤ 主要源生于农耕文明的各类非遗也遭遇着快速城镇化的强力冲击，经受了

---

① Ray M. Northam. *Urban Geography*. New York：John Wiley & Sons，1975.
② 参见李强、陈宇琳、刘精明《中国城镇化"推进模式"研究》，《中国社会科学》2012年第7期，第82页。
③ 参见中华人民共和国国家统计局《中国统计年鉴 2011》，中国统计出版社2012年版。
④ 参见"加快公共文化服务体系建设研究"课题组《城镇化进程中传统村落的保护与发展研究——基于中西部五省的实证调查》，《社会主义研究》2013年第4期，第117～118页。
⑤ 马航：《中国传统村落的延续与演变——传统聚落规划的再思考》，《城市规划学刊》2006年第1期，第104页。

不同程度的侵蚀、变异与消亡。

二、快速城镇化中的非遗传承危机

在经济 GDP 主义的支配下，快速城镇化以基础设施建设为主导思路，注重于城市规模的外延扩张和人口的简单集聚，大规模的造城盖楼、强行分割农村土地、拆迁农村民居、同质化的并村改造以及无序化的村庄管理，消灭了传统村落文化的物质载体与空间。这种将农村硬性转化为中小城镇、把城镇特征强行植入传统农村生活的方式，对非遗而言是一种看得见的建设性破坏，体现为铲挖非遗的地理空间、拆毁非遗的存续载体以及拔除非遗的历史根基。

以广佛地区而言，2007 年广州市天河区猎德村遭遇全拆全建，民俗兴盛的古村被改造为 CBD；2009 年"冯氏木版年画"工作坊（图 1.4）所在的佛山市禅城区普君南路被纳入旧城改造范围，在拆迁公告下达后，作坊周边房屋几乎被拆完；2014 年佛山合记饼业（有 200 余年的"盲公饼"生产史）位于佛山市东上路 67 号的工厂因拆迁安置问题曾导致一度停产。更有甚者，冯骥才的长文《一个古画乡的"临终抢救"》以纪实详细的笔

图 1.4　佛山"冯氏木版年画"工作坊（谢中元摄）

墨、悲愤伤感的语调叙述了杨柳青著名画乡"南乡三十六村"在城镇化中被"连根拔"、"连锅端"、"断子绝孙式毁灭"的真实历程。他无奈地表示:"在城镇化浪潮前,我们势单力薄;即使力量再大,也只是螳螂之臂,怎么可能去阻遏'历史巨轮的前进'。"① 并发出忧伤的追问:"我们正面临新一轮的冲击,就是农村的城镇化。城镇化会把前10年的抢救成果化为乌有。而且,和10年前不一样,现在新的问题是连根拔,连窝端,让你的文化没有载体了。如果没有载体了,怎么才能把它保护下来?"② 在快速城镇化中,代表"国家的视角"的各地行政主体正是通过城镇化建设等宏大的现代社会工程或项目来进行社会改造,并出于自身的目的对社会和环境进行简单化、清晰化的重塑,在极端现代性的意识形态下,试图理性地设计社会秩序。③ 对此,学者们所力倡的非遗保护往往弱化为对非遗的记录式"临终关怀"。

记忆掏空式的侵蚀则造成了对非遗无形的破坏。费孝通先生曾以"文化侵蚀"一词描述20世纪初中国乡村的文化人——士绅阶层——纷纷离开乡村进入城市的这种像"水土流失"一样的文化现象,而现在因"人走村空"而导致的"文化侵蚀"现象在快速城镇化时期变得更为凸显。城镇化拉大了城乡差别,也驱动着农民以及乡村精英成批地离开农村、涌向城市,"我国城镇化水平已进入快速发展期,其基本特征是:农村人口大量向城镇转移,是典型的'人口数量转移型'城镇化"④。城镇化带来青壮年与乡村的剥离,把乡村聚居型社区变为散居型社区,使农村的空巢化、人口的老龄化和稀疏化现象凸显。大多数非遗项目作为农村生产生活的组成部分,其传承的关键在于人,没有新生传承主体的持续增补和接续,加上其本身缺少经济兑换的渠道和潜力,演变成在老龄化的恶性循环中陷入无人可传、无人愿承、核心内涵衰减的窘境。

快速城镇化所带来的农村人口批量流动稀释了非遗的传承与传播概率,乡民尽其所愿追逐城市文明的意识也阻断了自身对于非遗的认同忠诚,归根结底造成的是民间信仰的祛魅、文化自信的离散、集体记忆的消失以及群体认同的瓦解。非遗传承危机作为城镇化、工业化乃至现代化进程的衍生结果,已被马克思在《〈政治经济学批判〉导言》中以连续反诘

---

① 冯骥才:《一个古画乡的"临终抢救"》,《年画研究》2011年第11期,第86页。
② 冯骥才、李洋:《城镇化会把10年非遗抢救成果化为乌有》,《北京日报》2014年4月8日。
③ 参见(美)詹姆斯·C.斯科特《国家的视角:那些试图改善人类状况的项目是如何失败的》,王晓毅译,社会科学文献出版社2012年版,第2~3页。
④ 刘嘉汉、罗蓉:《以发展权为核心的新型城镇化道路研究》,《经济学家》2011年第5期,第83页。

的方式确认:"希腊神话不只是希腊艺术的武库,而且是它的土壤。成为希腊人的幻想的基础,从而成为希腊神话的基础的那种对自然的观点和对社会关系的观点,能够同自动纺机,铁道,机车和电报并存吗?在罗伯茨公司面前,武尔坎又在哪里?在避雷针面前,邱必特又在哪里?在动产信用公司面前,海尔梅斯又在哪里?……阿基里斯能同火药和弹丸并存吗?或者,伊利亚特能够同活字盘甚至印刷机并存吗?随着印刷机的出现,歌谣,传说和诗神缪斯岂不是必然要绝迹,因而史诗的必要条件岂不是要消失吗?"① 传统非遗在现代工业、城市文明中的死刑似乎是不判而定的。

在以城市化为特征的现代化进程中,以非遗为代表的传统文化的消失是一个普遍的世界现象。法国巴黎工商会国际部代表梅岚瑞叹息,法国用近50年的时间完成了农业社会向工业社会的转变,现在在法国已很难找寻到原汁原味的乡村文化。② 文化遗产保护先行的法国尚且如此,对于从"文革"直接进入"改革"阶段的中国而言,"当下城镇化、现代化、全球化的大潮使许多产生于农耕时代的'非遗'项目已经失去了它们赖以生存的土壤,不可能完整地再现其'原生态'"③。诞生于农耕和游牧土壤的史诗、祭祀、山歌、民间故事等非遗项目,在科技生活蔓延的城镇化环境中越来越难以存活。再加上在城镇化进程中,"局部存在几种值得反思的属于病态城镇化倾向的不良现象,如半城镇化、被城镇化、贵族化城镇化和大跃进城镇化等现象"④,让本就命若琴弦的非遗陷入更为被动的生存状态。从深层次上看,许多非遗本身具有文化资本意义上的"外价值"。基于此,政府、商人等非遗保护主体往往结合成利益共享的"金三角",生发出产业化开发非遗以及致传承主体于边缘化境地的机会主义取向。⑤

这些因素使得以乡土文化为中心的中国非遗保护变得更像一场逆历史潮流而动、与风车战斗的堂吉诃德式奋争。城镇化作为经济发展的引擎不能减速停滞,问题在于"如果城镇化继续保持此速率,而不加以采取其他措施,全国村落将在147年后完全消失"⑥。如果城镇化进程中任凭乡村变为城市的从属,乡村非遗将越来越缺乏传承主力以及记忆载体,主要源生

---

① 《马克思恩格斯选集》第二卷,人民出版社1995年版,第112～113页。
② 参见张丹《中法专家共谏:不要让城市化淹没乡村文化》,http://www.chinanews.com/cul/2011/06-09/3101146.shtml。
③ 康保成:《关于非物质文化遗产的改革、创新及其他》,《湖南社会科学》2013年第5期,第200页。
④ 张占斌:《新型城镇化的战略意义和改革难题》,《国家行政学院学报》2013年第1期,第51页。
⑤ 参见谢中元《非物质文化遗产保护中的机会主义批判》,《探索与争鸣》2014年第3期。
⑥ "加快公共文化服务体系建设研究"课题组:《城镇化进程中传统村落的保护与发展研究——基于中西部五省的实证调查》,《社会主义研究》2013年第4期,第119页。

于乡村的非遗也将"无可奈何花落去"。

三、非遗保护与新型城镇化的互动路径

2014年3月,我国推出的《2014—2020年新型城镇化发展规划纲要》提出新型城镇化更加突出生态文明建设,意在从根本上转变我国的城市发展理念。"新型城镇化"在人口集聚、非农产业扩大、城镇空间扩张和城镇观念意识转化等方面与传统的城镇化概念不会有根本差异,与之相比到底"新"在何处?有研究指出:"新型城镇化的'新'就是要由过去片面注重追求城市规模扩大、空间扩张,改变为以提升城市的文化、公共服务等内涵为中心,真正使城镇成为具有较高品质的宜居之所。"[1] 学者们将人、经济、社会、环境、城乡一体化向良好状态的动态演进过程视为新型城镇化之要义,以凸显出新旧城镇化在理念、目标、内涵、过程等方面的不同。

非遗作为传统乡土文化的代表,对于新型城镇化的意义在于通过非遗保护可以重建传统文化的价值认同和归属感,从而实现传统乡土文化的复兴。也即是说,非遗保护与城镇化并不必然是一个非此即彼的悖论,非遗不应被排除于城镇化之外,而应参与其中以焕发生生不息之境。张士闪认为:"新型城镇化建设的关键在于'人的城镇化',而'人的城镇化'的基础是人的社区化,包括岁时节日、人生礼仪、游艺、信仰、家族等在内的民俗传统,理应成为当代城镇化建设'社区落地'的重要构建因素。"[2] 问题在于,新型城镇化与非遗保护该如何同步共行并呈互动和谐之势?

一是基于异态共存城镇化的非遗异质化保护。由于区域的差异性,发达地区与落后地区的城镇化处在完全不同的阶段,这使我国城镇化呈现出异态共存的特点。发达地区如北京、上海、广州等已进入城镇化的分散阶段,而绝大多数中西部地区尚处在集中阶段,一些城市也出现了士绅阶层置换城市中心人口的现象等。城镇化在同一时期呈现出多种发展阶段并存的特点,使政策往往顾此失彼,导致顾及了第一阶段的对策,必然就与第二阶段的对策相悖。[3] 不同区域处于不同的城镇化阶段,甚至一个区域同时存在高度、快速和滞后城镇化等状态,那么对不同城镇化语境中的非遗应施予异质化的保护。马知遥在对河北赵县范庄调查后发现,随着城镇化

---

[1] "中国金融40人论坛"课题组:《加快推进新型城镇化:对若干重大体制改革问题的认识与政策建议》,《中国社会科学》2013年第7期,第60页。

[2] 张士闪:《"顺水推舟":当代中国新型城镇化建设不应忘却乡土本位》,《民俗研究》2014年第1期,第11页。

[3] 参见李强《农民工与中国社会分层》,社会科学文献出版社2012年版,第308~309页。

加快和就业机会不断增加，年轻人很少离开家乡，靠着乡村贸易和当地百年"龙牌会"形成的庙会经济，村里人就势经商做买卖，既传承了村落文化也发展了当地经济。① 笔者也观察到，佛山南海松塘村、顺德龙潭村等已步入城镇化后期，富足的村民自发地形成了社、坊等民间组织，自觉传承着孔子诞、龙母诞以及"扒龙舟"等民俗活动。对于这些区域的非遗保护，"还遗于民"以及原态记录是最好的方式。而一些贫穷封闭的传统村落急于借助城镇化脱贫致富，还须通过开发非遗的"外价值"、启蒙非遗的"内价值"等方式作干预式引导，让其村民在发展非遗的经济回报中产生传承动力和文化自觉。

二是对城镇化适应力不同的非遗给予特殊化保护。城镇化虽然造成了非遗整体生态的危机，但是各类甚至各个非遗在城镇化进程中的命运并不相同。以民俗为例，日本学者菅丰认为："城市化和现代化在一定的条件下，可以说未必会对传统民俗的传承产生障碍……从另一方面来说，某些民俗反而因为这种社会状况的变化而得到了发展。"② 储冬爱认为："城市化对乡村民俗的影响并非是单向的；在城市文化不断改变乡村民俗的同时，乡村民俗中一些传统坚固的成分，也会随着'城中村'与中心城区的日益密切的文化交往而被城市文化所认同，从而逐步向城市文化传播渗透，使得乡村的民俗传统获得了更为广泛的城市文化认同。"③ 但也有部分民俗类非遗不具备随时势而传续的潜质，无法依托"传统的发明"机制转换成节庆、赛事等公共文化活动，从而陷入被集体遗忘的境遇。再看手工艺，一些具有商业属性的手工技艺类非遗如"石湾陶艺"、"佛山剪纸"可以搭载旅游经济进入生产性保护、产销化经营的序列，而有的手工艺如"佛山木雕"却因市场的极度萎缩陷入濒危境地。民间文学类非遗缺乏文化资本意义上的外价值，更易被边缘化，有的口头传统如"水乡农谚"、"咸水歌"一旦脱离水乡生态则意味着终结。不同的非遗项目因面临不同的原生及次生环境而生成了不同的境遇，在新型城镇化阶段要分个案研究并施以特殊化保护，"根据非遗所处的生存状态，合理制定恰当的非遗保护策略"④。

三是在新型城镇化中重估乡土文化价值。由美国人类学家戈登威泽

---

① 参见马知遥《城镇化——让乡愁变得更美》，《大众日报》2014年4月30日。
② （日）菅丰：《城市化现代化所带来的都市民俗文化的扩大与发展——以中国蟋蟀文化为素材》，陈志勤译，《文化遗产》2008年第4期，第110页。
③ 储冬爱：《城市化进程中的都市民间信仰——以广州"城中村"为例》，《民族艺术》2012年第1期，第72页。
④ 况宇翔：《从生存状态差异化看非物质文化遗产保护策略》，《文艺研究》2013年第10期，第156页。

(Alexander Goldenweiser)提出的"内卷化",指的是一种文化的发展遇到刚性限制之后,从外延的、扩张性的发展转向内在的精细化和复杂化过程。传统乡土文化有其自身发展规律,它不是"进化"(evolution)中的文化,而是"内卷化"(involution)的文化,即只进行维持生存而没有扩张发展的文化。① 新型城镇化中的乡村发展也应该是内卷化的过程,即放弃对边际效益递增模式的追求,转向内部结构的复杂化和精细化,逐步实现物质和文化资源在循环利用的过程中价值的内向增长。如高小康所言:"在农民进城、农村城镇化的同时,农村的自然和文化生态重建这样一种内卷化发展也已经成为必须的选择。中国已经进入了'进化'与'内卷化'二元对立的生态文明发展阶段,乡土文化的复兴就是文化内卷化的重要内容。"② 那么在新型城镇化中重估乡土文化价值就势所必然,也就是以农民主体认同为内涵、以乡村为整体建设乡村生态环境,重塑以乡土记忆、乡民认同为精神内核的社会关系结构。比如,可以开辟具有"文化生态壁龛"功能的乡村文化生态保护带,以乡村非遗传承人的合理合法需求为导向设计非遗保护路径,引导传承人依托非遗的资源优势在遗产原生地因地制宜地开展传承活动,以此聚存乡村的区域文化特色和经济兴奋点。

四是结合"后申遗时期"非遗保护精细化新型城镇化过程。"城镇化是一系列公共政策的集合"③,但对新型城镇化路径的设计可与非遗保护统纳为一体。比如,可以把本地独特的非遗资源纳入新型城镇化建设规划框架,特别是在新型城镇化的绩效考核中引入非遗保护参数,并通过加大"后申遗时期"的制度供给与制度刚性、塑造保护主体的"引导角色"以"还遗于民"等消除非遗保护的机会主义空间。也可以在城乡接合部的旧城改造和城市公共文化服务中,引入当地原生非遗和随新市民迁延的非遗,在公共文化设施建设中增设非遗传承、展示的场所并支持传承人开展传承、展示活动,从而实现非遗的空间转换。同时,让传统非遗在自律性的创新嬗变中参与新型城镇化生活,如冯骥才所说"主要靠生活自己的选择,由大众创造,但也需要精英帮助设计、整理、挑选、引导"④。即通过持续的非遗学理研究、个案调查和知识普及改变"申遗时期"非遗背后没有专家作"症候式"指导的问题。总之,借助民间自觉和政策自为的方式,结合"后申遗时期"的非遗保护助推新型城镇化进程的精细化设计,

---

① 参见刘世定、邱泽奇《"内卷化"概念辨析》,《社会学研究》2004年第5期。
② 高小康:《非物质文化遗产与乡土文化复兴》,《人文杂志》2010年第5期,第98页。
③ 樊纲、武良成:《城市化:一系列公共政策的集合》,中国经济出版社2009年版。
④ 冯骥才、李洋:《城镇化会把10年非遗抢救成果化为乌有》,《北京日报》2014年4月8日。

通过"人的城镇化",既留住滋育非遗的山水地理,也为经受城镇化的乡民照亮维系"乡愁"的地带。

总之,新型城镇化作为"后申遗时期"非遗保护的政策语境,为各方预设了一个城镇化与非遗保护互动共融的愿景。不过,新型城镇化不等于"逆城市化",与英、美、德、俄、日等发达国家已经历了城市化、逆城市化、再城市化等阶段的城市化进程不同,中国仍处于快速城镇化发展阶段,还未出现符合城市化发展规律、利于乡土文化复兴的真正"逆城市化"。我国少数发达城市和局部区域萌生的以"逃离北上广"等为表征的"逆城市化"现象,不是全国范围城市化发展的主流,"目前占据我国'逆城市化'主流的是因追逐利益与福利导致的'非转农'的伪'逆城市化'"[1]。因此,与其通过期遇真正意义上的"逆城市化"来推进乡村文化复兴和非遗保护,不如以主动的新型城镇化政策为契机纠偏补正,基于地方社会的非遗资源及其内生活力,探索营造具有历史传统、维系居民认同的社区,以点带面地实现新型城镇化与非遗保护的互动融合之势。苏州镇湖即是境内示范性案例,该地将苏绣作为城镇化发展的特色引擎,不仅带动了产业发展和经济活力,而且将8000名绣娘和3000名关联人员聚集在苏绣传承保护领域,实现了非遗的自我造血和城镇的持续繁荣。此外,"日本、台湾地区的社区营造特别注意传统景观的保护、活化,注重生活空间、生活传统的延续,在数十年的社区营造过程中,有许多非常成功的案例"[2]。对此可借鉴的在于,充分调动社区民众的参与热情和创造能量,在发掘社区历史文化资源基础上建设维系民众认同、具有历史记忆的社区,使非遗融入城镇语境并成为社区居民生活方式的内容,进而恢复非遗传承人"带徒传艺"过程中技艺、时间与经验互为印证的尊严性特征,是达成新型城镇化和非遗保护互动共融的必由之路。

---

[1] 张晓忠:《"逆城市化"对新型城镇化建设的影响及对策》,《中共福建省委党校学报》2014年第2期,第59页。

[2] 刘晓春:《日本、台湾的"社区营造"对新型城镇化建设过程中非遗保护的启示》,《民俗研究》2014年第5期,第9页。

第二章 非遗传承与传承人的梯队价值

第一节 佛山非遗传承及传承人研究

任何文化都有其传承、进化和发展的自身规律，美国文化学家爱尔乌德认为："文化是由传递而普遍遗留下去的，并且渐次连接于语言媒介的团体传说中。因此，文化在团体中，是一种累积的东西，而文化之对于个人则是一种和同伴交互影响后，所获得或学习的思想行动的习惯。文化是包括人的控制自然界和自己获得的能力。所以一方面它是包括物质文明，如工具、武器、衣服、房屋、机器及工业制度之全体，其他方面是包括非物质的或精神文明，如语言、文学、艺术、宗教、仪式、道德、法律和政治的全体。"① 物质文明通过直接的继承实现传递，而文化中"非物质的或精神文明"尤其是非遗通过个人和群体的累积、习得以及传递而获得遗留于世的生命力。佛山的"非物质文化遗产"究竟呈现为何种状态？其传承方式以及实施传承行为的"传承人"又是怎样的群体？本节拟对佛山非遗活态延续的关键问题试作探讨。

一、佛山非遗的类别与数量

截至2015年3月②，佛山有69项非遗被列入四批市级非遗名录，其中有14项先后进入三批国家级名录，分别是广东醒狮、粤剧、龙舟说唱、佛山木版年画、佛山剪纸、石湾陶塑技艺、佛山十番、人龙舞、佛山彩灯、佛山狮头、香云纱染整技艺、佛山秋色、佛山祖庙庙会、八音锣鼓。此

---

① （美）爱尔乌德：《文化进化论》，钟兆麟译，（上海）世界书局1932年版，第11页。
② 统计数据和信息来源于文化部、广东省文化厅、佛山市政府、佛山文广新局、佛山非遗保护中心、各区文体旅游局及非遗保护中心网站和正式文件，统计时间为2015年3月15日。其中，国内的四级名录体系中均包含正式名录和扩展名录，为体现统计的一致性，也将非遗扩展名录计入相应层级。

外，有 38 项进入五批省级非遗名录，包括佛山剪纸、佛山木版年画、广东醒狮、佛山粤剧、龙舟说唱、"石湾公仔"陶塑艺术、佛山祖庙北帝诞、佛山秋色、佛山十番、八音锣鼓、杏坛人龙舞、粤曲星腔、佛山彩灯、木雕、香云纱染整技艺、佛山狮头制作技艺、佛山春节习俗、行通济、乐安花灯会、石湾玉冰烧酒酿制技艺、九江双蒸酒酿制技艺、官窑生菜会、陈村花会、高明花鼓调、南海藤编、石湾龙窑营造与烧制技艺、金箔锻造技艺、源吉林甘和茶、佛山蔡李佛拳、咏春拳（佛山、叶问宗支）、九江传统龙舟、广绣、冯了性风湿跌打药酒传统组方及工艺、盐步老龙礼俗、真步堂天文历算、大仙诞庙会、观音信俗、粤曲。在以上省级非遗项目中，禅城区有 18 项，南海区有 10 项，顺德区有 8 项，高明区有花鼓调 1 项，三水区有粤曲星腔 1 项，禅城、南海和顺德所拥有的省级非遗项目占总数的 94.7%，体现了禅城作为佛山古镇以及南海、顺德作为广府名邑的历史文化深厚性。

　　对于传统民间文化资源丰厚的佛山而言，可被称作非遗的文化事象远远不止这些被列入各级名录的项目。非遗的生产完成于或近或远的过去，每一项非遗都以地方民间文化的状态绵延存活。在它们的历史存活期内未有非遗之名，却属于典型的非物质的传统文化表现形式，它们的生成者是佛山地方社会的代代乡民。不管是否申遗，作为民间文化的佛山非遗都是其持有者生活或生产中的组成部分，后世的民众不过是文化遗存的托管者、继承者以及共享者。也就是说，这些作为遗产的非物质文化是其持有个体和共享人群从过去先民承传至今的无形精神、集体记忆乃至生活方式。即便不经非遗的申请与认定，这些民间文化事项也会在他们的生产生活中发挥常态的作用。申遗的目的在于开启非遗保护，申遗只是保护非遗的技术性开端。按照非遗数量从高层级到低层级递增的规律来看，非遗名录体系构成一个金字塔式的结构。虽然数量不菲的低层级非遗存在向上一层级申报的机会和空间，但由于非遗保护评估和淘汰机制的引入，以及国内对于非遗申报热反思的加剧，现阶段申遗以及非遗数量的增加也进入了相对缓慢的时期，这一点已在佛山有明确的体现。在第一批、第二批国家级非遗名录中，佛山先后有 6 项、7 项入围，而第三批国家级非遗名录中佛山无项目新增，第四批国家级名录中也仅有八音锣鼓 1 个项目入围。高层级的非遗名录不是无限扩容的，在从"申遗时期"转向"后申遗时期"的阶段，越往上一个层级申报，其难度越大，获批入围的机会也将更为稀少。

　　《保护非物质文化遗产公约》将非遗分为五类：口头传统和表现形式，包括作为非物质文化遗产媒介的语言；表演艺术；社会实践、仪式、节庆活动;有关自然界和宇宙的知识和实践;传统手工艺。基于中国的非遗资源状况,《国家级非物质文化遗产代表作申报评定暂行办法》把非遗"分为两类:(1)传统的文化表现形式,如民俗活动、表演艺术、传统知识和技能等;(2)文化空间,即定期举行传统文化活动或集中展现传统文化表现形式的场所,兼具空间性和时间性"。其范围包括:"(一)口头传统,包括作为文化载体的语言;(二)传统表演艺术;(三)民俗活动、礼仪、节庆;(四)有关自然界和宇宙的民间传统知识和实践;(五)传统手工艺技能;(六)与上述表现形式相关的文化空间。"① 2006年5月20日,国务院正式批准公布文化部组织评定的首批国家级非遗名录,将非遗分为民间文学类、民间音乐类、民间舞蹈类、传统戏剧类、曲艺类、杂技与竞技类、民间美术类、传统手工技艺类、传统医药类、民俗类等十大类。根据2008年《国务院关于公布第二批国家级非物质文化遗产名录和第一批国家级非物质文化遗产扩展项目名录的通知》,第二批国家级非遗名录的十大类总数没变,保留了民间文学、传统戏剧、曲艺、传统医药和民俗,但是在其他类别的具体名称上略有差异,民间音乐、民间舞蹈、民间美术分别被改成了传统音乐、传统舞蹈、传统美术,杂技与竞技被更改为传统体育、游艺与杂技,传统手工技艺则被改成了传统技艺。从表述上看,更改过的命名更能体现出非遗内容的丰富性、类别的精炼性和准确性。

佛山非遗的类别与国家级非遗名录的类别保持一致,也分为民间文学、传统戏剧、曲艺、传统医药、民俗、传统音乐、传统舞蹈、传统美术、传统技艺以及传统体育、游艺与杂技等十大类。总体而言,佛山各层级非遗的数量分布体现了按濒危程度、文化价值等要素分布的规律。以佛山的省级非遗项目为例②,传统技艺和美术类非遗达13项,是数量最多的类别,占比达到34.2%;民俗类非遗有11项,数量次之,占28.9%;传统体育、游艺与杂技以及传统音乐、曲艺分别为3项,各占7.3%;传统戏剧仅有1项;民间文学则无项目入围省级名录。依此可知,佛山非遗的种类以民俗、传统技艺和美术为主。细究之,由于佛山的"传统技艺"和"传统美术"具有相近性特点,都由手工操作且体现出佛山民间艺术的特色,其实可归为"传统手工艺"一类。佛山自古手工业发达,在繁荣经济的推动下于明清时期达至顶峰。据朴基水考证,佛山清中晚期手工业行会、商业行会达224个,手工业会馆(堂)、商业会馆(堂)、地缘性会馆

---

① 《国务院办公厅关于加强我国非物质文化遗产保护工作的意见》,http://www.mcprc.gov.cn/sjzz/fwzwhycs_sjzz/fwzwhycs_flfg/201111/t20111128_356506.htm。

② 统计时间为2015年3月15日,详见本书附录二。

达80个。① 在商业生态的滋育下，佛山传统手工艺行业得以存活至今并传承了石湾陶塑、佛山剪纸、佛山彩灯等多个代表性项目。而明清时期的佛山作为岭南地区经济最发达的城镇，也是民俗文化最浓郁的区域。"粤人尚鬼，佛山为甚"②，民间信仰的盛行使得民间庙宇和宗祠大量兴建，推动了佛山民间祭祀活动的滋长，而依托于此的民俗活动也以全民参与的方式频繁展开。仅乾隆版《佛山忠义乡志》卷六中记录的民间信仰、岁时年节类民俗活动就达19个，包括北帝出游、开灯宴、北帝诞、天妃诞、浴佛节、龙母诞、端午节、出秋色、华光诞、团年等。佛山的各类别、各层级非遗数量如表2.1所示。③

表2.1 佛山各类别、各层级非遗数量

单位：个

佛山非遗类别	国家级非遗数	省级非遗数	市级非遗数
民间文学	0	0	3
传统音乐	2	3	7
传统舞蹈	2	2	6
传统戏剧	1	1	1
曲艺	1	3	6
传统技艺	1	6	18
传统美术	5	7	6
传统体育、游艺与杂技	0	3	6
传统医药	0	2	3
民俗	2	11	13
合计	14	38	69

在各级非遗名录中，民间文学、传统医药和传统戏剧类数量偏少。尤其在省级名录中，民间文学数量为零，这与民间文学在全国申遗中的弱势境况相似。"在非遗普查和各级'非遗'名录的申报和项目保护上，口头传承的'民间文学'类陷入了一个误区。许多地方政府文化主管部门未能

---

① 参见朴基水《清代佛山镇的城市发展和手工业、商业行会》，《中国社会历史评论》2005年第2期。
② （清）陈炎宗：《佛山忠义乡志》卷六，《乡俗志》，乾隆十七年（1752）刻本。
③ 该表由本书作者根据各级非遗名录自行统计。另须注明的是：因推行大部制改革，顺德可不经过佛山市中转而直接申报省级非遗项目，因此佛山市级第三批、第四批非遗名录中未再列入顺德非遗项目。

给予足够的重视。"① 民间文学（口头文学）作为地方社会所储藏的民间文化主干，在 2003 年联合国教科文组织通过的《保护非物质文化遗产公约》中居于五大类非遗之首。但由于民间文学申报难度相对较大，较少实施生产性开发的商业价值，导致各级文化部门在民间文学的普查、申报、认定过程产生了不符合非遗保护旨归的文化理念和工作取向，从而使得民间文学进入各级名录的数量总体偏少。而佛山传统医药在非遗名录中所占比例偏低，与佛山"岭南药祖"的称号也不相称。《广东新语》载有"广东抱龙丸，为天下所贵"一说，称赞的就是佛山的"明星药品"抱龙丸。据《参药行碑记》载，清乾隆年间，佛山仅在 200 米的豆豉巷（今升平路）就有 27 家药店，佛山的制药店铺有近百家，百年老字号达 30 多家。在清嘉庆至光绪这百年间，佛山中成药更增添了敬寿阁万应茶、马百良七厘散、黄祥华如意油、源吉林甘和茶、李众胜堂保济丸、梁家园少林真传膏药等数十个品种，佛山历来具有"岭南中成药发祥地"、"广东成药之乡"之誉。但佛山传统中成药业的没落，以及有关项目并未被有效挖掘出来，致使佛山传统医药类非遗数量偏少。

二、佛山非遗的传承方式

"传承"在中国古代汉语中并不是固定组合的词语，"传"和"承"只单独地现身于各类典籍。《论语·学而》"传不习乎"中的"传"指知识的传授，《诗·小雅·天保》"如松柏之茂，无不尔或承"中的"承"则有继承、接续之义；《汉书·韦贤传》中"世世承祀，传之无穷"出现了"承"和"传"二字，所指的是继承帝位。《现代汉语词典》（商务印书馆 1996 年版）设有关于"传承"的词条："传授和继承：木雕艺术经历代传承，至今已有千年的历史。"将"传承"明确提升为非遗保护高度的是《保护非物质文化遗产公约》，其中的表述为："这种非物质文化遗产世代相传，在各社区和群体适应周围环境以及自然和历史的互动中，被不断地再创造，为这些社区和群体提供持续的认同感，从而增强对文化多样性和人类创造力的尊重。"② "世代相传"（transmitted from generation to generation）也即"世代传承"，作为活态的无形文化样式，非遗被"各社区、群体，有时是个人"所指认并以人为活态延续的载体。

我国在 2005 年将非遗保护工作的方针定为"保护为主、抢救第一、

---

① 刘锡诚：《非遗保护的一个认识误区》，《河南社会科学》2011 年第 5 期，第 29 页。
② 邹启山：《联合国教科文组织人类口头和非物质遗产代表作申报指南》，文化艺术出版社 2005 年版，第 40～41 页。

合理利用、传承发展"，其中，"传承发展"是非遗存续的核心标志，更是非遗保护的终极旨归。当然非遗的传承不是短时间内可完成的一种行为，而是长期的可持续性过程。对个人而言，习得是完成传承行为的基础，只有通过传习才能掌握内化于前人身心的技艺和记忆。在前人知识、技能的传授基础上，后继者经过创新或发明，从而实现创造中的文化传承。按照《公约》提出的"为这些社区和群体提供持续的认同感"，非遗传承作为延续文化生命的行为，又是人类群体互动交流的方式，旨在形成特定群体的集体记忆和情感归属，强化群体内的认同、团结和联络。对群体（族群或社区）而言，非遗经由个体传承的叠合并在群体（族群或社区）内部达成传播与认同，必将进入集体的"再创造"与"再生产"过程。如美国民俗学者 P. 菲里普斯、G. 韦雷所言，传承"乃是一种主体的、大规模的时空文化的连续体，它限于指一种技术或整个文化中的持久形貌，它占有一段相当长的时间，以及一种在量上面不等，但在环境上却有其意义的空间"①。正是群体意义上的传承，使得作为无形文化的非遗在延续过程中，经过长时间的保存、选择以及进化，从而被赋予了值得珍视的"传统"内蕴。

"传承"意味着承上启下，"承"重在学习和接受，"传"则指向蕴含授予、传播、推广、运用等实践的再创造过程。通过知识、技艺和记忆的人际传递，构建人与人之间的沟通、认同、共享，应是非遗传承的要义所在。以佛山为例，佛山所拥有的 14 项国家级非遗、38 项省级非遗、69 项市级非遗正是经过了世世代代的传承，其表现形式才得以不泯灭、不断流，从而在自然而然的文化淘汰与选择过程中形成独属于佛山的"地方性知识"的模式和传统。在国家实施行政主导、自上而下的非遗保护之前，佛山的非遗传承与国内其他区域一样，大多处于自然传承的状态。"自然传承，指传承主体在长期的传统生活中形成并积累的各种传承方法，是传统文化自身在历史发展过程中的自然选择。自然传承具有稳定性强、变异较小的特点。一种非物质文化事项一旦产生并形成，就会在相对较广的空间范围（地区、民族或群体）和较长的时间内流传，或在特定的人群中代代相传。各种非物质文化遗产事项，主要通过自然传承方法延续。"② 按照传承载体划分，佛山非遗主要以群体传承、家庭（家族）传承、社会传承等方式延续至今。

---

① 转引自张紫晨《中外民俗学词典》，浙江人民出版社 1991 年版，第 224～225 页。
② 王元元：《非物质文化遗产传承方法研究》，《民族艺术研究》2013 年第 3 期，第 27 页。

(一) 佛山非遗的群体传承

在自然传承的诸种方式中,群体传承是非遗传承最为广泛的方式。从广义来说,所有非遗的接受对象都是无固定对象的群体或者由若干个体组成的群体,没有一项非遗只为某个个体专属存在。《保护非物质文化遗产公约》对非遗的定义显示出非遗具备突出的"群体性"传承与传播特征。其中,"世代相传"意味着非遗是民间世代口耳相传、扎根于乡土的传统文化表现形式;"认同感"是指非遗生成具有乡土积淀性、自觉性并根基于社区和群体的认同感,从功能论角度界定了非遗的群体性特征;"文化多样性"则显示了非遗作为民间群落文化与主流精英文化的形态差异。钟敬文指出:"民间文化大都具有与上层文化不同的特点。她紧贴着广大人民的各种社会生活并密切地为它服务……民间文化的创造者、改作者和传播者,大都是直接从事生产活动的人民。"[①] 非遗依存于民众群体生活,本质上属于群体并源于同一个文化圈,拥有共通的文化内涵,展现的是群体精神共性。群体传承不包括以个人单独方式参与传承的方式,而是指传承主体在特定的文化区(圈)、族群、地域范围内,以民众群体(集体)共同参与的方式参与某项非遗的传承活动。或者反而言之,由民众群体(集体)共同参与其中的非遗,彰显了凝聚这个文化区(圈)、族群或地域内民众的集体记忆、文化心理以及民间信仰。

佛山境内的民间文学、岁时节令、风俗礼俗、民俗活动类非遗都是属于群体传承的非遗,有代表性的包括水乡农谚、佛山祖庙庙会、佛山秋色、佛山春节习俗、行通济(图2.1)、乐安花灯会、官窑生菜会、盐步老龙礼俗、赛龙舟、大仙诞庙会、观音信俗、上元舞火龙、华光诞、胥江祖庙庙会、高明濑粉节、行花街民俗等等。以"水乡农谚"为例,佛山境内三江汇流,河涌密布,农业发达,水产与农副产品多样化,佛山水乡民众在长期的生产生活中创生了大量包括农事节气、耕作技法、农业管理及其与农业生产相关联的谚语(图2.2)。其中462条佛山水乡的农谚还被收进佛山民间文学三套集成编委会于1987年编印出版的《中国民间谚语集成广东卷·佛山市区资料本》,南海、顺德、三水、高明区也把本区域流传的农谚收入各区编印的《中国民间文学三套集成资料本》。这些农谚发源于民间,作者均为无名氏,都以口耳相传的方式自觉传承于田间地头,约定俗成地发挥着指导农业生产的作用,集中展现了佛山水乡民众的生态智慧。

---

① 钟敬文:《大力保护民间文化》,初刊于《群言》1986年第8期,后收入《钟敬文文集》(民俗学卷),安徽教育出版社2002年版。

图 2.1　佛山"行通济"民俗（禅城非遗中心供图）

图 2.2　滋育"水乡农谚"的佛山水乡基塘生态（顺德非遗中心供图）

　　佛山的庙会、节庆、民俗类非遗也都周期性地存活于佛山特定的区域。在城镇化过程中，由于人口流动的加快，原本由本土民众构成的参与群体逐渐演化为本土民众和外来人群的共同参与，呈现出跨地域、跨族群的群体性传承特征。出于实施保护行为的需要，个别集体传承的非遗项目如大仙诞庙会、盐步老龙礼俗等分别被认定了代表性传承人冯腾飞（男）、邵钜熙（男）。他们作为民俗"地方性知识"的持有者，其实属于区域民众群体的代言人，他们背后的具有文化主体意识的民众群体才是促进非遗本真、活态传承的基础性保证。

（二）佛山非遗的家庭（家族）传承

家庭（家族）传承是指在具备血缘关系的家庭（家族）成员中完成对特定非遗的传授和修习，所传承的对象主要是手工技艺、传统中医药等体现专业性、技艺性的非遗门类。这种仅限于家庭（家族）内部传承的方式，印证了传统中国社会以家庭（家族）为基本构成单位的特点，在一定程度上昭示了非遗传承链的封闭性、保守性和秘密性。家庭（家族）传承是佛山非遗的传承方式之一，在石湾陶塑技艺、冯氏木版年画等非遗项目中都有程度不同的体现。

以石湾陶塑技艺为例，已获评国家级非遗代表性传承人的刘泽棉、黄松坚、廖洪标大师都是家庭（家族）传承谱系中的典范人物，他们自幼生活于陶艺创作的环境，受到父辈的指点，然后又将技艺传授给子女。出身陶艺世家的刘泽棉大师（图2.3）即为显例，他是"刘胜记"的第四代传人，而其四个子女刘淑贞、刘兆津、刘健芬、刘志斌，也都受其衣钵，继承了陶塑手艺，且各具一派风格，成为石湾陶艺界中青年创作人才的中坚力量。如刘泽棉大师所言，"我自幼受家庭熏陶，像玩泥巴一样去玩，一开始喜欢捏些小动物。""学习制陶的过程中，多数都是靠自己参悟，父亲有时指教一下。我长大一点了，就正式开始参与劳动，帮父亲做一些'山公仔'，帮补家计。"① 从石湾陶塑技艺的传承谱系来看，人物陶塑类有代表性的为廖氏第一代（廖荣、廖耀）、第二代（廖松、廖坚）、第三代（廖沧、廖作民）、第四代（廖洪标）、第五代（廖海峰），刘氏第一代（刘辉胜）、第二代（刘佐朝）、第三代（刘垣）、第四代（刘泽棉、刘炳）、第五代（刘健芬、刘雪玲）；动物陶塑类有代表性的为黄氏第一代（黄炳）、第二代（黄古珍），曾氏第一代（区乾）、第二代（曾良、霍兰）、第三代（曾力、曾鹏）；微塑类有代表性的为廖氏第一代（廖坚）、第二代（廖娟）。② 家庭（家族）传承是石湾陶塑技艺最典型的一种传承方式。

---

① 陈晓勤、陈志刚：《刘泽棉：艺术没有独门秘方，传承就是不断丰富》，《南方都市报》2011年12月22日，第RB16版。
② 参见《国家级非物质文化遗产代表作"石湾公仔"陶塑艺术申报书》（2005年），由佛山市禅城区非物质文化遗产中心提供。

图 2.3　石湾陶塑技艺国家级传承人刘泽棉大师在进行陶艺创作
（禅城非遗中心供图）

又如佛山木版年画，冯氏父子（图 2.4）是佛山木版年画家庭传承至今的唯一脉络。其第一代是清末民初到佛山栅下细巷（今佛山市禅城区普君南路 86 号）开设木版年画作坊的冯标，第二代是以印制门神画为主并有"门神均"之称的冯标之子冯均，第三代是自小随父学艺、掌握全套技艺的冯均之子冯炳棠，第四代则是冯炳棠之子冯锦强①，冯炳棠、冯锦强父子已相继被列为国家级、省级非遗代表性传承人。由于绝技类非遗具有市场化的商业传统，这些非遗的经济价值决定了其家庭传承的不示外特性。民俗非遗"真步堂天文历算"省级代表性传承人蔡伯励的家学渊源就来自祖父蔡最白，他自幼随父蔡廉仿学习天文数学，22 岁接手家业为《通胜》编纂历法部分，而其长女蔡兴华继承编纂历法工作，其余子女亦参与习得技艺，构建起"通胜世家"的传承谱系。当然，随着行业市场的扩大与非遗法规对传承人权利和义务的明晰，家族传承的"秘而不宣"色彩渐趋弱化，刘泽棉大师曾表示："我并没有正式收徒弟，不只我的子女，只

---

①　参见《国家级非物质文化遗产代表作"佛山木版年画"申报书》（2005 年），由佛山市禅城区非物质文化遗产中心提供。

要有人愿意学,我就会愿意无条件地教他们。"① 对于佛山部分非遗而言,家庭传承和师徒化、互师化的社会传承逐渐成为并举的非遗传承方式。

图2.4　木版年画国家级传承人冯炳棠(右)、省级传承人冯锦强(左)父子
(禅城非遗中心供图)

(三) 佛山非遗的社会传承

社会传承包括两种方式,一种是通过传统的拜师仪式建立起明确的师徒名分和关系,在师傅的带徒传艺过程中,逐渐形成稳定的非遗传承谱系,佛山非遗中的咏春拳、蔡李佛拳、龙形拳、白眉拳以及粤剧等即属此类;另一种是没有通过拜师仪式确认师徒关系,但是习艺者通过多听多看、耳濡目染,以名义上虽然无师、实际上模仿师傅并自行修习的方式习得、传承非遗,来自佛山水乡的三山咸水歌、龙舟说唱等非遗是代表性项目。这两种方式的社会传承都不受血缘关系的束缚,使得作为非遗的技艺、表演等可以在家庭(家族)之外稳态传承。

以蔡李佛拳为例,自从宗师张炎(张鸿胜,1824—1893)于清咸丰元年(1851)在佛山设馆授徒开始,蔡李佛拳就是通过师徒传承的方式活态发扬至今,并构成了五代传承谱系:第一代张炎,第二代陈盛、黄四、雷灿,第三代钱维芳、梁桂华、吴勤、何仪、霍康、汤锡、谭三、崔章,第

---

① 张明术:《石湾公仔年销量过亿　龙舟说唱或成"绝唱"》,《南方都市报》2012年11月16日。

四代何祥、黄镇江、黄文佳、吴伯泉、何焯华等,第五代梁伟永、梁旭勇。① 图2.5所示为佛山鸿胜纪念馆开展蔡李佛拳传习活动。以叶问宗支为脉络的咏春拳也是以师传徒,形构了四代传承人谱系:第一代传人梁赞,第二代传人陈华顺、梁璧等,第三代传人雷汝济、吴仲素、吴小鲁、叶问、陈汝棉等,第四代传人叶准、叶正、郭富、张卓庆、徐尚田等。② 师徒传承有利于建立明晰的师承谱系以及师门规约,对于有师徒关系的社会传承来说,非遗的施、受双方内部仍然设有相应的门槛、要求和门规。

图2.5 佛山鸿胜纪念馆开展蔡李佛拳传习活动(南海非遗中心供图)

师徒制往往表现为对于选徒的慎重考量、拜师的烦琐仪式以及严格的师门规约,表征着这一非遗传承方式的封闭性、秘密性特征。比如,收徒传艺之前"首先要考察的是徒弟的品行和为人,品行不端,就有可能将技艺用于不正当的地方;第二是身体的综合资质要好,要聪慧,反应要敏捷;第三是要有坚强的毅力,能够吃苦耐劳"③。佛山粤剧传承人李淑勤就强调"自己选择徒弟,最看重的不是才艺而是人品"④。非遗传承人对选徒、收徒、授艺门槛和程序的要求凸显了非遗传承的不可速成性、不可批

---

① 参见《佛山市级非物质文化遗产名录项目"蔡李佛拳术"申报书》(2009年),由佛山市禅城区非遗中心提供。
② 参见《佛山市南海区级非物质文化遗产名录项目"叶问咏春拳"申报书》,由佛山市南海区非遗中心提供。
③ 徐艺乙:《传承人在非物质文化遗产生产性保护中的作用》,《贵州社会科学》2012年第12期,第8页。
④ 潘慕英:《忧新人断层 李淑勤首收徒》,《广州日报》2014年7月24日。

量性。"这种传承模式由于没有标准化的传授技巧和模式化的教授规则,因此对传承双方的配合、悟性、资质、才能都有着极高的要求,甚至是仅仅依靠个人的灵感和感悟教授和传承,传承者在其再创造、完善和传承过程中,也需要吸收和积累不同个体或群体的聪明才智、经验、创造力、技艺。"① 这意味着师徒制中的后继传承人培养属于一种个性化的人才生产,在师之指导和师门影响下,每个徒弟个体可以在非遗习得过程中融入思考和创新,因此导致同一个师门所出的弟子技艺不同、风格各异。

非遗传承的"师徒制"演化至今,其中对于"徒"的认知已趋于模糊,有必要对"学员"和"徒弟"作出区分。在当下非遗保护语境中,"学员"是非遗保护启蒙后出现的"准徒弟"群体,一般出于非职业化、专门化目的临时参习、兴尽即止,属于非遗的爱好者或传播者;"徒弟"则经过了师门的筛选和认可,有"入门"和"入室"之分,入门弟子称师为"师傅",入室弟子则认师为"师父"。虽然"入门"和"入室"弟子都具备习得非遗技艺技能的资格资质,但与"师"业缘关系最紧密的"入室"弟子才最可能成为非遗继承人、接班人或传承人。当然,实现非遗的"带徒传艺",固不可缺少能与师之"传"构成互动链的"入室弟子",更离不开普通学员队伍的基座支撑。佛山精武会会长梁旭辉指出:"真正传承咏春拳,还是靠师父带弟子。"② 佛山鸿胜馆馆长黄镇江则认为:"推广武术进校园,并不会因学员学习的深度变化而影响传承,反而受影响学武术的人多了,更容易发现好苗子再挑进门做传人徒弟。"③ 师徒制作为佛山非遗的主要传承方式之一,仍将发挥不可或缺的重要作用。

三、佛山非遗代表性传承人解析

冯骥才先生曾呼吁:"我们在调查中发现,民间文化处于最濒危的现状有两种,一种是少数民族民间文化,另一种是传承人的问题,而传承人濒危现象又在少数民族地区最为明显,极需关注。"④ 我国非遗"代表作传承人"一词最早出现于 2005 年 3 月 26 日国务院办公厅发布的《关于加强我国非物质文化遗产保护工作的意见》,该文强调:"建立科学有效的非物

---

① 鲁春晓:《非物质文化遗产传承模式的反思与探讨》,《东岳论丛》2013 年第 2 期,第 138 页。
② 刘艳玲:《年半咏春拳馆增 13 家 学员爆棚"师傅"泛滥》,《南方都市报》2010 年 7 月 8 日。
③ 陈怡:《传统功夫在左,现代武术向右?》,《南方都市报》2008 年 11 月 12 日,第 FA06 版。
④ 转引自周文翰《民协将评民间文化传承人》,《新京报》2005 年 3 月 23 日。

质文化遗产传承机制。对列入各级名录的非物质文化遗产代表作,可采取命名、授予称号、表彰奖励、资助扶持等方式,鼓励代表作传承人(团体)进行传习活动。通过社会教育和学校教育,使非物质文化遗产代表作的传承后继有人。"① 2008年5月14日由文化部发布的《国家级非物质文化遗产项目代表性传承人认定与管理暂行办法》对非遗项目代表性传承人作出进一步界说,其中第二条明确提出国家级非遗项目代表性传承人"是指经国务院文化行政部门认定的,承担国家级非物质文化遗产名录项目传承保护责任,具有公认的代表性、权威性与影响力的传承人"②。行政条文从"代表作传承人"到"代表性传承人"的表述变化,意在划定传承人与代表性传承人之间包括与被包括的关系。

一般而言,非遗传承人可分为普通传承人和代表性传承人两类,前者在一定程度上掌握并承续某项非遗并扮演基础性的传承传播角色,而后者是在非遗传承中具有高度文化自觉、主动培育继承人并起着关键作用的文化持有"集大成者"。有论者认为:"传承人是在有重要价值的非物质文化遗产传承过程中,代表某项遗产深厚的民族民间文化传统,掌握杰出的技术、技艺、技能,为社区、群体、族群所公认的有影响力的人物。"③ 其所指称的,实际上就是非遗"代表性传承人"。王文章主编的《非物质文化遗产概论》指出:"民间文化艺术的优秀传承人,即掌握着具有重大价值的民间文化技艺、技术,并且具有最高水准的个人或群体。"④ 可以说,保护传承人尤其是代表性传承人,是实施非遗保护的核心理念和关键步骤。广东省从2008年开始评选非遗项目省级代表性传承人,并于2011年颁布实施《广东省非物质文化遗产保护条例》,专门对非遗项目代表性传承人的认定设立"排除条款",使广东非遗省级代表性传承人严格限定在有影响力的非遗掌握者、承续者、传承者范围。截至2015年3月,佛山获评的非遗代表性传承人有国家级11人,省级47人。下文以40名在世的省级非遗传承人为对象,分析传承人的年龄分布、数量特点、区域分布、性别分布和生活特点。

(一) 佛山省级非遗传承人的年龄分布

由图2.6可见,在列入四批省级非遗代表性传承人名录的40名传承人

---

① 《国务院办公厅关于加强我国非物质文化遗产保护工作的意见》,http://www.mcprc.gov.cn/sjzz/fwzwhycs_sjzz/fwzwhycs_flfg/201111/t20111128_356506.htm。
② 《国家级非物质文化遗产项目代表性传承人认定与管理暂行办法(2008)》,http://www.mcprc.gov.cn/sjzz/fwzwhycs_sjzz/fwzwhycs_flfg/201111/t20111128_356511.htm。
③ 祁庆富:《论非物质文化遗产保护中的传承及传承人》,《西北民族研究》2006年第3期,第121页。
④ 王文章:《非物质文化遗产概论》,文化艺术出版社2006年版,第347页。

之中，年龄最小者是来自冯氏世家的 39 岁佛山木版年画艺人冯锦强，最年长者是 93 岁的真步堂天文历算传承人蔡伯励（图 2.7），两人之间的年龄跨度达到 54 岁。40 名传承人的平均年龄达 63.9 岁，其中有 23 人超过 60 岁，占总人数的 57.5%；50 岁及以下的传承人有 7 名，仅占总人数的 17.5%。虽然佛山的省级非遗代表性传承人呈

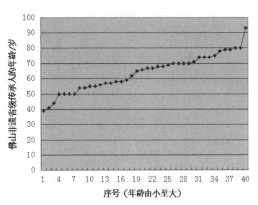

图 2.6　佛山省级非遗代表性传承人的年龄分布

现梯队之形，但是整体而言老龄化现象十分明显。这意味着，凡列入省级及以上名录的"代表性传承人"，都需要经历时间、经验和智慧的综合积累与沉淀。他们所持有的杰出技能、技艺或艺术不是天赋异禀短期生成的，而是长年累月千锤百炼的结果，因此他们是佛山非遗传承所依赖的活宝库。

图 2.7　1959 年《七政经纬历书》内的蔡伯励像（顺德非遗中心供图）

省级代表性传承人所承担的责任和压力巨大,传承人不仅要根据文化管理部门的要求,提供完整的项目操作程序、原材料要求、技术规范、核心技艺要领等;还要制定项目传承计划和具体的传承目标任务;开展实际的非遗传承工作,采取收徒、办学、培训等方式培养后继人才,无保留地传授技艺;而且还应积极参与展览、演示、研讨、交流等活动;定期向所在地文化行政部门提交项目传承情况报告。因而,通过保护集体老龄化的省级传承人推进非遗传承,可以被看成一项和时间较量的赛跑。笔者在调研访谈中经常听到老艺人关于时间无多、精力不济、徒弟难找的感慨,非遗以身体为载体的传承特性表明,老艺人从事文化传承的时间、精力有限,在生命更替的自然规律中容易发生"人亡艺绝"的现象。而优秀传承人无法速成,后备传承人的补给困境无法仅借助外力破解,关键是要在传习者、继承者当中挑选人品、兴趣、能力达标者重点培育,为形成优秀、年轻传承人的梯队创造条件。

(二)佛山省级非遗传承人的数量特点

由图2.8可见,40名省级非遗代表性传承人分布于佛山的25项省级非遗。其中,手工艺领域有26人、表演艺术领域有9人、民俗领域有5人,所占比率分别为65%、22.5%、12.5%。其分布情况与佛山作为手工业古镇的历史相吻合,明清时期的佛山有220多行手工业、手工业作坊

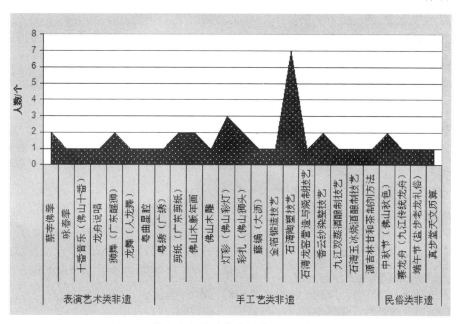

图2.8 佛山省级非遗代表性传承人的数量分布

4000多户、手工业产品3000多种，尽管经历时代变迁已不复往日辉煌，但伴随手工艺传统所孕育的产销互动生态可以吸引、带动优秀艺人及其家族投身其中。所以在多数非遗仅有一两个省级代表性传承人的情况下，灯彩（佛山彩灯）拥有3名省级代表性传承人，而石湾陶塑技艺的省级代表性传承人达到7人之多，是省级传承人数量最多的项目，不仅如此，它还拥有17名市级非遗传承人，在数量上位居榜首。由于传承梯队缺失及传承人去世，截至2015年3月，38项省级非遗中有13项缺少省级代表性传承人，包括冯了性风湿跌打药酒制剂方法、粤曲、粤剧、花鼓调、八音锣鼓以及乐安花灯会、行通济、官窑生菜会、祖庙北帝诞、陈村花卉习俗、佛山春节习俗、庙会（大仙诞庙会）、民间信俗（观音信俗）。

民俗以民众的群体性传承为主，在传承人认定上仍存在政策与操作难度，但是其他项目传承人分布的不均衡将影响到非遗传承的有效性和传播的覆盖面。特别非遗项目缺乏代表性传承人的，意味着活态至今的技艺、技能、艺术在传承过程中出现了慢性打折，民众对其认同度、美誉度也会受到负面影响，势必使其在有限的逐级传承传播中遭遇形象和内涵的耗散。粤剧作为联合国级非遗代表性项目，在粤剧粤曲民众基础厚实的佛山区域内缺乏省级传承人，说明粤剧塔尖上的艺人处于断层状态。如广州振兴粤剧基金会副理事长孔庆炎所言，"大师级的艺术家对于扩展粤剧的声誉有不可取代的作用"，"新成长起来的一代粤剧演员，距离大师级的水平还有一定差距，缺乏了有号召力的大师，也会影响粤剧的影响力。"[①] 对粤剧等佛山非遗省级以上传承人的培育仍需要时间、政策和市场受众的综合作用，以及传承者自身的积淀成长。

（三）佛山省级非遗传承人的区域分布

如图2.9所示，佛山的省级非遗代表性传承人主要分布于禅城区、南海区、顺德区，分别为24人、9人、6人，三水区1人，高明区则暂时还未有传承人入围。从区域上看，禅城区人数最多，与禅城区拥有的非遗数量呈正比例关系。古镇佛山原名季华乡，"肇迹于晋，得名于唐"。禅城所属的祖庙街道区域原称佛山镇，是中国历史上的四大镇（汉口、佛山、景德镇、朱仙）、四大聚（北京、佛山、苏州、汉口）之一，手工业和商业发达，陶瓷、纺织、铸造、医药四大行业鼎盛南国，被称为陶艺之乡、武术之乡、中成药之乡、南方铸造中心、民间艺术之乡等，保存着八个历史文化街区，滋育了内涵丰富、技艺精湛、特色鲜明的各类非遗资源及其以家族传承、师徒传承为主要传承方式的传承人谱系。

---

① 胡亚平：《粤剧仍有老广爱 传承面临四障碍》，《广州日报》2013年12月13日，第AII6版。

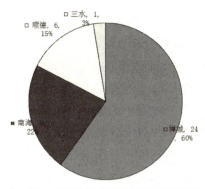

图 2.9　佛山省级非遗代表性传承人的区域分布

由图 2.10 可见，禅城在手工艺类非遗领域的省级传承人达到 22 人，显现出梯队完善、大师集中的气象。尤其在石湾陶艺项目中，优秀的陶塑艺人兼具"工艺美术大师"和"非遗代表性传承人"之名，所激发的文化自觉、自信以及稳定的经济回报为艺人谱系的承续奠定了精神和物质基础；南海在表演艺术类非遗领域的省级传承人达 5 人，是五区中最多的，分布于狮舞（广东醒狮）、咏春拳等项目，与南海作为醒狮兴盛之地和南派武术的中兴之地息息相关。不论从区域还是从非遗类别来看，佛山省级非遗代表性传承人都呈现出集中分布的特点。省级传承人在禅城、南海、顺德城区的集中分布有其文化传统渊源，但高明、三水等地以及农村边缘区域非遗传承人的缺乏不利于非遗的传承和传播。非遗保护的旨归在于保护文化的多样性，对于农村、郊区等偏于一隅的非遗传承人显然应给予更多的政策倾斜，以促进非遗"社区保护"的进一步落实。

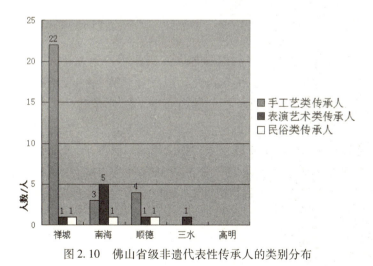

图 2.10　佛山省级非遗代表性传承人的类别分布

（四）佛山省级非遗传承人的性别特征

如图 2.11 所示，佛山省级非遗代表性传承人有女性 6 人、男性 34 人，女性艺人占比仅为 15%，女性传承人的总体保有量和比例偏低。而仅有的 6 名代表性女传承人主要分布于传统美术、传统技艺以及曲艺领域，这与女性具有的细心耐力、细密感受不无关系。民俗学家张紫晨曾指出，因为女性生活的世界狭窄，她们每每带有静观生活、留心细微之处的特性，于是在不自觉中具备了传承者的性格，能够比较客观地论人论事。传承者型多取决于个人的素质，但环境也起到重要作用，如在趋于没落的旧式家族后代中就有不少很好的传承者。传承者的态度受其经历、家世、职业、信仰等左右。传承者依其掌握的传承知识和传承作品的数量与质量，而分成不同的等级。① 基于这样的特性，佛山粤剧领域有两名佛山市级代表女性传承人李淑勤、梁智理，是申报高层级非遗传承人的人才基础。

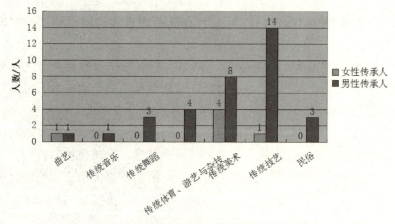

图 2.11　佛山省级非遗代表性传承人的性别分布

事实上，佛山境内杰出的民间艺人尤其是手工艺人仍以男性为主体。现实生活中，女性在民俗、传统医药、杂技与竞技、民间文学等类别非遗中的参与程度并不低于男性。由于佛山历史上作为传统工商古镇，女性的角色以家庭角色为主，女性在社会公共事务参与中仍未根本性地改变其配角和附属身份。佛山传统体育、游艺和杂技以及传统舞蹈类非遗传承者需要相当的身体力量和武术功底，参与其中的女性显然不具备身体上的优势，这也是这些非遗缺少女性省级代表性传承人的重要原因。

---

① 参见张紫晨《中外民俗学词典》，浙江人民出版社 1991 年版，第 225 页。

(五) 佛山省级非遗传承人的生活特点

佛山的省级非遗传承人的居住地反映了传承人所持有非遗项目的受众层次和受众范围。比如，石湾陶塑以及佛山剪纸、佛山彩灯分别主要依托位于城市中心区的石湾新美术陶瓷厂、佛山民间艺术社，这三项非遗在以市场经营为特点的"生产性保护"历史中，依托产品的艺术化、艺术的商品化存活于收藏、装饰领域。尤其是石湾陶塑艺术的市场遍布国内外，佛山剪纸、佛山彩灯的消费受众分布于港澳以及海外地区。石湾玉冰烧酒酿制技艺、九江双蒸酒酿制技艺、源吉林甘和茶制剂方法等非遗项目则依托于相应的实体企业，拥有良好的产业基础和发展前景。这些非遗的地方特色鲜明、受众市场稳定，其省级传承人都生活于城市中心。这些对技艺要求较高的非遗项目拉高了准入门槛，其优秀的传承人学历层次有的达到大专乃至本科。而年轻的省级传承人也显示出了通过创业、创新推动非遗传承的锐气，剪纸省级传承人饶宝莲在南风古灶1506创意产业园开设了专属工作室，木版年画省级传承人冯锦强通过招商纳股的方式启动了"木版年画概念馆"建设项目，以商养文、以销促传成为该类非遗自我造血式保护的路径。

相比而言，盐步老龙礼俗、九江传统龙舟、佛山十番、龙舟说唱、八音锣鼓、人龙舞等非遗项目存活于佛山水乡村落，其参与者和主要受众都是乡村民众，其传承人也以老龄村民为主，学历均在初中、小学以下，主要生活于城镇中心以外的乡村聚落。这类非遗的地方性、乡土性风格突出，所受到的城镇化冲击也最为直接。所以，居住于城市中心、有稳定市场和企业依托的代表性传承人衣食无忧、生活富足，也因传承人身份在城乡民众中享有较高的知名度，其传承动力更为持久；而生活在农村的代表性传承人，不仅年老体衰，而且生活拮据，要为温饱生存而奔波，其知名度仅存于村落及周边有限的范围，其传承动力仅以自身兴趣和文化认同感为支撑。如人龙舞省级传承人苏求应所言，"大家都是业余的，晚上训练太辛苦，想给每人发5元的夜餐费，我也付不起，还不知道能找谁埋单"，"我们就像小孩玩泥沙，纯粹是自娱自乐而已"。[①] 可见，传承人生活际遇不同，开展非遗传承的动力有强弱、大小之别，也直接影响到年轻后继者的入行意愿和决心。

---

① 叶辉丽、骆苏艳：《顺德区多个文化遗产项目遭遇生存困境》，《佛山日报》2009年7月7日。

第二节 非遗传承人的"米提斯"及传承难题

自"非物质文化遗产"作为一个整合性的概念生成以来,学界对此所作的溯源与探究积淀甚丰,其中生成了不少充满争议的分歧。但非遗以人为载体是无法绕过的逻辑起点,如 William Logan 指出,非遗是"体现在人而非无生命物体中的遗产"(heritage that is embodied in people rather than in inanimate objects)[①]。作为以人为载体的传统活态文化表现形式,非遗的生成、赋形与延续无不藉由传承人的切身参与而真实发生,其中非遗传承人的能力居于关键地位。目前对于非遗传承人能力的研究尚付阙如,下文拟从传承人身体角度切入并借助"米提斯"(metis)概念予以阐述,以期对传承梯队问题提出延伸性思考。

一、非遗传承人及其身体

在非遗保护语境中,国内外所推行的代表性传承人申报、登记以及保护制度是在实践层面上对非遗"以人为载体"属性的确认。那些具有过人才智、灵性并贮存、掌握、承载着精湛技艺以及文化传统的个人、群体(团体)被称作民间文化的活宝库,从而成为非遗保护的核心以及非遗研究的重点。如冯骥才所说:"中国民间文化遗产就存活在这些杰出传承人的记忆和技艺里。代代相传是文化乃至文明传承的最重要的渠道,传承人是民间文化代代薪火相传的关键。"[②] 正因传承人的生命参与,非遗才包孕着"当下的过去"和"在场的历史"。而对传承人的抢救性调查和养护性保护,也逐渐凸显为推动非遗传承的政策之本。

非遗保护的先行者日本在 1955 年根据《文化财保护法》认定首批"重要无形文化财"时,便以"无形态国宝"、"活文物"等词语指称传承"艺之精华"的"身怀绝技者",在第二批认定时以"人间国宝"直接命名,便是对非遗背后"人"的无上褒奖,体现出对人类"活态"生命基因

[①] William Logan. "Closing Pandora's Box: Human Rights Conundrums in Cultural Heritage Protection". Helaine Silverman and D. Fairchild Ruggles eds., *Cultural Heritage and Human Rights*, New York: Springer, 2007, p. 33.

[②] 中国民间文艺家协会编:《中国民间文化杰出传承人调查、认定、命名工作手册》,2005年,第11页。

与观念的至高注视。我国《国家级非物质文化遗产项目代表性传承人认定与管理暂行办法》也将传承人的功能和作用以行政认定的方式予以坐实，意在发掘、激励那些掌握并承续某项国家级非遗、在一定区域或领域内具有公认代表性和影响力、积极开展传承活动并培养后继人才的传承人。凡此种种，都源自传承人对于非遗的创生性意义。传承人通过传习而获得某种技艺技能，并在前人所传授的知识或技能的基础上融合自己的聪明才智，使非遗的内涵和形式有所发明创新，使传承的知识、技艺因创造性的"视野融合"有所增益。通过采用师徒传承、家族传承、社会传承以及传内不传外、传男不传女等各种自觉的文化传习方式，非遗得以跨越个体生命界限并产生了世代持续传承的动力。可以说，传承链条中的传承人以及后继者是实现非遗生命力扩展延续的关键之维。

论其根本，任何非遗传承人都是尘俗中芸芸众生之个体，他们生存于世的肉身以及寓其而生的技艺能力综合性构成了他们作为非遗传承人的本体特质。那么在非遗保护层面彰显传承人的价值和作用，实际上在文化生成角度凸显了对于传承人身体的价值体认。身体既是肉欲之躯又是灵思之所，既有生物性又具文化性，对它的认识程度取决于认知者所处的历史语境和理论维度。在古希腊时期，身体被当作欲望和形式的斗争焦点，中世纪基督教神学视域中的身体作为承载灵肉之躯已是原罪之源，在近代身体又成为工具理性规训的对象，笛卡尔的身心二元论便把身体置于精神理性的对立面，将它当作不确定性、偶然性、虚幻和感性的代表，身体始终处于被宰制的贬义地位。反思现代性的思想之潮对身体作了重新考察，梅洛·庞蒂等现象学思想家认为应在日常经验中细致解析身体的知觉系统，因为"身体是我们拥有世界的总体媒介"[1]；后现代主义代表福柯、德勒兹则认为身体不是自然的纯粹机体，而在身体社会学意义上镌刻着国家、法律、体制规训的复杂印记；莫斯、布迪厄等人类学家更发掘了社会实践领域中身体惯习、身体技艺的创造性价值，身体的文化生产意义得到进一步高扬。身体由此从道德之"罪恶"、真理之"错觉"、生产之"工具"的负面泥淖中解禁突围，契合了全球非遗保护以人为重点的人本主义趋势。

借助于身体概念，Laurajane Smith 认为"非物质文化遗产"不仅可被理解为静态的"所有之物"（things to have），更可以被理解为动态的"所为之事"（something that is done）。[2] 非遗与人之身体存在的关联性意味着，只要传承人的身体是在场的、活态的、当下的，那么非遗就不会以文化遗

---

[1] Merleau-Ponty. *Phenomenology of Perception*. translated by Colin Smith. London：Routledge & Kegan Paul，1962，p. 146.

[2] Laurajane Smith. *Uses of Heritage*. New York：Routledge，2006，p. 65.

留物的形式存在，活着的传承人正是非遗赖以存续的活性载体。向云驹的论述尤具代表性，他认为"身体是非物质文化遗产的一个重要支点，也是非物质文化遗产分类的逻辑起点。非物质文化遗产以人为本体、以人为主体、以人为载体、以人为活体，是通向身体哲学的身体遗产"，并指出"以身体演唱、表演、制作并成为被欣赏乃至自我欣赏的身体的非物质文化遗产。这是非物质文化遗产中最核心、最庞大、最丰富、最生动的层级"。① 非遗形态的生成离不开传承人身体感官的充分调动，特别是需要通过身体感官的感觉、情感和认知并借助一定的工具、材料完成非遗的赋形过程。在此过程中，敏锐的器官、肢体、身体、躯体等身体感官以各种组合的方式参与非遗的生成，释放出丰富多样的视觉、听觉、触觉、味觉、肤觉等身体感觉，最终达致主客体的统一以及实现文化持有者的身心融合。依此而言，传统师徒制中的师之"传"与徒之"承"构成了以身体为媒介的文化遗传链条，这种"身体在场、切身互动中进行的传承，是非物质文化遗产最有效的传承方式"②。

二、"米提斯"：传承人的身体实践能力

以人为载体的非遗是传承人身体实践的无形产物，如傅谨所言，"'心里有'不等于'身上有'，'身上有'也不等于'心里有'。但'心里有'而身上没有，对戏剧而言等于零"③。在场的身体主宰着非遗传承的有效性，传承人身体的活着与死亡，决定着非遗的存续与灭绝。身体在则非遗存，身不存则艺断绝，身体的在不在状态也决定着非遗的生成过程是否精彩，所呈现的形态是否妙绝，所散发的意蕴是否生动，所以从身体实践的角度理解非遗传承至关重要。以身体实践为业的传承人究竟依托何种能力生成并赋形非遗？从根本上说，每项非遗无不植根于特定的地方社会与生活世界，且通过个体或群体的世代传承而延续，或者说就是生活世界中人的身体实践性产物。"生活世界"是胡塞尔（Edmund Husserl）提出的哲学概念，他认为"现存生活世界的存在意义是主体的构造，是经验的，前科学的生活的成果。世界的意义和世界存在的认定是在这种生活中自我形成

---

① 向云驹：《论非物质文化遗产的身体性——关于非物质文化遗产的若干哲学问题之三》，《中央民族大学学报》2010 年第 4 期，第 63～66 页。
② 李菲：《身体与传承：非物质文化遗产研究的范式转型》，《思想战线》2014 年第 6 期，第 111 页。
③ 傅谨：《京剧学前沿》，文化艺术出版社 2007 年版，第 37 页。

的"①。未被科学化的经验既构成了生活世界的主体，也彰显着生活世界的意义，属于文化创造的基础性存在，因为"任何文化都有它自己的生活世界和日常的实践的事物经验"②。

传承人从没有任何隔膜的熟悉生活开始，在家世、师徒、村落的氛围里耳濡目染，慢慢生成着身体实践的技艺、技能和行为，由自我意识与身体动作融为一体，外化为地方生活、人的自我意识、身体技艺技能及行为之间的亲密互动。传承人的身体实践行为显示出，在无法对象化的非遗操演过程中，传承人的自我意识如同天机自动般流动，身体感官在经验思维主导下熟稔地运行，生活世界中的地方知识在身体技艺的施展中倏然呈现。这种能力在行政话语中常被转换成原则性、方向性的概念，比如以是否具有"代表性、权威性与影响力"等标准筛选高层级传承人。民间则常以"绝技"、"绝活"等词来指称某传承人技能的高超性，但因"绝"所透射的唯一性、排他性而无法具象化，由此扩延出越来越模糊的神秘化色彩。其实，非遗传承人通过口传心授并在长期实践中生发的能力本质上是一种身体实践技能，这种能力既不同于作家创作文学作品所凭借的天赋灵感，也不等同于简单劳动者完成重复工作所依赖的常识性流程。

那么该用何种概念对此能力予以描述？美国人类学家斯科特（James C. Scott）从希腊哲学中拈出"米提斯"（metis）概念，用以解释蕴藏于实践和经验之中不易习得的能力，并将其与正式的、演绎的和认识论的知识相区别。米提斯（metis）来源于古希腊词语，在《荷马史诗》中用以指称奥德修斯在带领船队回家途中所显示出的技能、能力和智慧。斯科特认为"米提斯"囊括了环境与过程，其"背景特点是短暂的、不断变化的、无法预计和模糊的，这些条件使他们不能被准确地测量、精确地计算或有严格的逻辑"，"位于天资灵感与被编撰知识间的巨大中间地带，前者根本无法使用任何公式，而后者却可以通过死记硬背学会"③。即是说，这种能力来自长期实践经验的日积月累，是一种非标准化的实践性技能。如哈里曼（Robert Hariman）所言，米提斯作为"地方化（localized）的知识既不同于技术能力也不同于科学知识，与现代主义者对世界的程式化相反，它是通过模仿和实践经验而习得"④。所以，以人为载体的非遗与传承人身体的

---

① （德）胡塞尔：《欧洲科学危机和超验现象学》，张庆熊译，译文出版社1988年版，第81～82页。
② 张汝伦：《生活世界与文化间理解之可能性》，《读书》1996年第10期，第72页。
③ （美）詹姆斯·C. 斯科特：《国家的视角：那些试图改善人类状况的项目是如何失败的》，社会科学文献出版社2004年版，第433～440页。
④ （美）罗伯特·哈里曼：《实践智慧在二十一世纪（上）》，刘宇译，《现代哲学》2007年第1期，第68页。

生活、生存、生命相依而生，它依赖着传承人所浸润的地方生活世界，所以是携带着生活世界细节以及地方性知识的经验性产物。他们掌握并展示的"绝活"、"绝技"是在适应复杂多变的地方环境过程中，采取的与现代社会科学化、现代化、程序化不同的实践方式。法国人类学家莫斯（Marcel Mauss）以"身体技术"（techniques of a body）概念描述这种经无意识的身体实践而习得的技术或技巧，基于此，可用更为传统的"米提斯"概念对非遗传承人根生于长期实践和经验的能力进行统摄性概括。

"米提斯"在知识层面上又体现为什么？在波兰尼（Michael Polanyi）看来，世间知识分为两种：一种是可用文字符号表示的规范性、描述性知识，比如科学理论等就可用系统、逻辑的方法在个体之间传达；另一种是默会性的个人知识，它依赖于个体观察力、直觉和体验并深植于个体的行为过程，无法用符号、文字表述，是附着于人身体上的技艺技能，"实施技能的目的是通过一套规则达到的，但实施技能的人却并不知道自己那样做了"①。借此言之，非遗传承人通过身体感觉获取的米提斯能力属于默会性知识，这种能力由于和身体实践浑融而生，没有哪部分作为与"身体"相对的"客体型"、"观念型"知识凸显出来，无法精确表达，只可意会，不可言传。《庄子·达生》所例举的佝偻者承蜩、津人操舟若神、吕梁丈夫蹈水、庖丁解牛等例即是如此，这些技艺化的实践包蕴着系列复杂、丰富、完整的技术知识，但也浸染着技艺持有者深切的身心参与感觉和环境在场内容，不能化约成技术层面的数字、概念和规则，也难以形式化为文字和概念知识。当文惠王赞美擅长解牛的庖丁"技"之高超时，庖丁以"臣之所好者，道也，进乎技矣"作了意会性的回答。朱熹对精通技艺的百工甚为偏爱，称"不虚不静，故不明。……虽百工技艺，做得精者，也是他心虚理明，所以做得来精"②。这些秘而难宣的技艺和技能为杰出的传承人所掌握，正是通过传承人身体的某个部位或整个肢体综合协调、无迹可循地表达出来。

以非遗项目为例，佛山剪纸、佛山彩灯、石湾陶塑、香云纱等都是属于技艺精细、工序繁难的手工艺类非遗。传承人们既形成了一些入门的技能流程、概念以及供有兴趣者参与体验的基本功步骤，也因人而异地积累着传承艺人们在长年累月操作实践中培育起来的身心敏锐感和手艺精熟感。按照布迪厄（Pierre Bourdieu）根据知识与身体关系所作的划分，前者

---

① （英）迈克尔·波兰尼：《个人知识——迈向后批判哲学》，许泽民译，贵州人民出版社2000年版，第73页。

② 朱熹：《清邃阁论诗》，四库全书丛目编纂委员会：《四库全书存目丛书集部18册》，齐鲁书社1997年版，第633页。

是可以和身体分开且通过文字等媒介流传的知识，后者则是身体全身心投入而习得的"体化知识"（incorporated knowledge）①。由此，依靠可程序化的概念性知识以及不可流程化的经验、感悟、心得和体会等"体化知识"，非遗传承人们在自我意识对身体感觉的捕获过程中，抵达器兼于道的自由创造境界，在技中显现道的自然无为，从而产生独特的审美感受和艺术追求。这种"米提斯"能力体现出传承人将生活感悟与身体动作凝合起来的状态，显示着身、心、物联动以及"懂"和"做"互融的实践性。米提斯能力到位了，技能也就附着于身体，传承人也就可以在身体操演中形塑出"形为神舍，神乃形魂，形神兼备"的上品。

三、非遗传承人"米提斯"的传承之难

"米提斯"是民间艺人之所以成为非遗传承人的能力关键，它所表征的并不是一种轻而易举可以获取的外显性知识，既不可述为抽象化、标准化、简单化的文字规则，也不等同于科学化的技术知识，不易言传和经验性是其核心特征。这种"高度个体化的、难以形式化或沟通的、难以与他人共享的知识，通常以个人经验、印象、感悟、团队的默契、技术诀窍、组织文化、风俗等形式存在，而难以用文字、语言、图像等形式表达清楚"②。正如杰出民间艺人们可以用文字记录他们的艺术操演，但文字本身并不能穷尽他们知道的全部，即便"他们的一些能力可以被翻译和教授，但是更多还是不成文的——长期实践中形成的第六感觉"③，这种在长期实践中无意识切入传承人身体的不成文、下意识的技能难以被细腻地表述和外化。"米提斯"的个体化特征意味着，每一个现在时的身体实践都是其所有全部过去历时经验的有效在场，积淀于身心中的隐形默会知识无法从实践中被抽离出来，身体实践中主客观世界的涵化互生使得非遗传人的技艺能力具有模糊性、策略性和机动性。徐艺乙以现代科学无法证明的钻木取火为例，说明非物质文化遗产多数属于另外的一套知识体系，一套不见于文字的、非文本的知识体系，这样的知识体系的传播和传承，需要个人或团体的亲身体验和参与。④

---

① 参见（法）皮埃尔·布迪厄《实践感》，蒋梓骅译，译林出版社 2003 年版，第 113 页。
② 赵仕英、洪晓楠：《显性知识与隐性知识的辩证关系》，《自然辩证法研究》2001 年第 10 期，第 20～23 页。
③ （美）詹姆斯·C. 斯科特：《国家的视角：那些试图改善人类状况的项目是如何失败的》，社会科学文献出版社 2004 年版，第 453 页。
④ 参见徐艺乙《非物质文化遗产的传承与高等教育的使命》，《徐州工程学院学报》2010 年第 1 期，第 67～70 页。

非遗传承人的"米提斯"通过身体实践过程予以传承，客观上并不需要借助复杂的理论逻辑，传习者所需的是长期不断的模仿、练习和感觉。也就是说，即便习艺者可以死记硬背规则、流程、概念和要诀，但其能力的养成要经历从学徒到师傅的长期实践过程。"对于那些必须依靠对生产工具和材料的触摸和感觉才能掌握的手艺和生意，传统上都要做很长时间的学徒才能最后成为师傅。"[①] 笔者曾问及佛山十多名民间艺人如何才能成为非遗传承人，听到最多的答复是"易学难精"、"需要坐得住"、"做一二十年才能成为师傅"等等，这就反映出非遗传承人"米提斯"能力养成的长期性特征。如斯科特所说："任何一个有经验的技能和手艺实践者都发展出了很多自己的动作、触摸感觉、有区别的格式塔心理（gestalt）以评价其工作和从经验产生的准确直觉，这些直觉无法交流，只有通过实践获得。"[②] 传习者所做的就是屈从于传统，观察模仿师傅的示范性实践，在反复的操习中掌握技艺规则，让"米提斯"能力无意识地内化于身体之中。

如笔者所接触过的国家级佛山剪纸传承人陈永才（图2.12）、佛山木版年画传承人冯炳棠、佛山彩灯传承人杨玉榕、狮头扎作传承人黎伟等，无不是经由学徒阶段的观察、感悟与模仿，并通过日复一日的实践训练才能形成依傍于身的"米提斯"能力。他们巧手匠心、聪敏智慧，对非遗传承起到了承上启下的作用，是既能承继传统又能开展文化创新、既有技进乎道的技艺境界又有培育文化后继者的情怀的人物。在有这些杰出传承人的非遗项目中，遗产传承不是非遗生命的线性延长或者原生质素的简单传递，而是在非遗赋形技艺衰减或增量的基础上，以创新求变完成非遗作为"地方性知识"的积累与传承。而且他们作为"全把式"的文化持有者，所掌握的技艺、时间与经验互为印证，带有一种神秘色彩的尊严性。这些杰出传承人都是依凭个人禀赋在家族氛围熏陶、师傅传帮带教或者潜心感悟自学的长期实践中锻造出"米提斯"能力的。而正是过于漫长的成才周期以及所付出的辛劳苦力、不对称回报等因素，阻隔了青年一代投身其中的意愿和决心。

关键问题在于，杰出传承人老龄化的事实已经让传承人培育问题变得异常紧迫。"衰老与死亡是自然规律，现在已进入了传承人的衰亡高峰期。这一点应引起我们的特别注意，抓紧时机对各类非物质文化遗产的传人进

---

① （美）詹姆斯·C. 斯科特：《国家的视角：那些试图改善人类状况的项目是如何失败的》，社会科学文献出版社2004年版，第430页。
② （美）詹姆斯·C. 斯科特：《国家的视角：那些试图改善人类状况的项目是如何失败的》，社会科学文献出版社2004年版，第453～454页。

图 2.12　佛山剪纸国家级传承人陈永才（右）向徒弟邓春红（左）传授剪纸技艺
（禅城非遗中心供图）

行抢救性调查采录。"① "抢救性调查采录"本质上属于非遗的"临终关怀"方式，无论是文字、图像符号的静态记录还是电子媒介的动态影像记录甚或"数字化保护"，尽管具有保存、记录非遗事像的功能，实际上都无法传达以身体感觉和体验为特征的隐性默会知识，不能表述带有细微差别、裹挟情感韵味的身体实践过程。非遗作为传承人的自我意识投射到身体上的复杂技艺（能）、行为的表现过程，其所依附的身体是个体与社会的汇合点和区别点，能够形塑并区分"我们"和"他者"，这使以非遗为代表的技艺和技能在具有社会性的同时又极具个人化特色。即便通过先进的数字化技术对其施以完整的再现，但若缺少人之身体的有效性传承，非遗的消亡都会难以阻挡。波兰尼曾不无忧伤地指出："各种技能或行家绝技如果在一代人中得不到应用，它们就会从人类的知识遗产中永远消失。而且随着机械化的进展，这些技艺的失传通常是无可挽回的。看着今人以漫无休止的努力用显微镜和化学、用数学和电子仿制着清一色的与二百年前那样半文盲的斯特拉迪瓦里作为日常工作制作出来的相似的小提琴，这

---

① 刘锡诚：《传承与传承人论》，《河南教育学院学报》2006 年第 5 期，第 32 页。

情景真是有点使人伤感。"① 缺少后继者的身体参与式传承,杰出传承人的"米提斯"能力只会伴随生命的终结消失于世。

四、启示:带徒传艺与传承梯队的价值

近年来,非遗保护运动以蔓延之势席卷国内各地,以官员、商人、学者等为代表的群体纷纷介入非遗保护,非遗保护主体的外力切入快速升温了"非遗热",也因机会主义的存在使"传承人被从社区生活情境中抽离出来,置入高度规训的政治与商业空间,其生存发展诉求被无形中悬置"②,从而遮蔽了对于传承人能力及其培育问题的关注。非遗的真正传承离不开传习个体的持续增补和切身实践,一代传一代的"带徒传艺"模式才是使非遗跨越生命限制的活态化途径。非遗保护的症结也正在于此,轰轰烈烈的非遗保护运动带来了非遗知识的普及和非遗事像的传播,但是无法代替传习者或学徒以忠诚之心在非遗修习中所付出的身体实践。如果没有后继者以接力的方式参与非遗传承,一脉单传或者外围兴趣者颇众的非遗项目也将面临人亡艺绝的悲剧。

困境在于,不少非遗背后缺乏年龄、经验、技能等搭配合理的"带徒传艺"梯队。"当个体的身体和生命维系着一个民族的文化遗产的传承使命时,个体的数量和代际关系的维系,成为活遗产的关键。"③ 一些高层级的传承人虽然绝技傍身、德高望重,但大多步入了年老体弱、技艺衰减的状态。笔者所调研过的国家级非遗"龙舟说唱"正是如此,由于龙舟说唱传承人的老龄化以及梯队残缺,说唱技艺已从即兴编创的口头表演衰减为对文本唱词的复述背诵,由此带来了复杂技艺的失传以及社会传承环节中的技艺遗失、特色打折等系列问题④,非遗内涵的完整性传承受到不可遏制的冲击。郑土有敏锐指出:"从广义上说,非物质文化遗产的'传承者'并不是某个体,而应是一个'群体';在这个'群体'中可以划分出不同的层次:核心传承者,重要传承者,一般传承者。"⑤ 这种按重要程度所

---

① (英)迈克尔·波兰尼:《个人知识——迈向后批判哲学》,许泽民译,贵州人民出版社2000年版,第77～79页。

② 谢中元:《非物质文化遗产保护中的机会主义批判》,《探索与争鸣》2014年第3期,第82页。

③ 向云驹:《论非物质文化遗产的身体性——关于非物质文化遗产的若干哲学问题之三》,《中央民族大学学报》2010年第4期,第71页。

④ 参见谢中元《佛山"龙舟说唱"的活态传承与保护研究》,《文化遗产》2014年第2期,第147页。

⑤ 郑土有:《非物质文化遗产保护中的"儿童意识"——从日本民俗活动中得到的启示》,《江西社会科学》2008年第9期,第25页。

划分的传承人序列与国家、省、市、县区四级传承人体系颇为相似，但更为契合现实的传承梯队构型。四级传承人名录体系是从行政性保护的角度构建的层级化传承队伍，考量了传承人的能力、口碑、影响等指标，划定了传承人的荣誉、地位和级别，但难以覆盖因作用不同而错落形成的梯队生态。

一个理想的非遗传承梯队应是有利于培育传承人"米提斯"能力的金字塔式梯队，即从塔尖至塔基是一个人数递增的状态，各梯次人员之间存在年龄、经验、能力的势差，便于形成良性的承继和更替。在非遗传承的金字塔结构中，既要有众望所归、能力超群的代表性传承人，也要形成一批在非遗保护氛围中接触、认同并学习非遗的普通学员，同时更不可缺少介于二者之间"准代表性传承人"——继承人、传习人或研习人，他们可能没有被列入官方代表性传承人名录，但在事实上堪称非遗传承的骨干力量。这样一个老中青组合的传承梯队应是"一带多"、"多带多"的模式，如此才有助于跨越一脉单传式传承所潜藏的人亡艺绝风险，同时为非遗传承人的"米提斯"能力培养提供人力资源基础。如此，杰出代表性传承人的出现就不再是一个偶发性的小概率事件，而是非遗传承演进中随着时间累积而发生的必然性规律。进而言之，对于非遗保护的绩效评估，尤其不能忽视非遗的传承梯队指标，非遗保护的扶植重点也应是缺乏传承梯队的非遗项目。

我国在非遗的普及性教育和传播方面探索甚多，为传承梯队的底座形成奠定了基础，各地在"文化遗产日"周期性实施的非遗进社区、进校园等活动即是基本方式。比如，"非遗进学校"通过普及传播非遗事象和保护常识，实现了对青少年学子的非遗文化启蒙和扫盲，培养了接触非遗、参与保护的普通学员；"非遗进社区"所设置的各类非遗培训班也是如此，培育了社区民众对身边非遗的自豪感和自珍意识，进而可让部分民众转化为非遗的一般学习者。但是，在非遗没有列入专门课程体系的背景下，学校多是在兴趣小组、手工劳动或美术课堂中穿插非遗教学，实施时间随学生的学业转换而终止，学生对于非遗的习得不是长时间行为。质言之，在"非遗热"中快速孵化起来的非遗教学或培训活动多体现为非遗知识的零碎传授、非遗实践的短暂体验，是以身体实践的长期缺席为基础的，因而减缩了参与者在文化自觉唤醒之前的观察、揣摩和模仿期，割裂了参与者感觉体验与身体技艺之间的关系，使人很难获得内心理解和身体熟练动作结合在一起的综合性能力，对此法过于乐观只会掩盖真难题。

"带徒传艺"作为传承非遗以及培育传承人"米提斯"能力的古老模式，理应被激活并重构为"后申遗时期"的主要非遗保护方法。但是谁来任徒、由谁传艺以及如何让师徒制成为传承梯队构建的永久机制，都是亟待深思的议题。因为师徒制以及传承梯队的形成，取决于个体参与者悟性、毅力、经验、兴趣、需要、动力等因素的综合驱使。其中最主要因素有两个：一是参与非遗传承是否能带来稳定的市场利益和经济回报，如石湾陶塑、佛山剪纸、佛山彩灯等手工艺类非遗因产销互动可产生稳定收益，使从业者或普通学员有动力跨入传承链条；而佛山木雕、金箔锻造、木版年画等非遗项目因市场中断缺少经济交换价值，就影响了塔基层次人员的持续递补。"如何从传承人自身的利益诉求出发，使传承人在传承传统文化的同时，既能获得社会荣誉，也能保持有尊严的物质生活水平，是保护'非遗'传承人的关键。"[①] 二是能否对非遗产生强烈的文化认同，这种认同"主要是指对非物质文化遗产的文化价值认同和以非物质文化遗产为载体的文化身份认同"[②]，非遗传习的参与者对于非遗价值以及文化身份的认同程度，决定着其是否自愿、持续地参与非遗实践，而缺乏认同的兴趣也难以转换为持久的参与动力。

国际社会早已意识到非遗持续传承的困境，《保护非物质文化遗产公约》（2003年）提出缔约国应制定"向公众，尤其是向青少年进行宣传和传播信息的教育计划"。韩国的实践尤其具有先导性和示范性，其《文化财保护法实施规则》特设奖学金以资助学习无形文化财的"传授奖学生"，并要求这些学生选自"从重要无形文化财的持有者或持有团体那里接受了六个月以上的传授教育，且在该重要无形文化财的技能、技艺方面具有相当素质的人员"或者"在与重要无形文化财相关领域工作经历超过一年以上者"[③]，还将重要无形文化财传授奖学生的学制划定为五年。这种主动、系统的非遗保护制度设立了传习人参与的时限标准，可为建构带徒传艺的时间机制以及传习人员的非遗价值与身份认同铺垫基础，是重构传承梯队的参照路径。当然，对传承梯队的重构以及对传承者"米提斯"能力的培育，归根结底落脚为人的现场投身与切身实践。传承人不能通过运动化的非遗保护所复制速成，其"米提斯"能力须经由师"传"与徒"承"的身体互动以及长期践行所习得。对此非遗传承难题，我们仍难言终极乐观。

---

① 刘晓春：《非物质文化遗产传承人的若干理论与实践问题》，《思想战线》2012年第6期，第55页。

② 王媛：《文化认同：非物质文化遗产存续发展的核心机制》，《福建论坛》（人文社会科学版）2014年第10期，第51页。

③ 顾军、苑利：《文化遗产报告——世界文化遗产保护运动的理论与实践》，社会科学文献出版社2005年版，第127页。

第三章 后申遗视角下的非遗保护反思

第一节 非遗保护中的机会主义及其消解

非物质文化遗产是民族文化个性的呈示，也是全球化时代文化多样性的体现，保护非遗已成为各国各地共同的文化责任。作为推动非遗传承的外部力量，政府、商界、学界等是国内非遗保护的重要主体。然而随着非遗保护的逐渐推进，在非遗保护主体的行为中出现了有悖于非遗保护旨归的机会主义行径，既包括在官方政绩与经济利益驱动下对于非遗的数量崇拜和盲目开发，也包括在学科化名义下制造非遗研究泡沫的学术假象。以唯申报、重开发、去主体、轻学理为表征的非遗保护机会主义已衍化为非遗保护的常态性掣肘因素。因此，梳理非遗保护中的机会主义实质及形式并思考其消解路径，显得紧迫而必要。

一、非遗保护中的机会主义实质

机会主义概念最早由经济学中的交易成本学派提出，用以假定经济活动中的行为主体。这一假定的根源在于，基于合约的不完备性和信息的不对称性，当行为主体的利益和对他者的承诺发生冲突时，便会通过偷懒、欺诈等手段寻求满足自身利益需要的结果，以致对方要为探查这种行为付出相应的成本。Williamson对机会主义的定义是学界阐述机会主义的基础，他认为机会主义行为是一种基于追求自我利益最大化而采取的狡诈式策略行为[1]，他还将机会主义进一步解释为"信息的不完整或受到歪曲的透露，

---

[1] O. E. Williamson. *Markets and Hierarchies, Analysis and Antitrust Implications: A Study in the Economics of Internal Organization*. New York: Free Press, 1975.

尤其是指旨在造成信息方面的误导、歪曲、掩盖、搅乱或混淆的蓄意行为"①。这种机会主义源于人类的有限理性、外部性和信息不对称,一般被称为"经济机会主义",因较少局限于明显的形式而具有掩饰性和欺骗性。当代思想家顾准将机会主义描述为"为了达到自己的目标可以不择手段,突出的表现是不按规则办事,视规则为腐儒之论,其最高追求是实现自己的目标,以结果来衡量一切,而不重视过程"②,从而拓宽了机会主义的解释范围。

当前对机会主义的研究多从 Williamson 和顾准之说,较多运用于对经济学、管理学等领域的观察界定。其实机会主义又称投机主义(opportunism),在人类社会生活中广泛存在,而在我国行政主导下的非遗保护中也不同程度地有所呈现。这里所说的非遗保护是指非遗保护主体借助自身优势对非遗传承施以具有推动性作用的行为,而非遗保护主体是"那些处于传承圈之外,虽与传承无直接关系,但却对非物质文化遗产传承起着重要推动作用的外部力量"③,包括政府、学界、商界等等。非遗保护主体无法替换传承主体的功能,但在以政府为主导的非遗保护中发挥各种作用。对其正作用毋庸置疑,它使我国的非遗保护迅速普及联动并建立起相应的体系框架;而非遗保护中的机会主义则是对非遗保护起反作用的行为。本文倾向于如此理解非遗保护中的机会主义行为:非遗保护主体在非遗保护过程中为实现自身利益,以刚性法律法规的缺位为契机,将非遗资源分别转换为政绩、经济、学术等资本以兑换相应回报,以致背离了非遗保护的本意,使非遗保护空心化、非遗传承去主体化。

这种机会主义产生于非遗保护主体以非遗保护为名义的具体行为当中,因其独断、内隐而与民众有着明显的不对称性,一般表现为:政府主体政绩驱动下的重申报轻保护;商业主体利润主导下的重开发轻传承;学界主体成果牵引下的重论文数量轻研究质量。机会主义已经渗透到了各类非遗保护主体的行为当中,保护主体在非遗的符号资本价值、文化资本价值、经济资本价值的利益诱导下,分别弱化了本有的行政理性、学术操守以及商业底线,从而呈现出蔓延至各类主体的广度性特征。而本来通过申报非遗、非遗研究、商业利用促进非遗保护,属于一个跨界融合、群策群力的路径,却异化为各方主体追逐眼前利益的短期行为。

从根源上看,非遗保护处于从"申遗时期"转向"后申遗时期"的初

---

① O. E. Williamson. "Transaction Cost Economics: The Compara-tive Contracing Perspective". *Journal of Economic Behavior and Organization*, 1987 (8), pp. 617 – 625.
② 顾准:《顾准文集》,贵州人民出版社 1994 年版,第 416 页。
③ 苑利、顾军:《非物质文化遗产学》,高等教育出版社 2009 年版,第 78 页。

期阶段，非遗项目的产权不明、产权主体虚无、刚性制度缺位以及非遗保护监控评估不足等薄弱因素给机会主义带来了寻求利益的可乘之机。非遗保护中的机会主义不仅呈现出利益在何处、机会主义就在哪里的结构性特征，还体现出集体性特征，即机会主义的实施者都是借用集体的名义或者以促进集体利益为借口，动用公共资源以实施其机会主义行为，其行为的堂而皇之和公开外部化耗费了非遗保护的成本。当然由于官员、学者、商人机会主义行为产生的基础是无形的公共合约，全体民众是公共合约的另一方签约者，官员的行政优势、学者的知识优势以及商人的资本优势使这一合约存在严重的信息不对称，民众不了解非遗保护与开发的事实状态和效果，加之媒体宣传的机会主义动机以及签约人之间存在的搭便车心理，各保护主体的机会主义行为就更加活跃了。

二、行政主导下的申遗机会主义

中国的非遗保护以加入《保护非物质文化遗产公约》为契机正式全面启动，渐渐演变为在行政主导下自上而下、逐级运作的遗产运动，其源自上层发令的生成动力使中国非遗保护从本质上印染了行政色彩。正如韦伯所揭示的："随着除魅的过程，政治已经变成一个'自主'的价值领域，相对于宗教与学术，它具有某种相对的自主性。"① 最基本的表现是各级非遗保护机构的相继成立以及非遗普查、申报、宣介等日常事务的频繁开展，行政运行所产生的结果在于建构起由国家、省、市、县级非遗构成的具有行政等级色彩的"四级名录体系"。建立名录旨在通过实施价值认定将非遗项目合法化，有助于挖掘圈定边缘而弱势的民间活态文化并赋予其公共文化身份。但行政层面上的指令运行也使非遗在其文化"内价值"基础上生发出政治"外价值"，进而成为全球化语境下国家与地方文化软实力的象征性符号，由此给政府保护主体的机会主义带来了滋育机会。

从行政管理的角度看，地方政府按照国家非遗名录体系设置要求普查申报项目，是执行政令的规定性动作。可是非遗名录的层级化意味着非遗项目具有可以被划分为高低等级的特性，而将非遗项目挤入名录体系并尽可能占据最高级别的位置，在此基础上完成文化资本、经济资本以及政治资本的同步升级，就成为地方政府主体热衷于申遗的原始冲动。其中不乏为进入非遗国家名录而误报项目的现象，如云南曾用以申报国家级名录的

---

① （德）韦伯：《韦伯作品集1：学术与政治》，钱永祥等译，广西师范大学出版社2004年版，第140页。

"独龙族纹面习俗",是十二三岁的女孩忍痛把脸染刻成"黛墨青纹"并默示不再与外界交往接触的方式,属于1950年以前独龙族妇女逃避土司践踏掳掠、反抗民族压迫的消极自救办法,因镌刻着耻辱的记忆在新中国成立后被新一代妇女遗弃,而以此申遗显然存在误读非遗且急于申遗的非保护动机。而2008年东阳将"童子尿煮鸡蛋"纳入市级非遗名录,则是明显越过非遗标准并挑战公众卫生底线的机会主义行为。

对于非遗的认定是一个极其专业化的多中取少、少中辨精的学术操作,以是否历史悠久、是否活态存在、是否处境濒危、是否具有地方代表性等为标准。由于非遗事象庞杂而名录名额有限,在基层操作中对非遗"内价值"的判断往往让位给行政范畴内的评判。在粗疏普查以及简便认定的基础上启动申遗,组织专家针对申报文本进行打分并作简单的量化估算,然后根据估算结果逐级申报。申遗过程中对学术标准的把握滑移以及执行不严使申遗变得相对容易,导致随意认定、错误认定的行为在低层级的申遗中时有发生。比如,"各项目申报主体各不相同,有县、乡政府,也有国营企业或民营企业主。虽然大部分申报主体的确定是合理的,但仍有不尽合理之处。从申报材料看,对申报主体的认定实际上带有很强的随意性"[1]。

源生于政绩焦虑的申遗逐渐运动化并进入"大跃进"阶段,直接产生了申报非遗如同竞拿奥运金牌以及争报非遗类似争夺"唐僧肉"的现象。由于各方利益主体争夺不休,不同申报地无法真正共享与共存代表性名录。申遗中的机会主义更甚者在于,以申遗本身为目的,以非遗数量论英雄,将申遗之后的保护虚无化,契合了布尔迪厄关于"有时符号利益的争夺,其激烈程度不亚于物质利益"[2]的论断。归根结底,"许多地方政府热衷于非物质文化遗产保护项目(尤其是国家级项目和联合国'人类非物质文化遗产项目')的申报,不是真正的'文化自觉',而是基于利益驱动的行为,其主要动机,不是文化遗产的保护,而是扩大地方知名度,打造旅游产品,增加地方财政收入,甚至争取中央财政支持的功利行为"[3]。这也是造成工艺类、饮食类非遗申报热而使戏曲类、民间文学类非遗申报遇冷的根本原因。即便一些具有价值特殊性、难以复制性、不可替代性的非遗被列入名录,却仍得不到周全的保护。注重申遗数量以及非遗身份而忽视

---

[1] 樊嘉禄:《非物质文化遗产项目评定中的几个问题》,《安徽大学学报》(哲学社会科学版)2007年第7期,第39页。
[2] (法)皮埃尔·布尔迪厄:《科学的社会用途——写给科学场的临床社会学》,刘成富、张艳译,南京大学出版社2005年版,第15页。
[3] 田青:《中国非物质文化遗产保护的"瓶颈"》,《中国文化报》2010年2月20日。

非遗保护的机会主义取向，已为一些有识之士所诟病，高小康等学者以进入"后申遗时期"为契机，呼吁非遗保护应该面向未来、面向特殊性。

三、非遗学界的田野缺失与非遗体

政府行政主导下的非遗保护离不开专家学者的参与。事实上，在教育部、文化部的推进下，国家教育体制内的一些科研单位和高等院校相继成立了级别不同的非遗研究所或者研究中心，有的甚至以成立戏曲、民俗或者民间文学研究机构为名义开展非遗研究。比如，中央美术学院率先成立了"非物质文化遗产中心"，中山大学成立了"中国非物质文化遗产研究中心"，北京、上海、武汉、兰州等各地高校纷纷成立非遗研究机构，将非遗纳入学术研究范畴。缘于高校和研究机构的人才优势，一些省市也相继授予所属地高校"非物质文化遗产研究基地"的名号，借此助推非遗调查研究热潮。

自上而下以及由外而内的非遗保护号令与启蒙，将从事专业教学或科研的知识精英不同程度地卷入非遗领域，象征性地赋予他们评判研究非遗的合法身份与干预资格。非遗保护事实上需要扎实而可靠的田野调查和学理研究，否则非遗的价值内涵无法得到全面专业的呈现。最理想的非遗研究应该是韦伯所言的"以学术为志业"，追求非遗保护中的客观真理，实现非遗知识的创新与突破。韦伯认为"学术与政治"应该有所区别："官僚行政人员的专业伦理在于有效实现支配性的理念，相反地，科学家须'对任何支配性理念，即或是多数决定的结果，仍保持清醒的头脑并保有个人判断能力，必要时须逆流而泳'。虽然两者在完成角色时需要相似的技能，但他们的价值取向完全不同。不是对上级的忠诚义务，而是知识上的正直，不是在一个既定的目标下顺从，而是保持一定距离感与清楚判断力，这才算是科学家的德性。"[①] 由于非遗保护本身的行政化色彩以及申遗过程中的急功近利，专家学者介入非遗的方式及其研究与韦伯所言有着程度不一的背离，呈现出机会主义特征。

一种方式是在非遗保护中扮演判官角色。专家学者面对经层层递交而送达案头的申遗文本，在无法通过田野和文献等多重证据深入验证的情况下，以对项目描述的真实假定为前提，"忙于按'遗产'的价值标准对民俗进行评估和打分，未能对各个地方变化着的民俗进行更多的调查和研

[①] （德）韦伯：《韦伯作品集1：学术与政治》，钱永祥等译，广西师范大学出版社2004年版，第140页。

究,对于民俗文化价值如何发生的情况难免有模糊的认识"①。其中所依据的价值评判标准有时还夹杂着无法剔除的主观人为因素,而《国家级非物质文化遗产代表作申报评定暂行办法》所宣示的评审标准属于原则性参考,对于界定国家、省、市、县级非遗代表作的区别以及指导评审而言,缺乏量化的指标和具体的准绳。评审主体在其中有着很大的自由裁量空间,因此对非遗的评定多是基于主观知识和经验的判断。评审所依据的很难说属于学理意义上的客观标准。评判中的机会主义来自客观机制与主观人为的共谋,产生了使评判失去公信力的迫力。

另一种方式是直接开展非遗研究。由于非遗研究属于学者个人的自主行为,再加上非遗学科本身的未建成性,非遗研究中的机会主义蔚然丛生。在主要是民俗学、人类学、民族学等领域研究者的带动下,管理学、政治学、经济学、历史学、艺术学、文学等多专业背景的科研人员被吸纳进入非遗保护领域。各层次人士来自不同的高校与科研院所,心怀不同诉求,扮演不同角色,或主动或被动参与到非遗保护研究当中,参照非遗保护中的公共议题从不同角度发表话语,催生了数量庞大的非遗研究写作群体。以"非物质文化遗产"为主题在中国知网进行精确搜索发现,相关论文逐年暴涨,2002年至2013年间论文数已将近6万篇。虽然其中不乏以纯学术立场展示研究、批判与反思的非遗类成果,但是关于非遗概念、传承方式、保护路径以及危机问题等议题的研究大多陈陈相因,同质重复,在研究深度和写作范式上并无实质性推进。

尤其明显的是出现了一类八股式的非遗论文,有论者将其称为"'四段式'的'非遗体',即行文中依次出现四块内容,'非遗'语境的交代、保护个案的调查与描述、保护的必要性和保护对策"②。非遗论文写作的程序化、标准化、模块化,反映出非遗研究中的走捷径思维以及跟风式习气,以致"民俗志式的记录文本是当下非物质文化遗产表述最通行、最便捷的方法"③。文体问题还只是表面的弊病,最根本的问题在于大量的论文写作并不是以理性、中立、祛魅的姿态,在科学系统的田野调查、精细入微的研究分析基础上完成的,而是仅凭笼统概括和大概认知匆忙行文的结果。便于下笔、易于成文的非遗论文写作,为研究者完成科研考核指标创造了机会,各学科里不管是初习者还是老学究均跨界而入。多学科、多专业的研究者参与到非遗的调查、教学和研究当中,固然对普及非遗知识和

---

① 刘铁梁:《民俗文化的内价值与外价值》,《民俗研究》2011年第4期,第36页。
② 陈映婕:《超越"遗产观"的中国民俗学发展》,《民俗研究》2013年第5期,第18页。
③ 王丹:《中国非物质文化遗产研究路径检讨》,《云南师范大学学报》(哲学社会科学版)2013年第4期,第67页。

启蒙非遗意识发挥了重要作用,但是通过开展非遗研究或者通过发表论文,一些研究人员可以将文化资本转化为社会名望,并且以项目申报、规划评审、献计献策等各种形式获得不同量级的学术与经济回报。这种现象又因时下科研论文的产业化更为加剧,导致不少非遗研究沦为以浅、平、快为特点的学术泡沫,而大量的非遗却得不到真正的学术观照。非遗论文写作的应用化、时政化、批量化,及其所表现出来的研究缺席、反思失语,作为非遗保护中的机会主义之一,已成为危害非遗保护与学科建设的主要因素。

四、非遗商业开发中的"抢占公地"

在国内非遗保护启动之初及以后的一段时间内,一般认为大致有两种主要保护模式:一是倡导"施予式保护",即由政府投入资金对非遗进行保护;一是主张所谓的"开发式保护",即将非遗保护推向市场,通过市场竞争激发其生存活力,以进一步拓展非遗的生存空间。① 由于"开发式保护"往往将重点落实于开发而轻视了保护,在巨大的利益诱惑前无法遏制过度开发的冲动,给非遗保护带来致命的伤害。经过学界辨析以及官方的调适,主张"积极探索以生产性保护为重要内容的多种传承保护方式,抢救性保护、原真性动态保护、生产性保护和整体性保护并举,按照非遗自身衍变规律,对传统手工技艺类项目,以及民间美术、传统医药类和饮食文化类项目尽可能寻求生产性保护的方式传承发展"② 渐成主导论调。问题是,"开发式保护"就真的让位于"生产性保护"了么?

尽管有学术良知的学者出于保护精神家园的社会责任感,不断呼吁不能为了商业利润而破坏文化生态,不能为了发展地方旅游而滥用非遗资源,不能为了制造城市名片而炮制伪民俗,本质上"所有的人民群众或公民都有享用它的权利,但目前名义上是国家所有,实际上却被各个地方利益集团所控制的现象普遍地存在着,根据地方利益集团进行保护,尤其是根据地方利益集团进行开发性保护的现象也因此而普遍存在"③。在由各个利益团体把持的非遗开发运作中,非遗保护理论的指导力是微小甚至失效

---

① 参见牟维、李琦《非物质文化遗产保护过程中的博弈探索》,《西南民族大学学报》2007年第7期,第141页。
② 王福州:《对新的历史阶段非遗传承保护的思考——写在〈保护非物质文化遗产公约〉颁布十周年之际》,《中国文化报》2013年11月8日。
③ 陈华文:《关于新时期非物质文化遗产保护与开发的思考》,《浙江师范大学学报》2007年第3期,第19页。

的,这暴露出非遗保护实际中的困惑、尴尬与无奈。许多传统手工艺以及曲艺杂技、戏曲表演等非遗项目本来就是具有商业性传统的,而且只存续于正常发育的商品消费市场和娱乐表演环境。如果将它们抽离于商业市场,将使它们走向毁灭。问题的复杂性在于,商业市场有其自身运行机制,利益集团的逐利本性以及商业价值规律的自发运行可能把非遗开发引导到脱离文化传承的方向,从而导致非遗保护"公地悲剧"的产生。

"公地悲剧"由加利福尼亚大学哈丁教授1968年在《科学》杂志上发表的《公有地的悲剧》中提出(Science,Vol.162,p.1243),其经济学原理在于:个人只根据边际收益是否大于或等于边际成本($MR \geq MC$)进行决策,不考虑行为所产生的社会成本,以致造成所在经济系统的崩塌。"公地悲剧"昭示着,若参与享用公共资源的每个个体均追求自身最大化的利益,必导致对社会集体福利的损害,如此一来,表面看似理性的个体行为其实会衍变为非理性的集体行为。"非物质文化遗产作为一种资源,就具有'公地'性质和特征,所有权不明晰,就可能产生'公地悲剧',所有权分散,就可能产生'反公地悲剧'。"[①]"公地悲剧"是非遗开发式保护中机会主义运行驱使的结果,在利益追逐的导引下,节日变成"会日"、民俗变"官俗",非遗生于民间、死于庙堂的事例频频发生。就少数民族歌舞、宴饮而言,它们大多只在特定的时间和场所展示,比如,贵州省雷山县的苗族鼓藏节每12年举办一次,云南省景洪市的基诺族村寨只在每年立春后三天跳大鼓舞,但商业开发的过度介入致使一些地方但凡有游客,必盛装集会,日夜宴饮歌舞,消解了非遗神圣的原生内涵,造成对非遗核心价值的破坏。

被寄寓厚望的"生产性保护"是否完全解决了商业开发与非遗传承的矛盾?其实非遗保护中的过度商业开发行为并未因有识之士的呐喊主张有所根除。关键的原因在于,由于非遗的活态存续性,暂时还没有在"生产性保护"的文化保护与商业开发之间划定确切的界限或者红线,无法限制商业开发的无底线冲动。对于利益集团和商业资本而言,笼统的口号式说教只能是一种有名无实的空头指导。在此背景下,一些地方将传承人当作竞相掠夺的对象,对非遗进行超负荷利用和破坏性开发,借继承创新之名随意篡改非遗本身,任凭以紫乱朱、劣币驱逐良币,其结果是被保护者的进一步衰微。具有经济价值的广东凉茶、兰州拉面、重庆火锅、山西陈醋、过桥米线、太仓松肉等老字号非遗都发生了"公地悲剧"。于此可见,

---

[①] 谭宏:《在非物质文化遗产保护中克服"反公地悲剧"》,《江汉论坛》2010年第9期,第142~143页。

非遗开发中的机会主义的谋利目标不再是不完全合乎非遗保护的利益盈余,也不是对方没有察觉到的由文化信息优势所决定的他者利益,而是明目张胆地掠夺非遗的公共性利益。

五、消解非遗保护中的机会主义

非遗兼具文化事业和文化产业的双重属性,而"机会主义行为最易发生于经济利益保护机制弱化的部位,机会主义行为的强度与经济主体的利益敏感度密切相关"[①]。非遗保护中的机会主义在现阶段显然是无法避免的,其危害不容忽视。最主要的危害就是使非遗保护中的被保护者更加边缘而弱势,非遗传承人由于越来越缺乏话语权而成为非遗保护热潮中"沉默的大多数"。比如,有些传承人即便被列入非遗的省市乃至国家级传承人名录,甚至获得国际级别的殊荣和称号,但是在国内非遗项目论证会、非遗学术研讨会以及非遗资源开发会上却往往缺席失语。即便少数传承人备受媒体追捧或者成为表演市场的明星,那也是被眼球经济所选择的结果,更多的老龄艺人成为无人关注或者被短暂注目就被遗忘的对象。更深层的危害还在于,在文化自觉还不充分的情况下,非遗保护多是从外部切入社区民众的生活内部,使传承人的私生活领域被不同程度地生硬干预,甚至把传承人从社区生活情境中脱离出来,置入被高度规训的政治或商业空间,这样一来,许多传承人作为普通个体正常的生存发展诉求被悬置。已被联合国教科文组织授予民间工艺美术大师称号的已故剪纸艺人库淑兰,直至去世一直过着艰辛而凄苦的生活,传承人苦难而无助的生命感受就被无情忽视了。

笔者先后对佛山非遗项目中的龙舟制作技艺、佛山木版年画、龙舟说唱等的传承人作了追踪访谈,访谈中,传承人对于从事非遗动机的回答要么采用类似"保护传统文化"的公共话语,要么以"个人兴趣和寄托"作简单回应,更多的是对非遗前景深表忧虑,对个人生存状态不甚乐观,并希望通过从事非遗传承改善生活质量。也就是说,正因非遗保护中的机会主义的存在,一些非遗传承人的个体处境并未因非遗保护有所改变,有的甚至被迫背负沉重的荣誉,苦守垂死的文化,个人发展因受到阻滞而更趋恶化。总之,传承主体的缺位、脱域、失语以及弱化,在非遗保护中的机会主义冲击下更为凸显。

由于人的自利劣根性是机会主义产生的根源,只要人存在自利动机,

---

① 李厚廷:《机会主义的制度诠释》,《社会科学研究》2004年第1期,第27页。

机会主义就会无孔不入。"在非物质文化遗产保护的场域中,商人与官员、学者产生了盘根错节的'铁三角'关系。"①官员的政绩焦虑、商人的利润冲动以及学者的速成心态在非遗保护自上而下的行政主导机制下混合发酵,外化为共通的以自利为本质的机会主义行为。如果不对机会主义加以遏制,将使非遗保护在违背非遗保护公约精神以及非遗法的路途中渐行渐远,最终导致对非遗保护机会主义的治理将付出更大的代价。但是人的自利劣根性不会自行消退,对于非遗保护中的机会主义,只能依靠由外到内、内外联动的方式予以消解。

一是加大"后申遗时期"的制度供给与制度刚性。中国的非遗保护是在短短几年时间内自上而下、逐级铺开的,缺少实践经验和本土模式,导致非遗保护制度甚是短缺。尽管《非物质文化遗产法》以及各地非遗保护条例已相继出台,但法律法规中存在原则性条款过多而实践层面上可操作性不足的问题,法律法规内容的粗线化给申遗机会主义制造了空间。这就需要在"后申遗时期"出台非遗保护法的配套细则与法规,在非遗产权的界定和保护、非遗保护中政府职能的边界划定、不同政府层级和部门权责的划分等领域增加制度供给;同时在非遗保护与非遗开发之间划定红线,特别是通过建立生产性保护的红线制度限制商业开发的无底线冲动。当然,"现有制度能够在多大程度上抑制机会主义取决于制度刚性"②,"制度刚性是机会主义的天敌"③,同时也要让非遗保护法律法规落地到执行环节,使基层部门在非遗申报中减少选择项目的人为性以及解释非遗的随意性。也就是说须强化制度刚性以形成非遗保护行为的制度取向,从而抑制保护主体不合理的自利冲动。

二是塑造保护主体的"引导角色"进而"还遗于民"。传承人以及民众是非遗传承事实上的主体,"从根本上说,全球化背景下的中国非物质文化遗产保护,首先应该是对创造、享有和传承该文化遗产的人的保护,而对于这一遗产的切实有效的保护,则特别依赖于创造、享有和传承这一遗产的群体"④。这就需要凸显非遗保护主体的引导功能,通过意识启蒙和内心唤醒,重塑传承人及普通民众之于非遗的主体地位,最终达到"还遗于民"的目标。让传承主体在保护主体的引导下成为真正的主体,是可持

---

① 陈映婕:《超越"遗产观"的中国民俗学发展》,《民俗研究》2013年第5期,第15页。
② 李厚廷:《机会主义的制度诠释》,《社会科学研究》2004年第1期,第27页。
③ 陈天祥:《转型时期的机会主义诱因和治理机制》,《人民论坛·学术前沿》2013年第19期,第40页。
④ 刘魁立:《论全球化背景下的中国非物质文化遗产保护》,《河南社会科学》2007年第1期,第34页。

续性保护非遗的必然选择。其路径有二：第一，减少非遗保护机构的科层，规范非遗项目管理的程序，细化基层部门的权限、工作任务和流程等，凸显政府非遗管理的引导功能，进而减少信息不对称性现象；第二，学界知识群体要减少参与非遗保护的行政指引和规划设计，应通过专业务实、精准透彻的调查研究阐发非遗的多重价值，以此引导非遗传承人和民众唤醒文化自觉与文化自信，让他们自主、自发、自愿地参与非遗保护。

三是以绩效考核促进非遗的可持续性保护。目前对于非遗及其传承人已有退出机制予以规约，但是对于极易产生机会主义的保护主体却没有任何实质性管束。以往对非遗保护的绩效考核是结果导向和以上压下型的，这种简化流程、减少成本且以目标完成为标准的考核，又因上下级的不对称关系导致难以对基层的非遗保护进行流程评估。其表现是上级领导临时性地带领个别专家到基层视察一番，通过经验和印象对非遗保护作出即时评价。亟待建立专家学者和普通民众参与地方非遗保护绩效考核的机制，在地方申遗以及非遗保护开发中纳入专业评估、民意测验等环节，强化第三方的监督考核力度；同时，尝试通过实施对申遗及开发非遗行为的跟踪辅导和反馈、做好非遗保护目标的分解和联动等措施，实现非遗保护绩效的过程监控和系统管理；此外，适当借鉴先进的绩效考核技术和信息技术，实现非遗保护绩效管理的科学化。特别是，可与非遗退出机制相匹配，完善对非遗保护主体的问责机制建设，进一步消除机会主义的存在空间。

四是推动非遗学科化建设，为非遗保护提供决策参照。反学理、非专业、不成熟的非遗研究从本源上无法为非遗保护发挥智囊作用，甚至是误导非遗评审和公众认知的伪学术。客观而言，人文社会科学领域对非遗展开研究也才十年时间，近年来少数高校积极设置非遗学专业并将非遗纳入学科设计和招生计划，但是尚未形成专门的科研团队以及成熟的研究规范。因此，亟待建立非遗学学科，让非遗研究者找到安身立命的根本，使他们从散漫无序的"游击队"变为有学科归宿的"集团军"。建立学科的关键在于，形成系统的包括领域、对象、方法和文体在内的研究体系，为从事非遗研究的人员提供可通约的研究规则以及可对话的研究平台，尤其是要将基本的研究伦理嵌入研究者的"集体无意识"。如乌丙安所言，在非遗研究中"要做到扎扎实实地一个细节接一个细节地追踪、考察、询问、摸清，并把它原原本本地采录下来，这就是最基本的田野作业。必须牢牢记住：把握'文化细节'是进行无形文化遗产项目普查的重要法宝，是最佳技巧和手段"①。研究者只有深入田野并聚集于非遗项目周围，才可能产出有价值的成果并对非遗保护有所指引和促进。

非遗保护虽已在我国全面铺开并取得不凡成就，但是传统非遗与现代文明之间的悖论作为一个普遍性难题，仍需要全社会长期而共同的关注。承认非遗保护中滋生的机会主义，并不是要否定非遗保护的中国经验与地方智慧，而是通过审视非遗保护中的系统性问题，寻索"后申遗时期"的非遗可持续保护之道，使被弱化的对象得到真正保护。当然，非遗保护主体的机会主义会随着非遗保护的推进而改头换面，可能使问题变得更加复杂。

第二节 佛山非遗保护的"推进模式"及其前瞻

"申遗时期"是对我国近十年来非遗保护实践的时间性概括，不仅因为这个时期的非遗保护实践以"申遗"为主要表征，而且与我国非遗保护实践的探索性、非遗保护机制的未完成性息息相关。按照《保护非物质文化遗产公约》、《非物质文化遗产法》以及国务院部委、省级非遗保护法规的指引逐级推进，佛山在非遗保护方面既有对"规定动作"的严密遵行，也有契合本土实际的独家探索，所产生的非遗保护绩效外化为申遗数量的增长、非遗观念的普及以及民众自觉的生成。佛山的非遗保护从无到有，由微而著，经历了"申遗时期"的摸索、迷茫和欣喜，在建构"佛山经验"、"佛山模式"之时也进入了充满可塑性的"后申遗时期"。本节拟对佛山"申遗时期"非遗保护实践进行回顾，并以"后申遗"为参照视角对佛山的非遗保护作出展望。

一、佛山非遗保护的推进模式②

我国层级化的非遗名录体系是按层级化的行政机构量身设计的，旨在推进行政主导下的申遗与非遗保护操作，荡平非遗保护的行政壁垒。"非遗的地方性决定了非遗保护必须依靠地方政府，地方政府对其角色的定位在非遗保护战中起到关键作用，其理应是非遗保护政策的制定者、倡导

---

① 乌丙安：《非物质文化遗产保护：理论与方法》，文化艺术出版社2010年版，第231页。
② 该部分写作受到了佛山非遗保护中心关宏副主任《佛山市非物质文化遗产保护事业十年回顾》一文的启发，该文载《佛山艺文志》2013年第4期，特致谢意。

者、实施者，以及非遗文明的鉴定者。"①佛山作为地级市，是既要执行政策又须施发指令的非遗保护层级，必须践行自上而下的非遗保护实践路径，表现为建章立制、设立机构、逐层申报、认定名录以及开展保护，即以普查为切入点，以申遗、认证为前提，以资助性政策为推动力，以培训、展演、传承、传播等为主要措施，形塑了佛山非遗保护的"推进"模式。

一是行政联动推进非遗保护。在2005年国务院发布《关于加强文化遗产保护的通知》之后，佛山市文化局、佛山市财政局联合发布了《关于在我市实施中国民族民间文化保护工程的通知》，并成立了保护工程领导小组和专家委员会予以督查指导。随着非遗保护热的升温，佛山的非遗保护实践应时而进，2006年，佛山文广新局印发《关于调整佛山市民族民间文化（非物质文化遗产）保护工程机构人员的通知》，从行政层面将民族民间文化正式转入非物质文化遗产保护。随即，佛山市人民政府发布《关于建立我市非物质文化遗产保护工作联席会议制度的复函》（佛府办函〔2006〕274号），探索建立包括市文化广电新闻出版局、发展与改革局、经贸局等八个单位在内的市保护工作联席会议制度，从而在制度层面确立了非遗保护的联动性和协同性。与此同时，还设立了专门的非遗保护执行机构"佛山市非物质文化遗产保护中心"。各区相继成立了非遗保护工作领导小组以及挂靠博物馆或文化馆的非遗保护中心，各镇街的文化站等基层文化管理机构也将非遗保护纳入年度规划以及工作目标。

二是推进非遗普查和研究。非遗普查是非遗保护实践中最基础性的工作，也是挖掘非遗线索、盘存非遗数量的必要路径。佛山的非遗普查依托市、区、镇街非遗机构的力量，所普查的对象涵盖口头传说和表述，表演艺术，社会风俗、礼仪、节庆，自然界和宇宙的知识和实践，传统手工艺技能等非遗类别。通过深入的城乡田野调查，共完成资源调查115项，走访传承人667位，录音116小时，录像153小时，累积照片6580张，采访笔记107万字，形成普查报告3万多字和项目传承人报告1.5万字。②其中佛山本土的民间文化青年志愿队伍发挥了不可或缺的作用，这支以姚远等人为领队的非遗保护民间志愿者团体尤其专注于非遗传承人口述史档案，为记录非遗生态、保存民间记忆用力甚多。通过政府机构以及非正式团体的实地考察和口述访谈，一批濒危的非遗项目如冯氏木版年画、龙舟说

---

① 李华成：《论非物质文化遗产保护中的地方政府角色——基于湖北省荆州市非遗保护的实证分析》，《太原理工大学学报》（社会科学版）2011年第1期，第76页。
② 参见关宏《佛山市非物质文化遗产保护事业十年回顾》，《佛山艺文志》2013年第4期，第3页。

唱、十番音乐、木雕、花鼓调、岗雕乐等渐次进入大众视野。在此基础上，佛山非遗保护中心汇编了非遗普查资料、《佛山非物质文化遗产工作简报》等文本及网络资料，为非遗申报与非遗名录体系的建立奠定了基础。与此同时，联动专家学者开展非遗研究，出版了《佛山木版年画》、《佛山非物质文化遗产名录图典》、《佛山剪纸》、《佛山秋色》、《南音》、《龙舟歌》、《佛山民俗文化》、《源远流长——非物质文化遗产保护丛书》等系列著作。

三是推进申遗及传承人保护。自2007年发布第一批市级非遗名录以来，佛山已陆续发布四批非遗代表性项目以及三批非遗代表性传承人。入围联合国非遗代表作项目1项（此为粤港澳联合申报的粤剧），非遗代表性项目国家级14项、省级38项、市级69项。获得认定的非遗代表性传承人国家级11人、省级47人、市级82人。此外，新石湾美术陶瓷厂被认定为国家级非遗生产性保护示范基地，建立粤剧、武术、陶塑等民俗文化专题博物馆、名人纪念馆20多个。非遗以人的身体为活态载体，传承人作为非遗活态传承的关键，是非遗保护所应覆盖的核心对象。佛山对此非遗保护理念积极认同跟进，将养护传承人的身体作为延长非遗传承时限的着力点。2010年，佛山发布《佛山市非物质文化遗产项目代表性传承人资助暂行办法》，对有困难的省级以上非遗代表性传承人给予生活补助，对重点项目进行有计划的资助，为部分生活困难的传承人解除了后顾之忧。2012年5月，木版年画代表性传承人冯炳棠、石湾陶塑技艺代表性传承人黄松坚被评为广东省非遗代表性项目优秀传承人。2013年底，佛山开始启动市级非遗传习所、传承基地和市级生产性保护基地评选，以发挥传习所、基地在非遗传承方面的作用。

四是依托文化展演，推进非遗传播。"文化展演"是人类学理论中的重要概念，其要义是在日常生活和传统仪式之外，有意识、集中感性地表达呈现文化，以凸显文化的示范性。文化展演越来越成为整合性传播非遗的主流方式，这种整体展演式的传播可产生凝聚性、联动性、示范性的文化影响力，适度适时采用能达到传播效果的最大化与最优化，已成为不可或缺的非遗保护方式。佛山利用已有的物质载体和资源条件，拓展了非遗展演途径。第一，建立专项固定的非遗展演机构，比如建立广东粤剧博物馆、叶问堂、岭南酒文化博物馆等民俗博物馆，实现非遗和旅游的深度结合，让非遗具有稳固的展演平台，其中，依托省级文保单位兆祥黄公祠设立的广东粤剧博物馆于2006年获联合国教科文组织"亚太地区文化遗产保护奖"。第二，维持仪式性的民俗文化展演空间，因为"我们对现在的体验大多取决于我们对过去的记忆，我们有关过去的形象通常服务于现存秩序的合理化，有关过去的回忆性知识，是在（或多或少是仪式的）操演中传送和保持的"①。佛山在春节前后举办的行通济、行花街、生菜会、乐安花灯会等民俗活动，在端午节期间举办的盐步老龙礼俗、龙舟竞渡等民俗活动，每年在固定的时间地点操演佛山秋色、祖庙庙会、濑粉节等大型民俗，不仅周期性、常态化展示了佛山民俗文化，而且通过文化名镇、古村落建设为各类非遗提供了集中的展演空间。第三，开展各类流动性的非遗展演，比如利用"文化遗产日"、旅游文化节等契机，集聚各类非遗项目及其传承人参加各种庆典、展览、会议、大赛和演出等活动，以及走进社区、工厂、企业、校园等开展现场性的非遗展演（图3.1），激发了传承人的文化自信和民众的文化自觉。

图3.1　2013年"佛山市非物质文化遗产日"活动（何绍鉴摄）

五是以培训、教育和带徒传艺推进非遗传承。非遗保护主体作为有别于传承主体的力量，可以通过教育、培训和研究等途径助力非遗传承。佛山所探索的实践包括：第一，开展普及型的非遗培训，比如已邀请国家非遗专家委员会专家乌丙安、刘锡诚，广东省文化馆馆长苏章鸿，中山大学非遗中心教授康保成、宋俊华、高小康、蒋明智以及广东省非遗专家杨明敬等学者，向公众讲授非遗概念、非遗传承与保护等知识。第二，将非遗

---

① （美）保罗·康纳顿：《社会如何记忆》，纳日碧力戈译，上海人民出版社2001年版，第2页。

融入正式教育系统,通过在中小学及大专院校编印校本教材、开设非遗课程、举办非遗专题讲座、组建学生训练队伍等推进非遗的校园传承。如,佛山十番进入禅城区湾华小学,龙舟说唱进入顺德麦村小学(图3.2),龙舟竞渡训练进入顺德区陈登职业技术学校,咏春拳和石湾陶塑艺术进入佛山科学技术学院,佛山剪纸进入佛山华材职业技术学校,醒狮训练已进入顺德勒流众涌小学、佛山第二十五小学等20多所小学。第三,启动非遗传承人的带徒传艺以及开展各类非遗项目的社会性传承。2006年12月1日起施行的《国家级非物质文化遗产保护与管理暂行办法》要求为"项目的传承及相关活动提供必要条件","积极开展传承活动,培养后继人才"。乌丙安认为:"传承人带徒传艺是保护民间艺术遗产的核心,是艺术遗产活态传承可持续发展的最为关键的所在。"① 佛山非遗传承人被赋予了带徒传艺的基本权利,在选徒、收徒、授徒等方面不仅拥有充分的自主权,而且得到了优先的政策性扶持。比如,创造条件支持剪纸传承人陈永才、彩灯传承人陈棣桢、粤剧传承人李淑勤等举办收徒仪式并开展授徒活动。

图3.2 小学生成为杏坛"龙舟说唱"的新生力量(顺德非遗中心供图)

二、佛山非遗保护的制约性因素

从上文梳理可见,"申遗时期"的佛山构筑了立体、多维的非遗保护

---

① 乌丙安:《带徒传艺:保护民间艺术遗产的关键》,《美术观察》2007年第11期,第9页。

体系，所显示的实践本位姿态是对非遗事业"保护为主、抢救第一"的实证体现。对此，亟待建立一种理论视角并以此反思佛山非遗保护的制约性因素。"后申遗"作为近年来非遗研究界热议的成长型学术概念，具有用于审视反思佛山非遗保护实践的理论自洽空间。"后申遗"最早由范梅莉于2009年在物质文化遗产保护领域提出①，随后《人民政协报》等媒体将"后申遗时代"作为关键词与文化遗产项目作了并置报道。对于这个属于"后X"结构词语的概念，报道者与研究者最初并未将其作为非遗领域的理论概念予以阐述。

真正对"后申遗"作出独到诠释的非遗研究学者以高小康教授为代表。在他看来，"非遗"保护工作经过十年以调查和申报项目为中心的发展，已进入应该从观念到策略上予以超越的"后申遗时期"，"'后申遗时期'，不仅是指'非遗'保护工作的阶段性特征，更意味着对前一阶段'非遗热'的重新审视和反思"。② 也即是说，"后申遗时期"作为对当前非遗保护阶段的时间性概括，意味着不是要摒弃"申遗时期"的非遗调查与申报环节另起炉灶，而是要对前面阶段的非遗保护实践进行深度透视和绩效评估，特别是发掘非遗保护实践中的系统性问题并寻索相应的规避之道，进而优化下一个阶段的非遗保护实践。在这个意义上而言，佛山的非遗保护实践存在着少许制约性因素。具体表现为：

一是保护经费因素。对于非遗的可持续性保护，虽然各界越来越强调以"利用"的方式激活非遗本身的"造血"功能，甚至呼吁通过"产业化保护"实现非遗的活态延续，但不能否认，非遗保护作为带有公共公益色彩的文化事业，其所涉及的资源普查、项目保护、设备购置、人才培养、队伍建设等无不依赖于必要的资金投入，亟须给予基本的"输血"保障。我国《非物质文化遗产法》第一章第六条指出："县级以上人民政府应当将非物质文化遗产保护、保存工作纳入本级国民经济和社会发展规划，并将保护、保存经费列入本级财政预算。"这里虽没有对经费额度设置具体的标准，但规定了预算非遗保护、保存经费的义务性。然而通过对比可知，佛山用于非遗保护的财政专项经费有待增补。2012年佛山全市生产总值（GDP）达6709.02亿元③，仅次于广州、深圳；而2012年珠海的

---

① 参见范梅莉《世界遗产保护存在的问题及对策——兼谈沈阳故宫在后申遗时代的可持续发展》，《侨园》2009年第8期。
② 高小康：《"后申遗时期"：保护非物质文化遗产的可持续性发展》，《中国社会科学报》2011年4月19日。
③ 参见佛山市统计局、国家统计局佛山调查队《2012年佛山市国民经济和社会发展统计公报》（2013年4月9日），http://www.fstjj.gov.cn/tjgb/。

全市生产总值（GDP）为1503.81亿元①。据珠海市非遗保护中心主任蒯锋毅介绍，"珠海从2006年开始开展非遗相关工作，每年财政拨款200万为珠海非遗保护提供人力和经费保障"②。相比而言，佛山市财政每年拨给市级非遗中心的活动经费就明显偏少。时任中山大学中国非遗研究中心主任的康保成教授认为："跟佛山的综合经济实力严重不符合，像佛山这样的城市，20万的话，实在是太少了，至少200万，才能匹配。"③经费短缺虽是各地非遗保护实践中的共性问题，但对于作为"广东的第三大城市"的佛山而言尤其凸显，亟待予以正视。

二是基层力量因素。《非物质文化遗产法》第一章第七条强调："县级以上地方人民政府文化主管部门负责本行政区域内非物质文化遗产的保护、保存工作。"为此，佛山及其各区设置了专门的非遗保护办公室、非遗保护中心，也在各镇街设有兼管非遗保护的文化站。以南海区为例，南海将非遗保护的领导机构——非遗保护办公室设置于区文体旅游局（由副局长兼办公室主任），同时将非遗保护的实施机构——非遗保护中心挂设于区博物馆（由馆长兼中心主任），各镇街文化站则配合落实执行非遗保护工作。尽管各区、镇街搭建了成型的非遗工作机构框架，但笔者在实地调研中发现，受事业单位编制等因素所限，佛山地方基层的非遗专职工作人员数量偏少，在职人员多属兼职岗位且缺乏系统的非遗保护理论和技能培训，基层人员疲于应付上级部门指令的现象普遍，导致基层的非遗保护实践粗放有余、精细不足。特别是"乡一级的文化传承保护中许多问题不能得到落实，而村一级几乎无能力开展任何活动。政府有关扶持文化的资金投入在不断加大，但都不能落实到基层的农村"④。此外，由于申报流程所致，佛山地方基层在申报非遗项目时，多将文化站或文化馆等事业机构设置为非遗项目的保护单位，难以体现非遗项目持有者、使用者在非遗保护中的实际作用。"保护单位"与"持有者"的脱离，极易导致"非物质文化遗产保护与文化主体的现实生活脱节，'保护'沦为盲目的'模仿'"⑤，进而产生非遗保护的"去主体化"倾向。

---

① 参见珠海市统计局、国家统计局珠海调查队《2012年珠海市国民经济和社会发展统计公报》（2013年3月29日），http://www.stats-zh.gov.cn/index.htm。
② 曹靖：《珠海非遗宣传活动今日启动》，《信息时报》2013年6月8日。
③ 陈惠婷：《每年才拨20万，专家吃惊佛山非遗保护经费之少》，《南方都市报》2012年11月23日。
④ 康保成：《中国非物质文化遗产保护发展报告（2012）》，社会科学文献出版社2012年版，第51页。
⑤ 吕俊彪：《非物质文化遗产保护的去主体化倾向及原因探析》，《民族艺术》2009年第2期，第8页。

三是绩效评估因素。"申遗时期"非遗保护绩效评估的缺位是各地存在的普遍性、常态性问题。"很多地方在非遗项目、传承人申报时都非常积极，会主动邀请专家考察做文本，一旦批下来后再去做调研就会念一大堆的困难。原因就在于保护工作并没有真正进入地方文化官员的考核机制中。"① 此类情况在佛山也有所表现，比如，对于非遗保护目标缺乏细致量化的年度评估，对传承人的传承效果缺乏具有管束力的绩效评价与奖罚机制，对于补贴经费的流转支出缺少系统的追踪、考察和评审。笔者在调研中发现，自2011年以来，佛山某区每年都依据文件拨付非遗专项经费，再由区文化体育局下拨至各镇街文化站，但是对于经费的使用去向、如何使用却缺少有效跟踪和后续监督。这与非遗保护的绩效评估制度的整体缺失不无关系，看似惯性化的非遗保护不以绩效提升为动力，而以疲于应付、被动执行为表层目标，最终导致的将是非遗保护事业的停滞不前。

三、"后申遗时期"佛山非遗保护的路向

经过集中普查与分批认定，佛山有代表性的非遗项目多已浮出水面并被世人所知，尽管还有一部分民间文化资源遗珠在外，但是一个区域非遗名录的无限扩容是不可能也是不现实的。城镇化发展与非遗传承的悖论情势、非遗传承人的老龄化以及非遗项目的濒危化现实，客观上驱动着非遗保护主体和机构刷新观念、调整方法、细化措施，将以申遗为重点的非遗保护转变为以传承为本位的非遗保护，这是"后申遗时期"佛山非遗保护的应有理路。从语用角度而言，"'后X'从时间概念来看一定出现在'X'之后，二者相互承接，且'后X'没有摈弃'X'的名称，按常理推测它应该继承'X'的种种特征，但实际上'后X'与'X'具有本质的区别。"② 那么走向"后申遗时期"的佛山非遗保护应该选择何种路径？又该如何超越前一阶段的保护理念？

一是实施精细化保护。"申遗时期"的佛山非遗保护是在"总体性"框架内实施的，即按照上级行政机构的指令总体性实施国家意志，通过专门机构的组织，以拨付经费、申报非遗、评审传承人、集中授牌与组织活动等形式实施非遗保护工作，同时以统一的教育、传播平台和示范性代表作引导民众关注和认知地方非遗。总体性保护作为助推民间文化起死回生的策略，使佛山散落于乡土的、长期处于边缘化境况的非遗资源得到了抢

---

① 刘晔原：《认同问题是传承人保护的关键》，《世界遗产》2013年第10期，第22页。
② 贾益民、刘慧：《"后X"结构新词语的多维度考察》，《广西社会科学》2005年第9期，第155页。

救、整理和保护,将它们重新拉回到社会文化的台面,唤起了民众对于文化传统的兴趣与关注。但是随着非遗保护实践的推进,非遗的总体性保护越来越显示出粗放型模式的弊端,而且与非遗本身存续的多样性生态相悖逆。各类非遗的表现形式不同、创造方式有别,活态程度不同的非遗项目因面临不同的原生及次生环境而生成了不同的境遇,继续运用总体化的保护方式将会遮蔽非遗的多元化生境。基于此,"对其保护既要遵循普适性的保护原则与方法,又要采取因类而宜、适合各自特点的方法和措施"①。甚至"对于每一个具体保护项目都必须作为特殊个案研究和应对,非物质文化遗产保护工作必然是面向特殊性的对策"②。"后申遗时期"的非遗保护尤其应以个案田野调查为基础,同时协同传承人做好技艺、经验的归纳总结,或者引导他们配合做好传承人口述史记录。"传承人对于其所传承的非遗项目的历史、现状、特性、价值,保护的方式、方法,以及该项目所面临的困难、问题等的深入了解,是以'旁观者'身份介入该领域的非遗研究专家所不能比拟的。后者的研究具有高度的政策性,旨在把握非遗保护的规律;前者的研究以自身经验为对象,具有强烈的操作性。"③ 因此,佛山非遗保护的精细化,还意味着要激发每位传承人在非遗保护中的关键作用,让他们成为各自非遗的记录者、研究者、传播者和保护者。

二是推动民间参与。《中华人民共和国非物质文化遗产法》第九条:"国家鼓励和支持公民、法人和其他组织参与非物质文化遗产保护工作。"第十四条:"公民、法人和其他组织可以依法进行非物质文化遗产调查。"这些条款强化了社会民间力量参与非遗保护的合法性,是对我国非遗保护"社会参与"原则的法律化坐实。条文所提及的"其他组织"虽未明确所指,但在非遗保护主体体系中显然是有别于政府部门的非遗保护力量,可被理解为是"非政府"的组织,即包括以营利为目的的社会组织和不以营利为目的的"非政府组织"。"非政府组织"(Non-governmental organization, NGO),又称"第三部门"(Third sector),指除了政府和企业之外的不以营利为目的的其他社会组织,即日常所说的"民间组织"或"社会团体"。美国霍普金斯大学教授萨拉蒙(Lester M. Salmon)在综合比较研究的基础上,认为非政府组织具备组织性、私有性、非营利性、自治性、志

---

① 李荣启:《浅论非物质文化遗产的分类保护》,《广西民族研究》2006 年第 2 期,第 193 页。
② 廖明君、高小康:《从申报非物质文化遗产名录走向"后申报非物质文化遗产名录时期"——高小康教授访谈录》,《民族艺术》2011 年第 3 期,第 48 页。
③ 张志勇:《传承人介入非遗理论建设意义深远》,《中国艺术报》2013 年 2 月 22 日。

愿性等特征。① 在参与非遗保护过程中，非政府组织具有法规允许、专业支撑、贴近民众等优势，但目前也存在数量偏少、独立性不足、质量不高等问题，这在佛山就有所体现。截至2013年12月31日，佛山拥有市级社会团体466个，其中，佛山粤剧曲艺促进会、佛山市曲艺家协会、佛山咏春拳研究会、佛山中医药协会、佛山精武体育会、佛山龙狮运动协会、佛山龙舟运动协会、佛山市工艺美术行业协会等是关涉非遗项目的民间组织；而佛山具有市级行业协会457个，其中没有一个协会与非遗直接相关。② 佛山的民间文化志愿者团体除了"佛山口述史小组"之外，鲜见有其他直接涉及非遗保护的团体组织。按照非遗保护"民间事民间办"的理念，通过NGO市场化运作，促进非遗保护与传承的方式和方法是值得尝试和探讨的。③ 佛山应该鼓励引导成立助推非遗保护的民间组织，一类以专家学者为会员，主要负责文化遗产的调查研究，为非遗的传承保护指点迷津，提供智囊咨询；另一类以文化遗产的所有者和爱好者为成员，着重于做好非遗的展示、创新和传承。

　　三是探索以评促传。"后申遗时期"非遗保护的要义旨在从盲目追求上名录、上项目，转向更加科学地评估非遗保护的效果和可持续性，从中发掘非遗保护的盲区和空白，进而将非遗保护转换为促进非遗传承的高效实践。2011年9月，文化部印发的《关于加强国家级非物质文化遗产代表性项目保护管理工作的通知》明确提出了国家级名录项目的退出机制。在2014年6月文化部主办的"城镇化进程中的非物质文化遗产保护"论坛上，文化部强调"要建立评估制度，对入选的非遗保护项目定期开展评估，发布评估报告，接受社会监督。同时还将联系相关部门开展非遗保护法的执法检查，对保护不力的，至少要撤出名录"④。实施对于非遗项目及其保护实践的绩效评估，已成为非遗保护领域的主流共识。佛山作为非遗活态延续的集聚地，其非遗数量在省内居于前列，其地方化特色也独具个性。但是佛山非遗的存续状态并不均衡，即便在同属于一个类别的若干非遗项目之间也存在着不同的存续样态。比如，石湾陶艺、剪纸、醒狮等国家级非遗项目因依托于稳定的商业生态而呈现出生机不减的传承状态；而同为手工艺类非遗，南海金箔锻造技艺、佛山木雕制作技艺由于其赋形产

---

① 参见（美）莱斯特·M.萨拉蒙等《全球公民社会——非营利部门视野》，贾西津等译，社会科学文献出版社2002年版，第3~4页。
② http://www.fsnpo.org.cn/shzzcx/。
③ 参见徐红恩《NGO在非遗保护中应起更大作用》，《人民日报》（海外版）2009年3月31日，第7版。
④ 应妮：《文化部副部长：非遗项目评估机制等引官方关注》，http://www.chinanews.com/cul/2014/06-19/6296108.shtml。

品的市场萎缩，显示出后继乏人、创新乏力的困境。目前，非遗保护政策已覆盖了进入名录的非遗项目，但是对于实施"保护"所产生的"绩效"，理应进行科学的考量和评估。

具体而言，对于佛山非遗保护的绩效评估，应以数量统计法、运筹学方法为基础，采用特定的指标体系，对照统一的评价标准，通过定量、定性分析，对各级非遗保护主体在一定时间范围内实施非遗保护行为所产生的效益和成绩，进行客观、公正和准确的综合评判。所评估的非遗保护绩效主要应包括政策制度保护绩效、地方活化绩效和文化传承绩效，而文化传承绩效作为非遗保护绩效评估的关键，应着重纳入非遗传承人的身体状况、经济收入、传承梯队、文化消费、受资助状况、传承期盼、学习交流等指标。惟其如此，方能制定非遗传承人的传承绩效评估体系，为实施更为精准到位的保护措施确立参照标准。而在具体的评估操作中，则应处理好政府、知识精英等客位评估与非遗持有者、参与者等主位评估的关系，尤其要参照文化唯物论代表人哈里斯的观点，以当地提供信息人的描述和分析的恰当性为评估佐证。

总之，活态传承才是最终极的非遗保护。"后申遗时期"的佛山非遗保护应以有助于非遗的传承为核心标准，助力实现非遗持有者、参与者、共享者等群体的利益愿景。当然，佛山非遗的传承具有"恒定性"和"流变性"，恒定性是指佛山区域民众的智慧、思想、情感和非遗传承过程中形成的生产、生活方式和思想、情感表达方式，共同构成了佛山民众维系情感归属的民间记忆和"集体无意识"，它们具有集体维持的恒定性、世代相传性，并非个体可以随便改变的。但是随着时代、环境、生产生活条件、审美趋向等因素的变化，非遗传承链条上每一个环节的传承者，都会把自己的独特体验融入其中，所以整个传承过程又不是凝固不变的，它是在继承和创造的统一性中发展的，这就是它的恒定性和流变性。"科学地保护非物质文化遗产，既不是随意地改变它按照自身规律展开的自然演变进程，也不是使之静止、凝固、不再发展，而是保护它按照自身发展规律去自然演变。"[①] 非遗保护不是将非遗作为固化、僵化的"遗留物"保存起来，而是让非遗通过代际传承内化成传习人的身体技艺和知识，如"活水养鱼"一般将非遗融入民众生活空间，使其发挥身份认同、情感凝聚、文化归属的作用。

---

① 王文章：《"非遗"保护的中国经验》，《人民日报》2013年6月7日第24版。

下 编

非遗传承保护的类型与个案研究

第四章 佛山表演艺术非遗传承保护的类型与个案

第一节 佛山表演艺术类非遗的传承与保护

按照《非物质文化遗产学》的分类,非遗包括民间文学类、表演艺术类、工艺美术类、生产知识与技能类、生活知识与技能类、仪式类、节日类、文化空间类等八大类别。[①] 在此基础上,苑利通过合并同类项的方式,又将非遗概括为"传统表演艺术"、"传统工艺技术"与"传统节日仪式"三个类别。按其非遗"三分法","'传统表演艺术'是由'民间文学'与'传统表演艺术'(如戏曲、曲艺、舞蹈、音乐甚至武术等体育游艺与杂技项目)共同构成的"。[②] 据此可将其定义为,表演艺术类非遗是由本族群世代相传并被各群体、团体或个人视为文化遗产的,能够通过人的说唱、演奏、动作、表情,来塑造形象、传达情绪和情感、表现生产生活的艺术文化遗产。佛山的表演艺术类非遗包括民间文学、传统音乐、传统舞蹈、传统戏剧、传统曲艺等,是佛山非遗的主要组成部分之一。

一、佛山表演艺术类非遗的分布和类别

佛山表演艺术类非遗内容丰富,形式多样。其中,民间文学中有市级非遗3项;传统音乐中有市级非遗7项、省级非遗3项、国家级非遗2项;传统舞蹈中有市级非遗6项、省级非遗2项、国家级非遗2项;传统戏剧中有市级非遗1项、省级非遗1项、国家级非遗1项;曲艺中有市级非遗6项、省级非遗3项、国家级非遗1项;而传统体育、游艺与杂技中有市级非遗6项、省级非遗3项。在各类别当中,佛山传统体育、游艺以及传统音乐所占比例最高,其次为传统舞蹈和曲艺,而佛山民间文学在省级、

[①] 参见苑利、顾军《非物质文化遗产学》,高等教育出版社2009年版,第14~16页。
[②] 苑利:《非物质文化遗产分类学研究》,《河南社会科学》2013年第6期,第61页。

国家级非遗名录中处于缺席状态。总体而言，佛山表演艺术类非遗仅国家级项目就有 6 项（佛山十番、广东醒狮、人龙舞、粤剧、龙舟说唱、八音锣鼓），数量与传统手工艺类持平。具体数量如表 4.1 所示。

表 4.1 佛山表演艺术类非遗数量

单位：项

表演艺术类非遗	国家级	省级	市级
民间文学	0	0	3
传统音乐	2	3	7
传统舞蹈	2	2	6
传统戏剧	1	1	1
曲艺	1	3	6
传统体育、游艺与杂技	0	3	6

（一）佛山的民间文学类非遗

《保护非物质文化遗产公约》将民间文学（口头文学、口头传统）置于五大类非遗之首，折射出民间文学所具有的重要价值和意义。民间文学通过普通民众之间的口传心授而传播和延续，其传承、传播方式的口头性意味着它是在不断地叠加和层累中完成的，最为集中、最为直接地体现着民族文化精神。我国国家级非遗名录将"民间文学"类非遗细分为神话、传说、故事、歌谣、史诗、长诗、谚语（俗语、歇后语）、谜语等九个亚类，显示了民间文学数量的浩瀚宏富。然而，列入各级非遗名录的佛山民间文学类非遗数量不多。佛山水乡农谚（佛山）、木鱼书（佛山）、三字经（顺德）被列入了佛山市级非遗名录，其中水乡农谚同时被禅城、南海、顺德、三水区各自列为了区级非遗项目。其他被列入区级非遗名录则有西樵山传说（南海）、葛洪炼丹传说（南海）等等。

民间文学在非遗名录中的弱势并非佛山一个孤例。国家非遗保护专家委员会专家刘锡诚连续撰文《非物质文化遗产保护的一个认识误区》（2012 年）、《"非遗时代"的民间文学及其保护问题》（2013 年）、《反思与进言：聚焦非遗名录之民间文学》（2014 年），认为进入国家级非遗名录的民间文学数量和民间实际的蕴藏量极不相称，"地方政府的文化主管部门也因缺乏文化本位知识和思想，往往把目光集注在旅游开发、举办文化节、对外招商引资等政府形象工程上，或停留在文化工作的老路上——把较大力量放在表演艺术的展演活动上，认为这类缺乏商业开发价值的口传心授'非遗'项目缺乏申报和保护的价值，即使做了也是劳民伤财，故而,这类'非遗'项目大多还处于继续湮没无闻,自生自灭的状态之中。"① 此论道出了各地对于民间文学申遗不力的真正原因。

非遗意义上的"民间文学",不是被记录、整理或出版的歌谣选、故事集文本,而是以人为载体活态流传于地域民间社会的口头文学和口头传统,佛山的水乡农谚、葛洪炼丹传说、西樵山传说就属于活态流传的非遗。以水乡农谚为例,地处珠三角的佛山境内三江汇流,农事悠久,水乡农民在抵达农业生态平衡的过程中,自然而然地总结出了关涉农事节气、耕作技法、农事生产管理的农谚近千条,以规约指导自身的农业农事。这些通俗押韵、简洁直白、对仗易诵的农谚通过世代口耳相传的方式流传至今,折射着佛山水乡的"地方性知识"以及富于岭南特色的民间智慧。被列入佛山非遗名录的"木鱼书"(图4.1)原本应是活态传承的"木鱼歌",明成化十七年(1481)成书的石湾《太原霍氏族谱》把木鱼斥为"邪调",曰:"世人不善教子女,至十四五岁,听其姑姐妹三五成群,学琵箫管,读木鱼邪调……"这里所言的"木鱼"是指口耳传承的"木鱼歌",而不是文字文本性质的"木鱼书"。"书"与"歌"形态迥异,前者为纸上的固态文本,后者则是口头的活态传统。只是由于木鱼歌口承中断,已成绝响,佛山将作为固态文本的"木鱼书"纳入非遗名录显然属于一种无可奈何的保存式保护。

图 4.1 佛山"木鱼书"(禅城非遗中心供图)

(二)佛山的传统音乐类非遗

佛山的传统音乐异彩纷呈、风格各具,主要包括广东音乐(佛山)、

---

① 刘锡诚:《非物质文化遗产保护的一个认识误区》,《江南大学学报》(人文社会科学版)2012年第1期,第109页。

佛山十番（禅城、南海）、八音锣鼓柜（顺德）、岗雕乐（高明）、花鼓调（高明）、三山咸水歌（南海）、岭南古琴艺术（禅城），等等。其中，广东音乐、广东十番、八音锣鼓柜等具有一定的代表性。

广东音乐与粤剧、岭南画派合称岭南艺术三大奇葩，又与流行于潮汕的潮州音乐、古时从黄河流域移居的客家人创造和传承的汉乐并称岭南三大乐种，其中广东音乐流传最广、影响最大。作为粤方言区的器乐品种，佛山的广东音乐可追溯到佛山本地奏乐。明正德八年（1513）《重修庆真堂记》载："三月三日，遇帝诞（指佛山祖庙北帝诞），本庙奉醮宴贺……笙歌喧阗。"清乾隆《佛山忠义乡志》载："北帝神诞，乡人士赴灵应祠肃拜，……鼓吹数十部，喧腾百余里。""笙歌"、"鼓吹"等本地奏乐正是佛山广东音乐的孕育来源。流传于佛山的广东音乐传统曲目有五六百首，部分来源于中原乐和江南小调。新中国成立后的新作大部分是以风花雪月寄寓现代理念的曲目，也有《凯旋》、《恨东皇》、《樱花落》、《齐破阵》等激励民众同仇敌忾、勇敢抗日的作品。所用乐器五种组合并存：第一种是以大、小唢呐和横箫、喉管主奏，按需要加入其他弦索和打击乐器的吹打乐组合，风格热烈而威壮；第二种是由二弦（竹提琴）、三弦、扬琴、横箫、短筒、小锣鼓构成的硬弓组合，风格古朴粗犷；第三种是由椰胡、洞箫、扬琴、琵琶、文锣鼓组成的软弓组合，音色柔美而略带忧伤；第四种是由软、硬弓加埙和电阮、小提琴、夏威夷吉他、萨克斯、木琴等构成中西乐器组合；第五种是大气雄浑的交响乐团形式。

佛山十番（图4.2）是流传于佛山、南海一带的民间传统音乐。"十番"分"素锣鼓"和"荤锣鼓"两类，"素锣鼓"只用打击乐，后加丝竹乐演变成"荤锣鼓"；"素锣鼓"又称"清锣鼓"，"荤锣鼓"又称"混锣鼓、丝竹锣鼓"。十番锣鼓起源于唐朝，是凯旋乐的一种，流传于北方，明代盛行于江南。明永乐年间（1403—1424）由安徽、江浙一带传入佛山和叠滘。佛山十番属于"素锣鼓"，所用乐器有高边锣、苏锣（文锣）、仓锣（翘心锣）、大钹、大鼓、群鼓、二锣、沙的（两块板合在一起，中间空，用木棍击打；"沙的"原是北方的叫法，粤剧乐队今称之为"音板"）、飞钹①等九种，原有号角，后来失传，虽缺号角，仍称"十番"。佛山十番又称十番飞钹、飞钹舞、舞十番。南海茶基村的十番锣鼓节奏铿

---

① "何广义堂"称"飞钹"为"飞矢"。"何广义堂"的十番乐器有：沙鼓（又称沙滴）、大鼓、云鼓各1个，二锣、高边大锣、翘心锣、苏锣各1面，大钹1对，小钹8～10对。小钹的其中一只，以数尺小绳系着，小绳上分别间缠上五色彩绸小条，另一只钹用彩绸短索系着作执手。飞钹表演时，表演者一手持数尺彩索系着的小铜钹，用手腕抖动彩索，使飞钹在空中环回翻飞；另一只手紧执另一小钹，调准切击点使之被击中。

锵，音色悦耳，喜庆热闹，场面壮观，特别是飞钹上下左右翻飞，花样百出，惊险刺激，极富表演性。据记载，20世纪30年代前，佛山二十五铺均设有十番队以及群众业余组织性质的"十番会"，其中以普君圩的"日隆别墅"、"同义堂"，大基尾铺的"明星影映"、"同乐堂"、"演义堂"和"积裕堂"，石湾中窑的"紫竹山房"，茶基乡的"何广义堂"等最为活跃，① 且必表演于丰收时节、神诞庙会、出秋色活动，所以佛山民间有"无十番不成秋色"之说。而今佛山仅存南海区叠滘镇茶基村的"何广义堂"十番会以及禅城区的十番表演队，主要由老人和小学生组成，表演时以数面旌旗、一面顾绣头牌、一对何广义堂长匾额为标识。

图4.2　佛山十番表演（南海非遗中心供图）

八音锣鼓是以锣鼓柜为流动舞台，演奏敲击、吹奏、拉弹乐器的传统音乐，有吹打乐、唱八音、锣鼓柜演奏三种形式，演奏成套粤剧戏曲，兼奏牌子曲、小调，现今存活于顺德的杏坛、均安、龙江、勒流等镇街乡村。其准确起源已不可考。据道光十年（1830）禅山怡文堂刻《佛山街略》载："长生树（街名），有八音鼓乐店"，意味着道光年间的佛山镇已繁育出了成行成市的职业八音班。八音锣鼓以乐社名称制作锦旗，组成一个演奏班子，其最鲜明的艺术标识是有一座装饰华丽且状如有檐无盖的长方形亭子似的木柜，用以放置敲击、吹奏、拉弦、弹拨四类民族乐器。演

---

① 参见吴晓邦、梁伦主编《中国民族民间舞蹈集成·广东卷》，中国ISBN中心1996年版。

奏时以柜为中心，由四个挑夫抬着锣鼓柜，前面帅旗引领，旁边罗伞簇拥，柜内放大锣和鼓板等乐器，大钹等乐器则由演奏人员各手持。掌板在柜后，镲、锣手在柜右，锣在前，镲在后，唢呐手居柜前（图4.3）。领奏者掌板兼打鼓，主要演奏乐器为唢呐。其特色是能以大唢呐为男角，以小唢呐为女角，模仿生旦唱腔，并保留古腔粤剧风格，如模仿的唱腔以舞台官话运腔，使用大锣大鼓和刚性乐器（又称硬弓），艺术表现力上显得古朴、粗犷、热烈。演奏者多为镇街乡村中吹、打、弹、奏的好手，人员组成不受限制，一般以乡村为活动基地，每逢年节或庙会神诞则组织演奏或上街游演助兴。

图4.3　"太平别墅"锣鼓柜班表演《大开门》、《快小开门》（顺德非遗中心供图）

（三）佛山的传统舞蹈类非遗

　　佛山传统舞蹈常和武术联系在一起，表演时将武术的动作、套路融入舞蹈当中，也在前、后或中间附带夹杂着各种武术表演。其原因在于自远古时期起，"武"与"舞"就有着同源的历史文化传统，而且佛山传统舞蹈醒狮、人龙舞、大头佛等本身的表演形态特征也要求表演者习得一定的武术基础，否则无法熟练操演。当然这与佛山尚武的社会风尚、艺人的职业特点、表演者的生存状况等也不无联系。有代表性的佛山传统舞蹈有佛山醒狮、人龙舞、大头佛、麦边舞龙等。

佛山醒狮是一项融武术、舞蹈、音乐等于一体的表演性民俗体育活动。据蒋明智考证，佛山醒狮兴起于明前期的正统年间，至成化末年，已波及雷州半岛和整个海南地区。① 佛山诞生了洪拳宗师黄飞鸿、林世荣，咏春拳宗师梁赞、叶问等南派武术大师，堪称中国南派武术重镇。自清至民国时期，佛山武馆林立，每间武馆都设狮会，武馆成员在练习武功之外，还要苦钻舞狮技艺。其舞狮的身形、手势和步法，必配合自己一派的武技动作，从而将"武"和"舞"紧密地结合在一起。作为"南狮"的代表，佛山醒狮舞时须由两人合作，一人舞狮头，一人舞狮尾，多采用南派拳术中刚、韧、快、猛、巧等手势，及四平马、丁八马、吊马、麒麟步、跳步、虚步、圈狮、滚辘等步法和技巧，以表现醒狮喜、惊、疑、怒的神态及英武、威猛的气质②，进而形成了把武术动作、套路融入狮舞当中的醒狮风格。佛山一带，每逢喜庆佳节、迎神赛会、开张庆典、大型演出，必敲锣打鼓、舞狮助兴，以喻吉祥和驱邪（图4.4、图4.5）。由于佛山醒狮将英雄崇拜和尚武精神融合在一起，将采青中的娱乐喜庆、求吉求财和迎难而上的斗志凝结在一起，产生了广泛的文化认同作用。

图4.4　南海大沥醒狮盛会上的高桩狮表演（南海非遗中心供图）

---

① 参见蒋明智《佛山"醒狮"的起源及其文化内涵》，《文化遗产》2011年第4期，第152页。

② 参见吴晓邦、梁伦主编《中国民族民间舞蹈集成·广东卷》，中国ISBN中心1996年版，第116页。

图4.5　佛山黄飞鸿狮艺武术馆（黄氏宗祠）的醒狮表演（谢中元摄）

　　光华人龙舞（图4.6）是顺德杏坛镇光华村的传统广场舞蹈，是在民间南派武术的基础上，吸收民间舞蹈、武术的元素发展而成的。人龙舞一般由数十或上百个有一定武术功底的人组成，全长数十米，形成一条饱含精气和神韵的"巨龙"。表演者随着铿锵的锣鼓节奏，表演各种舞段。人龙分为龙趸（底部）和龙身（上部）两个部分，分饰龙趸的成员个个威武有力，穿上一式深蓝色服装，饰龙身的成员穿上一式橙黄色服装，两手持红色绸帘骑在饰龙趸的成员肩上。人龙表演由"起龙"、"腾龙"、"盘龙"等多个部分组成。演"龙趸"的大人用肩和腰承托着小孩；而演"龙身"的小孩则骑到大人的肩上，不仅双手要不时地挥动红色绸带作"龙爪"舞动状，双脚还要紧紧挟住"龙趸"的腋下。一个"龙趸"与一个"龙身"组成一节"人龙"。听见一阵锣鼓声，演"龙身"的孩子们从后至前，个个后仰躺下，头紧靠着后一节"龙身"的左大腿，节节紧扣，成了一条长长的"龙身"。随着锣鼓声起，大人们肩上背着几十斤重的男童串联成数十米的"人龙"，来回走动，表演出各种造型，如舞出S形、摇摆、转圈、高低起伏，场面十分壮观。

　　大头佛是集武术、龙狮表演于一身的传统舞蹈（图4.7）。传统的大头佛是独立的项目，辅以独特的佛鼓，已衍化出四个表演套路。第一套是表现"大头佛"的日常生活，比如，大头佛早上起床洗脸刷牙，却把鞋擦当

图4.6 国家级非遗"人龙舞"表演(顺德非遗中心供图)

图4.7 民乐大头佛在传习训练中(南海非遗中心供图)

牙刷,镬铲当舌擦,行为次序颠倒;当表演到大头佛挖耳屎后用手弹出去时,就用钹配合"呎"的敲一声。第二套是讲大头佛担锄去耕田,其中一些细节如一开门就摔一跤的憨态,用锄头去敲钟的顽皮相,以及耕田时的趣事,反映了现实生活中的劳作情景。第三套讲大头佛拜四门,即向四个方向拜祭，表现了他上香拜祭的粗鲁，插香时像锄地一样大力，原本严肃的场面变得滑稽搞笑。第四套则是讲大头佛上山采灵芝遇到狮子并与狮子搏斗的情景，后发展成为引狮表演。佛山大头佛表演者要运用一定南派功夫套式，如低四平马、麒麟马、吊马、独立脚、蝴蝶马和前弓后箭马，身形上时有指东望西的动作，风格上动静分明。表演者整齐划一地摇着葵扇，时而呼朋引伴，时而摇头晃脑，时而连蹦带跳，俏皮的表情及活泼的演绎使其成为一个颠倒傻憨、古灵精怪、逗趣娱人的角色。

（四）佛山的传统戏剧与曲艺类非遗

佛山地区存着众多富有岭南民间特色的传统曲艺，主要包括粤剧、粤曲、龙舟说唱、南音等，其中以粤剧、粤曲、龙舟说唱最具代表性。佛山粤剧粤曲氛围浓郁，不仅设有佛山青年粤剧团等专业曲艺社团，也滋育了遍及五区、数量庞大的"私伙局"。由于民间曲艺传承的广泛性，顺德大良、容桂、均安等镇街（1999 年获评）、禅城祖庙街道（2010 年获评）、顺德（2007 年获评）、南海（2013 年获评）先后被评为"中国曲艺之乡"。

粤剧，是用粤语唱念的、粤语区最重要的戏剧样式，以 17 世纪以来从北方流入岭南的梆子、二簧声腔为基本曲调，广泛吸纳了流播岭南地区的昆、弋、广腔等戏剧样式，以及本地生成的粤讴、南音、龙舟等民间乐曲元素，采用二弦、高胡、三弦、月琴等民族乐器伴奏，还大胆引入了小提琴、萨克斯等中低音西洋乐器。可以说经历了从"外江班"过渡到"本地班"、由"官话"到"白话"、由假嗓到真嗓、语言上逐渐地方化的近两百年的孕育、发展和创造，传统剧目多达五六千个，将脚色精简为文武生、小生、正印花旦、二帮花旦、丑生、武生等行当，实现了粤剧梆、簧与粤方言音韵的完美结合，成为中国南北戏曲艺术的集大成者。"承载起粤剧粤曲发展、传承重任的，主要来自粤人在地域、族群、语言、审美所建立起来的文化认同。"① 著名剧作家田汉将粤剧表演艺术概括为"热情如火，缠绵悱恻"。正因粤剧是粤人地域族群认同和文化交流的重要媒介，2009 年粤剧成为继"昆曲"之后第二个成功入选联合国教科文组织"人类非物质文化遗产代表作"名录的中国汉族戏曲艺术样式。佛山的粤剧艺术具有浓郁的岭南文化特色，不仅体现着中国戏曲唱、念、做、打等基本程式规范，还在音乐、文学、美术、服饰、表演等诸多方面都呈现出独特的美学个性，如丰富悦耳的唱腔、独特瑰丽的服装和脸谱、别具一格的粤剧例戏、精美绝伦的舞台布景等。图 4.8 为佛山粤剧传承人李淑勤收徒传艺。

---

① 王馗：《粤剧的生态环境与艺术遗产》，《中国戏曲学院学报》2012 年第 4 期，第 46 页。

图4.8　佛山粤剧传承人李淑勤（中）收徒传艺（禅城非遗中心供图）

　　佛山粤曲源自粤剧清唱，是与粤剧同腔同调的独立曲种，同属于皮黄系统的板腔体。以梆子、二黄、小曲、歌谣为主要组成内容，同时吸收龙舟、南音、木鱼等民间说唱艺术。其音乐性强，曲调优美，已从自弹自唱发展为乐队伴奏，乐器主要有高胡、扬琴、琵琶、月琴、唢呐等，有独特的艺术风格和地方特色。由于粤曲对韵脚、平仄要求严格，最基本的句格为七字句和十字句，分上、下句，每一个上句或下句又往往分成几顿，根据词语的内容和唱腔音乐的规律在句中分别稍作停顿，节奏感强。粤曲注重声腔艺术，以清唱、弹唱为主，甚至是只唱不白，分平喉、子喉、大喉等三种喉腔。佛山三水浓郁的粤曲土壤氛围还滋育出了独特的粤曲星腔艺术，星腔具有感情细腻、低回婉转、缠绵悱恻、荡气回肠的特点，在行腔运气、吐字转板、声韵格调等方面自成一格，尤其以"四大平喉"之首小明星的第三代传人、粤曲星腔广东省级非遗代表性传承人李月友最具典范性。由粤曲爱好者自己聚集、不以营利为目的的"私伙局"（又称"曲艺社"、"曲艺团"）活跃于佛山的茶楼酒馆、祠堂社庙、公园街道等处，成为佛山粤曲活态传承、群众参与的力证（图4.9）。据不完全统计，2014年佛山全市有正式名称的私伙局达206个，加上无名无姓的，数量已超过

400个。① 截至2013年，仅南海辖区内登记在册的曲艺队（社）就有95个，参与人数达2000余人，诠释着"粤俗好歌"的文化传统。

图4.9　佛山中山公园里的粤曲私伙局（谢中元摄）

二、佛山表演艺术类非遗的存活特征

表演艺术类非遗依托特定的时空舞台，以现场展演为核心，以传承人的表演、观众的欣赏为纽带，具有与其他类型非遗不同的特点。传承人（表演者）、舞台和观众正是表演艺术类非遗的三个要素，它们构成了相互联系的完整系统。佛山地区的表演艺术类非遗内容丰富、特色鲜明，除具有一般非物质文化遗产的集体性、变异性、艺术性等特征外，还具有和佛山地理特征紧密相关的区域性、族群性、多元性、混融性、原根性、群众性、脆弱性等特征。综合而言，佛山表演艺术类非遗具有以下几个共性特征。

（一）寄附于民俗的共生性

美国的表演理论学者鲍曼将"表演行为看作是情境性的行为（situated behavior），它在相关的语境（context）中发生，并传达着与该语境相关的

---

① 参见陈荣炎《佛山粤剧也可定制　每周都有免费大戏睇》，《新快报》2014年8月15日第AF02版。

意义"①。这实际上也道出了表演艺术类非遗的一个普适性特征，即表演艺术类非遗的"表演"是具有情境性的表演，是不抽离于民俗情境的生活化表演。宏观而言，所有民间艺术都源生于特定的地域空间，与其所植根的文化土壤、民风地理的滋育濡染息息相关。与纯粹的艺术生产不同，表演类非遗并非为了专门的审美、艺术目的而被生产的，而往往依附于百姓的节庆生活、农耕仪式、民俗活动之中。"粤俗最喜赛神迎会，凡遇神诞则举国若狂。余在佛山，见迎会者台阁故事，争奇斗巧，富家竞出珠玉珍宝，装饰孩童，置之彩舆，高二丈，陆离炫目。"② 由此可见，佛山表演艺术类非遗的发生、变迁和发展与佛山民间的民俗、信仰、行为和人文景观氛围有着不可分割的关系。

先看佛山粤剧。明清时期佛山的粤剧植根于城乡基层社区，以停靠班社红船的传统神庙为阵地，以民俗庆典为《八仙贺寿》、《天妃送子》、《六国大封相》、《福禄寿三星》等演出剧目歌舞的空间，以推动艺人戏、仪并呈的宗教祭祀礼仪为配伍，形成了与佛山古镇乡俗生活共融互动的演剧生态。建于清顺治十五年（1658）的祖庙万福台是演戏酬神的主要据点，尤以北帝诞期间上演神功戏最为凸显。正因寄生于节日庆典、神庙神诞、宗教祭祀等民俗场域，以报答神灵、酬功谢恩为功能的粤剧在佛山的孕育发展获得了充分滋养，也促生了首个粤剧行业组织"琼花会馆"落地佛山，为城市剧场演出生态的形成奠定了基础。而"一盅两件、唱曲看戏"作为老佛山人的生活方式，在 20 世纪二三十年代至新中国成立之间曾滋育了粤曲在芳园茶室、富如楼、怡心楼（后易名冠南楼）、翠眉楼等 20 多家茶楼的演出和传播。再看佛山醒狮。佛山醒狮以迎神赛会等民俗为源远流长的文化土壤，承载着求吉辟邪、英雄崇拜、文化认同等功能，通过雄健、威武、勇敢的助庆风格，赢得了在新张仪典、迎春赛会、神诞节庆等民俗场域的存活机会（图 4.10）。佛山光华村的人龙舞同样如此，作为一个群体性的表演活动，必定在春节、元宵、五月初八天后诞以及其他大大小小喜庆节日中呈演，这样的表演习俗也得以世代流传。时至今日，在佛山的北帝诞、秋色巡游、行花街、行通济、生菜会、乐安花灯会等大小民俗以及春节、元宵节等传统节日中，醒狮、佛山十番、龙舟说唱、八音锣鼓等非遗项目都会被择机置入其中，这是佛山表演艺术类非遗存活的主要文化空间。

佛山的表演艺术类非遗实际上是民间宗教信仰、各种祭祀仪式和公共

---

① （美）理查德·鲍曼：《作为表演的口头艺术》，杨利慧、安德明译，广西师范大学出版社 2008 年版，第 31 页。
② 吴震方：《岭南杂记》，中华书局 1985 年版，第 3 页。

图 4.10 2015 年正月初八佛山醒狮在禅城童装批发市场沿门逐疫（谢中元摄）

庆典活动展演过程中的一个组成部分。"一项非物质文化遗产是某个文化系统的一个组成部分，是这一文化系统的一个伴生文化，该文化系统是该项非物质文化遗产的主文化，非物质文化遗产伴随主文化的操演而得到巩固和传承。"① 佛山的地域民俗文化作为主文化，为表演艺术类非遗的活态传承和变迁提供了源头活水。佛山表演艺术类非遗对佛山地理空间、场所的依存、与佛山人文景观的互动和互育，形成了独具特色的艺术形式和风格，也透露出其与民间观念和信仰的内在联系。当然，作为伴生文化的佛山表演艺术类非遗，因佛山民俗主文化的存在而延续。佛山民俗文化地理的变迁则对这种伴生文化产生了冲击，随着城镇化的推进和乡土民俗的瓦解，佛山的表演艺术类非遗渐渐丧失了寄生依附的空间。比如，高明的泽河村花鼓调本是依附于高明嫁娶民俗的一种迎亲组曲，岗雕乐则是其中即兴创作的高潮部分，由于传统婚嫁民俗的式微、消散，花鼓调和岗雕乐渐失表演空间并已走向衰落。

（二）存活于民间的草根性

佛山的表演艺术类非遗是佛山乡土社会的产物，承载着佛山民众的情

---

① 王巨山：《论非物质文化遗产保护中的文化共生与文化伴生》，《社会科学辑刊》2009 年第 5 期，第 33 页。

感记忆和认同基因，表现出孕育于民间社会的草根性。致力于考察农村社区社会文明的美国人类学家罗伯特·雷德菲尔德在1956年出版的《乡民社会与文化》(*Peasant Society and Culture*)一书中提出了大传统（great tradition）和小传统（little tradition）概念，用以说明在较复杂的文明（civilization）之中存在着两个不同层次的文化传统。他认为："大传统存在于学校或教堂的有教养的人中，而小传统是处于其外的，存在于不用书写文字的乡村社区生活中。"① 这样的划分对于认知表演艺术类非遗富有参照价值。依附于婚仪、丧礼、庙会、节日等民俗情境的佛山表演艺术类非遗以表演的方式存在，所蕴含的佛山"地方性知识"是现时的、场上的和动态的，在口耳相承的绵延传递中不落于文字、难见于古籍，是内化于地方民众意识深处的乡土"小传统"。而在互动的文化时空中，佛山表演艺术类非遗有助于建构超越个人生活的神圣空间或民俗场域。民众参与其中并不是为了纯粹的审美，而是为了在民间狂欢氛围中满足宗教道德体验甚至生理体验，获取对天地、社会、人生的集体经验与文化认同。像佛山醒狮、龙舟说唱、人龙舞、佛山十番等非遗项目的表演者都是来自水乡村落的普通民众，他们沿袭着自己所认同的"小传统"，释放着对本社区文化的情感认同。

  佛山表演类非遗由于寄生于民俗文化空间，其本身也构成了民俗文化空间的要素之一，这种存续状态的的草根性、民间性使其在"大传统"流转的精英叙事中缺少实录。所导致的结果是，只能观其用而无法查其源，现有对表演艺术类非遗的起源判断大多属于推理式的猜测。比如对于佛山醒狮，蔡鸿生认为"现存的古代文献，找不到中国产狮的确切记载。历代学者都肯定狮从西域来"②。基于此，学者们推测舞狮也是从西域传入的，"随着佛教传入中国，西方的狮舞也进入汉族地区。早期狮舞一般均与作佛事有关"③。虽然佛山一直被各方认为是醒狮文化的发源地，但是"长期以来，关于佛山醒狮的起源，一直众说纷纭，至今仍无定论"④。"龙舟说唱"也是如此，对其的追溯长期变换于五种猜测之间，吴瑞卿将其归纳为"乾隆年间广东顺德县破落子弟所创、天地会为宣传革命所制、由南音发展而来、由弹词发展而来、源于木鱼"⑤。而对佛山十番的探究，只能通过

---

① Redfield Robert. *Peasant Society and Culture*. Chicago：University of Chicago Press，1956.
② 蔡鸿生：《唐代九姓胡与突厥文化》，中华书局2001年版，第197页。
③ 康保成：《"沿门逐疫"初探》，《戏剧艺术》1990年第3期。
④ 蒋明智：《佛山"醒狮"的起源及其文化内涵》，《文化遗产》2011年第4期，第152页。
⑤ 吴瑞卿：《广府话说唱本木鱼书的研究》，香港中文大学研究院中国语文学部1989年博士学位论文，第44页。

对它与"苏镲锣鼓"在称谓、乐器的相似性比较,推断"佛山十番与苏南十番锣鼓关系密切","是苏南十番锣鼓的变体"。① 也有研究者根据明清时期佛山跻身四大镇、四大聚的记载,认为"'十番'应该是这一时期由浙江一带艺人传入佛山的"②。佛山的人龙舞也不例外,对其溯源只能以"相传"指称,即相传清朝同治年间,佛山杏坛镇光华村就已兴起人龙舞。距今一百多年前的同治十年(1871),光华村人梁耀枢金榜题名,高中状元,乃广东历史上三大状元之一。为迎接状元荣归故里,林升辉师傅与村里的武功高手们发起180人表演的人龙舞。③

对于佛山表演艺术类非遗项目具体生成于何时何地,又经过了何种变迁,目前难以通过现有的材料和访谈查证。非遗传承人也喜以惯常的叙述方式,向有利于延长文化传统的方向进行描述,民间研究者也习惯了在简便、俭省的介绍中复述、称引这种模糊性的追溯话语,这客观上为佛山表演艺术类非遗"传统的发明"提供了操作空间。按照美国社会学家爱德华·希尔斯(Edward Shils)所著的《论传统》(*Tradition*)对传统的界定:其一,传统是人们代代相传的事物;其二,相传的事物具有内在的同一性;其三,传统具有持续性④,佛山的表演艺术类非遗虽然难以通过考证坐实其渊源,但其作为活态的、草根的、乡土的"小传统"文化是不容置疑的。

(三)依托于程式的流变性

佛山非遗的表演本质上属于一种地域文化的展演,而"文化表演往往是一个社区中最令人瞩目的表演语境。它们通常是有计划的(scheduled)事件,事件的场景是有限定的,明显与其他事件相区别,并且是非常公开的,事件中牵涉最为形式化的表演形式以及社区中最为出色的表演者"⑤。那么"最为形式化的表演形式"是指什么?对佛山表演类非遗而言,它指的是外化为视觉图景的内容场面、仪式动作、人物扮相、表演结构。一方面,从历史性的角度而言,这些用以诠释佛山表演类非遗美学特色的元素并不显示创作上的独创性,而是经过了百年以上的积淀传衍,携带着佛山

---

① 王志强:《悠远传响的佛山十番》,《佛山非物质文化遗产名录图典》,广东世界图书出版公司2009年版,第4页。
② 王海娜:《佛山十番的历史与现状研究》,http://www.foshanmuseum.com/wbzy/xslw。
③ 参见彭有结《壮阔图腾人龙舞》,《佛山非物质文化遗产名录图典》,广东世界图书出版公司2009年版。
④ 参见(美)希尔斯《论传统》,傅铿、吕乐译,上海人民出版社1991年版,第15~21页。
⑤ (美)理查德·鲍曼:《作为表演的口头艺术》,杨利慧、安德明译,广西师范大学出版社2008年版,第32~33页。

地域文化的基因。参与其中的表演者无法脱离传统的影响，而是要遵守传统与世代相传的表演程式，表达佛山民众群体的共同情感，并和受众一起通过对熟悉的传统程式以及群体共同情感的辨认，产生一种审美认同感，从而获得高度的审美愉悦和满足。另一方面，佛山表演艺术类非遗又不是在严扣表演程式的遵循中一成不变，而是因表演的新生性特质展现出动态流变性。"表演的新生性特质存在于特定情境中的交流资源、个人能力以及参与者的目的之间的相互作用之中。"[①] 不仅每一个艺人会在自己的表演生涯中形成独属于自己的表演风格和特质，而且民间艺人每一次的表演都是"表演中的创作"，是现场、即兴、可参与的"这一个"。

比如粤剧，其基本构成要素与本体特征是粤语、粤语声腔，以及由此决定的梆簧类唱腔程式和手、眼、身、法、步等动作姿势，然而佛山粤剧在音乐程式上的流变又是最明显的，它从最初几种单调的弋阳腔、梆子腔等板腔体曲牌开始扩容，逐渐融进木鱼、龙舟、小调、南音、广东音乐等等，表达形式上也变得多姿多彩。而每个传承者又形成特有的风格，顺德人薛觉先变调创出了"反线中板"，取"二簧"板式一段化成"长句二簧"等，顺德人马师曾对中板唱法作了灵活的处理。再如佛山十番，也具有相应的表演程式，二十多人的表演乐队按挂牌、长锣、钹起、洒金钱、合鼓引等不同典牌所定的次序和敲击方法，用乐器轮番协奏出喜庆、铿锵的乐曲，并配以套路不同的飞钹技艺表演，钹技法因飞钹切击位置的不同被分为左飞、右飞、阳飞、阴飞和过头飞等程式。再看顺德的八音锣鼓，它是先以锣鼓起，锣鼓和唢呐再相间演奏，并与木鱼、沙的、战鼓、大钹、高边锣等乐器合奏。一曲多调，可有 A、B、C、G 四种曲调。乐曲以大小唢呐为主调，吹奏粤曲曲牌、广东音乐、"封相锣鼓"及"西秦"、"大棚"等曲目。花鼓调，作为高明区更合镇泽河村流传至今的迎亲组曲，一直承袭着迎亲吹打乐的六音形式和乐曲结构，整首曲子分为行街、大过场、岗雕上山、下山虎、十番、南风云、小开门共七部分，其中，岗雕乐又是岗雕上山部分最为独创的乐曲，能体现艺人高超的演奏绝活。佛山醒狮，传统的舞法主要有佛引狮、采灵芝、出洞、过山（上山）、滚球、吐球、上楼台、过云桥、桥底寻青、八仙贺寿、七星伴月及地青、水青、蟹青、蛇青、桥底青、八卦青、采高青等各式采青程式。最后如麦边舞龙，它作为一般游龙，主要表演"8"字舞龙、左右起伏、高塔盘等民间套路，然而在活态传承过程中又创编出了翻滚舞龙、钳腰舞龙、螺旋跳龙、滚地

[①]（美）理查德·鲍曼：《作为表演的口头艺术》，杨利慧、安德明译，广西师范大学出版社 2008 年版，第 43 页。

舞龙多个高难度的套路。

佛山表演艺术非遗具有本族群民众通认的艺术符号以及基本的表现程式，但其程式又不完全固定，即便作为纯粹的观赏对象被舞台化，但在表演中仍然有逸出程式的自由发挥。在苏珊·朗格看来，表演的身体性程式构成了"意义的符号"，"表达各种愿望、意图、期待、要求和情感的信号和征兆"，对于表演者之外的受众来说是"被看到和了解的"，因此它往往"既是主观又是客观的，既是个人又是共有的，既受意志支配又是领悟到的"。[①] 也就是说，佛山的表演艺术类非遗总是赋予表演者一定的自由空间，供表演者在不同的情境之下作不同的发挥与创造，有才华的民间艺人在表演时，总是自觉不自觉地对非遗的形式和内容进行某种重构或创新。他们谙熟非遗的结构章法、程式与套路，平时积累了大量经验之后，在表演时即兴发挥、进行灵活调用与配置。表演者可依观者的反应和自己的情绪而对传统的程式套路进行动作和内容方面的变化，这就是即兴演绎。"即兴是一种个人的临场即时性创作。而这一刹那的决定，由决定到选择、到组合种种程式，都需要以内化的、经过漫长岁月积累沉淀而成的表演传统为基础。"[②] 正是这一点，奠定了佛山表演艺术类非遗的核心魅力。

三、佛山表演艺术类非遗的保护策略

佛山的表演艺术类非遗必须通过表演者（传承人）的表演、观众的参与欣赏发生，以及表演舞台的联接才得以生成。传承者的身体、能力和经验，表演场域的持续性，观众的认同趣味以及表演过程中所展示的地域民族内涵，都是决定表演艺术类非遗能否活态存续的因素，这也造成了佛山表演艺术类非遗存续的脆弱性。在传承过程中，表演艺术类非遗很容易受外在条件、主观因素的影响而发生根本性的变化，一旦破坏性的改变产生，对表演艺术类非遗带来的致命影响是不可逆转的。据调研统计，影响表演艺术类非遗濒危的因素按重要性排序依次为：传承因素、市场因素、社会因素、生命力因素、文化变迁因素、知名度因素。[③] 以此为参照，可对佛山表演艺术类非遗的影响因素、濒危倾向、现状保护进行探讨。

[①] （美）苏珊·朗格：《情感与形式》，刘大基等译，中国社会科学出版社1986年版，第199页。

[②] 荣世诚：《戏曲人类学初探》，广西师范大学出版社2003年版，第261页。

[③] 参见关芳芳《非物质文化遗产濒危评价及旅游开发活化研究——以表演艺术类非物质文化遗产为例》，暨南大学2009年硕士学位论文，第31页。

（一）佛山表演艺术类非遗传承的影响因素

一是传承人因素。传承人是以人为载体的非遗活态传承的关键，也是影响表演艺术类非遗濒危的最重要因素。佛山表演艺术类非遗传承人除了各级官方认定的代表性传承人，也应涵盖体制外的文化持有者。就前者而言，佛山表演艺术领域目前没有在世的国家级传承人[①]，省级传承人有9人，分别为：醒狮2人（关润雄、黄钦添）、人龙舞1人（苏求应）、佛山十番1人（何汉沛）、粤曲星腔1人（李月友）、龙舟说唱1人（陈振球）、蔡李佛拳2人（黄镇江、梁伟永）、咏春拳1人（叶准），占佛山所有省级非遗传承人的22.5%。该领域传承人的年龄普遍偏高，传承队伍的老龄化趋势明显，最年轻的醒狮省级传承人黄钦添也已步入50岁，年龄最大的咏春拳传承人叶准已年至80，省级传承人的平均年龄在60岁以上。而八音锣鼓传承人梁兆帝、佛山十番传承人何汉然、人龙舞传承人林普宣已于近年去世，给所传承的非遗项目带来了不可估量的损失。

传承人数量的匮乏造成了传承链条的脆弱，佛山的岭南古琴艺术、粤曲星腔的市级传承人均只有1人，属于一人单传的非遗项目。而花鼓调、岗雕乐、三山咸水歌、粤曲（非粤曲星腔）、南音、粤讴、麦边舞龙以及民间文学等表演艺术类非遗项目则缺乏市级及以上传承人。这对于以人为活态载体的佛山表演艺术类非遗来说，市级以上传承人的缺乏给其可持续传承带来了隐忧。当然，体制外的文化持有者虽然没经过官方程序认定，不享受"传承人"的名誉和称号，但是在非遗的传承中发挥着默默无闻的事实性作用。这个群体人数的多少、技艺的高低、存活的好坏因项目而异。比如，佛山的粤剧、粤曲星腔的官定传承人并不多，粤剧有市级传承人李淑勤、梁智理，粤曲星腔有省级传承人李月友，虽然截至目前两个项目均无国家级传承人，但遍及佛山各区的"私伙局"以及位于佛山的广东粤剧学校、广东粤剧艺术大剧院聚集培育了大批粤剧粤曲文化持有者，这些热衷粤剧粤曲的修习者、表演者会通过传、帮、带的方式将粤剧粤曲艺术传承传播开去。民间浓厚的曲艺土壤以及成形的曲艺消费市场为这些不挂名的传承者提供了物质生存和精神满足的舞台，使粤剧粤曲的民间传承充满活力。

在佛山的表演艺术类非遗中，佛山醒狮传承人梯队相对完整，仅市级传承人就有关润雄、黄钦添、黄桂平、黎念忠、张志华、吴向荣、刘汉庭、梁泰豪，是佛山表演艺术类非遗中代表性传承人最多的项目。佛山醒狮的传承者与其他非遗传承者不是农民就是艺人的情形有所不同，主要传

[①] 龙舟说唱国家级传承人伍于筹、尤学尧已分别于2008年、2009年去世。

承者是城镇劳动者组织及其相关联武馆的组织者和成员,这是由醒狮传承的历史传统所决定的。"自清代至民国时期,人民多尚武,当时武馆林立,每间武馆,都有'狮会'设立,在练习武功之外,对舞狮的艺术,都苦学苦钻。"① "佛山醒狮武馆林立。"② 而今,佛山醒狮也以武馆为主要传承载体,醒狮省级传承人关润雄、黄钦添就分别是南海黄飞鸿狮艺武术馆、黄飞鸿中联武术龙狮协会的负责人。民间狮队就更为广泛,仅以佛山南海为例,大大小小的狮队加起来超过3000支,这些未被纳入名录体系以及游离于体制外的醒狮文化持有者,在醒狮传承中发挥了不可或缺的作用。

二是受众因素。马克思在《〈政治经济学批判〉导言》中提出的"艺术生产"概念旨在阐述生产与消费的相互关系,认为艺术生产、艺术作品、艺术消费三个环节是一个相互依存、互为条件的系统。对于表演艺术类非遗而言,也存在非遗表演(生产)、非遗形态(产品)、非遗接受(消费)的互动过程,而非遗接受(消费)则从根本上影响着非遗表演(生产)。表演艺术类非遗由于具备即兴、现场生成的性质,一般具备自娱、娱神、娱人等功能,其受众既包括非遗表演者本人,也包括相对于表演方的他者。对于前者来说,非遗就是特定语境下自娱自乐的产物,生活与非遗交融为一体,难以剥离二者并将非遗对象化为客体消费品。比如,高明的岗雕乐、三水的叹歌、南海的咸水歌等属于特定区域中民众生活的一部分,只是随着传统习俗淡化、三山渔民的离水上岸,相应的自娱方式也就逐渐式微。而后一种为了他者的消费而存在的表演艺术类非遗,一般具有商业化的传统。比如,趋尚平民趣味的城市粤剧以演剧的方式走市场之路,驱邪求吉、寓意喜庆的醒狮则通过商演赢取生存之道,早期龙舟说唱作为讨赏工具成为艺人的谋生途径,对这些非遗而言,受众或市场的变化决定着非遗形态的嬗变和创新。

对于脱胎于特定生活场域的佛山表演艺术类非遗来说,一种生活方式的消失则意味着某种非遗的终结。城镇化改变了民众的生活土壤,农耕文明的渐行渐远以及数字化时代新兴娱乐方式的兴起,使得传统表演艺术类非遗的受众逐渐流失。佛山的表演艺术类非遗大多并不以精致、典雅的审美为存活依据,随着青少年与传统生活方式和农耕民俗的疏离,他们对八音锣鼓、龙舟说唱、人龙舞等非遗的认同也就越来越模糊。笔者在田野调查中发现,八音锣鼓、龙舟说唱、粤剧、粤曲、佛山十番等民间表演艺术

---

① 区瑞芝:《佛山民间龙狮舞技源流史略》,《佛山文史资料选辑》(第五辑),1985年,第60页。

② 吴晓邦、梁伦主编:《中国民族民间舞蹈集成·广东卷》,中国ISBN中心1996年版,第116页。

的受众均以老年人居多，缺乏年轻受众是佛山表演艺术类非遗显在的危机之一。当然，受众的趣味不是恒定不变的，受众趣味的变迁也是社会运行的正常结果。梁启超曾说："趣味这东西是由内发的情感和外受的环境交媾发生出来的。就社会全体论，各个时代趣味不同；就一个人而论，趣味亦刻刻变化。"①受众群体的细分化以及受众趣味的不认同，导致本就没有商业传统以及商业关联度低的咸水歌、人龙舞、龙舟说唱、八音锣鼓等佛山表演艺术类非遗逐渐丧失存活空间；而本身具有商业渊源的佛山表演艺术类非遗如粤剧、醒狮等，也由于市场受众的不稳定，极易在传统与创新的博弈中失去平衡，显示出可持续发展的隐性危机。以粤剧为例，据佛山青年粤剧团负责人、佛山粤剧传承人李淑勤所述，如今在佛山本地，粤剧基本上没有商业演出市场，剧团在佛山的演出基本上都是政府在佛山五区举办的惠民工程。②佛山文化消费市场的发育不足与人才的断层、受众的流失等因素，共同促成了表演艺术类非遗传承危机的恶性循环。

　　传承人与受众是影响佛山表演艺术类非遗存续的根本性要素。当然，由于每个非遗项目的持有群体、发源流变、变迁过程、存活动力不同，每项表演艺术类非遗的濒危程度及所处困境也不一样，因此，对于濒危以及丧失传承活力的非遗项目，所需做的就是数字化记录和博物馆化保存。比如三山咸水歌，随着南海平洲三山北区渔村村民持续上岸定居，传承人罗旺兴、郭潮、吴莲爱、邓带等的相继离世，三山渔村已无人能完整唱完咸水歌，会唱上一两句的老渔民也不到5个，而年轻一代由于没有机会接触咸水歌，不仅没有兴趣也已基本淡忘③；佛山的木鱼歌也是如此，职业木鱼歌盲艺人在新中国成立后已凤毛麟角，1972年最后一间木鱼书坊香港五桂堂歇业，佛山仅存的木鱼歌艺人——澜石显岗的梁浩成已于2006年底辞世，佛山木鱼歌成了民间记忆中的遥远绝响。对这类非遗项目，应以挖掘、整理、研究等保存式保护为主。而需要重点关注的是，对于目前还存活着的佛山表演艺术类非遗项目，需要对其施予类型化的活态保护。所谓类型化的保护，就是要针对佛山表演艺术类非遗传承人在年龄、职业、民族、性别、传承方式、传承目的以及对非遗的态度等方面的不同情况，分类别地实施扶持性保护、引导性保护和开发性保护，据此制定个体化、特

---

①　梁启超：《梁启超全集》，北京出版社1999年版，第4927页。
②　参见潘慕英、赵冬芹《佛山"粤剧之乡"遇人才瓶颈：仅有李淑勤》，《广州日报》2013年12月11日。
③　此处引自陈婷的访谈记录。访谈时间：2014年4月9日下午；访谈人：佛山科学技术学院2010级汉语言文学专业本科生陈婷；受访人：当地老渔民（姓名略）；访谈地点：佛山南海三山渔村。

殊化的传承人保护方案。

（二）对佛山表演艺术类非遗的保护之思

一是扶持性保护。对于传承人高龄化、处于弱势存续状态且具有濒危倾向的佛山表演艺术类非遗来说，通过体察其传承人的生活处境与人生际遇，保障传承人的基本生计与传艺权利，使他们在身心健康、生活稳定的前提下尽可能延长文化传承生命，是目前可以采用的办法。佛山以及各区对于市级以上传承人发放资助补贴便是有效措施之一，但是补贴性资助存在两个问题：一个是对官方代表性传承人发放补贴势必引起体制外文化持有者的不理解甚至不满，从而影响表演艺术类非遗的传承生态，这类情况已在龙舟说唱、醒狮等项目上有所体现；另一个问题在于，资助补贴能够改善老龄传承人的生活状态和传承动力，但是对于老艺人的徒弟难寻、后继无人的境况无法治本。所以，扶持性保护不能仅仅施予于官方代表性传承人，还应辐射至体制外的文化持有者，即给予其相应的称号荣誉和表演机会，使两类传承者能协同发挥作用。此外，对于难以收徒的表演艺术类项目，不能任其困境恶化。尽管如佛山醒狮的省级传承人黄钦添所言："一般城镇里的父母都舍不得让孩子受这些苦。若非真正热爱舞狮这项运动，几乎没有本地的孩子会来学习舞狮，更不用说把它当作职业。"① 但地方仍然可以探索出台相应的鼓励、优惠政策，提供便利的非遗传习平台和环境，协助非遗保护单位化解传承中的实际困难，或者破除传承过程"传内不传外"、"传男不传女"等阻碍性的规习，使非遗传承人的带徒传艺成为可能。

二是引导性保护。佛山表演艺术类非遗在传承中出现了受众流失、人才难寻等传承人本身无力解决的系统性问题，对此则需运用引导性的非遗保护方式。从本体而言，引导性保护是指政府部门应以知识推介、政策咨询、发展设计等方式协助传承人寻索非遗发展之路，尤其是重点着眼于引导性政策的制定。比如，可依托公共政策将与表演艺术类非遗相关联的民俗、大赛、晚会或活动稳态化，为表演艺术类非遗的展演创造条件；有效利用表演艺术类非遗传承人自身的良好环境与经济社会基础，创造一种整体性的传承氛围，使传承人更好地承担非遗传承使命；为保障表演艺术类非遗传承人的权益，甚至可采用"政府兜底、参与方回报"的模式，即为传承人传承活动提供最基本的支持，资助传承人的授徒传艺或教育培训活动，对生活有困难的传承人发放一定补贴；与此同时，如果非遗传承人掌握的表演技能对地方民俗文化产业化作出贡献，那么根据责权利统一的原

---

① 周豫、郭珊：《狮艺的职业化生存》，《南方日报》2013年6月7日第A21版。

则，可由政府部门对传承人进行回报或奖励。总之，引导性保护旨在推动佛山表演艺术类非遗传承人走向社会，引导提升传承人的传承意识与传承能力，这在佛山粤剧领域有所体现。尽管佛山的粤剧粤曲私伙局兴盛不衰，但佛山粤剧粤曲行当内行业老化、受众断层、大师渐少等困境突出，目前佛山已在探索将粤剧纳入文化惠民工程，各区力推粤剧粤曲从娃娃抓起、粤剧粤曲进校园课堂等方式，力图使粤剧传承逐渐消除人才与市场危机。

三是开发性保护。所有的非遗保护都应以有利于传承人实施非遗传承为目的，"如何从传承人自身的利益诉求出发，使传承人在传承传统文化的同时，既能获得社会荣誉，也能保持有尊严的物质生活水平，是保护'非遗'传承人的关键"①。行政主导的施予式保护作为总体化的保护方式，提供的是一种助推性的动力、资源和政策，难以做到将非遗项目及其传承人当作社会经济增长的积极因素加以运用。因此，唯有通过结合传统与创新、文化与旅游、生产与市场，才有可能从根本上促使表演艺术类非遗传承人拓展非遗的存活空间与社会功能，从而使表演艺术类非遗通过文化生产规律的运行，让传承人获得经济与文化的双重利益。对佛山表演艺术类非遗实施开发性保护的首要关键在于，在遵循非遗核心价值和传统内涵的基础上，探索佛山表演艺术类非遗的质量提升和精品再造之道。如研究者所言："把握好艺术改革与保留传统之间的尺度，归根到底就是要求在形式上与观众情感、伦理标准满足，在表演方式上创造出视听的心理愉悦。"② 东北二人转、青春版《牡丹亭》即是非遗通过艺术创新而赢得受众和市场的典范。此外，可考虑将佛山表演艺术类非遗与旅游深度结合，探索实施大型山水实景演艺、依托民俗的节事旅游模式、参与型的民俗村模式、景区固定演出模式等不同的文旅结合模式，使佛山表演艺术类非遗在新的空间转换中实现持续传承。甚至还可利用数字技术、复制技术将电子影像作为传播、演出载体，将具有"一次性消费"特性的佛山表演艺术类非遗转换为可重复欣赏流通的影像商品，破除表演艺术类非遗只能现场观赏、即时接受的局限，延长其艺术渗透的线性时空。

---

① 刘晓春：《非物质文化遗产传承人的若干理论与实践问题》，《思想战线》2012年第6期，第55页。
② 梁敏：《粤剧表演与观众的审美愉悦》，《南国红豆》2012年第6期，第42页。

第二节　个案：佛山"龙舟说唱"的活态传承与保护

申遗节奏的放缓以及"申遗热"的降温意味着非遗保护进入了"后申遗时期"，对非遗个体施以"面向特殊性"的审视与反思就成为当前紧急而关键的任务。作为2006年入围首批国家级名录的非遗，龙舟说唱无疑是一个值得注目的个案。龙舟说唱被称为"龙舟歌"或"唱龙舟"，目前存活于佛山、东莞、广州等珠江三角洲粤语方言区，其艺人数量、表演风格、活跃程度等因时因地而异，尤以佛山顺德的传承最为凸显，"一向以来，凡以演唱龙舟为生的，十有八九是顺德人，故行内公认以顺德话为正宗"①。然而由于其方言障碍、底层气息以及流动特质所限，身为乡民小传统的龙舟说唱并未得到足够的学术观照，国内已有少量研究要么仅作基本介绍，要么只解析其唱词文本，忽略了它作为口头非遗的活态传承特性，其口头诗学价值和濒危趋向并未得到充分阐述。下文参照帕里－洛德"口头程式诗学"以及鲍曼的表演理论并辅以田野调查法，对佛山龙舟说唱的活态传承机理与保护路径进行探讨。

一、口传身授：佛山龙舟说唱的传承方式

龙舟说唱一般有两种形式：一种是艺人个体挨家串户说唱吉利的祝颂词，博取住户打赏零钱和食物，与"莲花落"、"鲤鱼歌"、"喃银树"等沿门乞讨的"乞儿歌"相似。康保成先生曾认为，广东的龙舟歌是莲花落的一种，且源于沿门逐疫。② 另一种是艺人个体或群体以短篇为主、以中长篇为辅的说唱表演，具有曲艺的舞台特征，有的甚至直接演变为粤剧的一种曲牌。艺人表演龙舟说唱以手持带有木雕小龙舟的长棍为标识（图4.11所示为龙舟说唱艺人刘仕泉珍藏的祖传木雕龙舟），以敲击胸前所挂的小锣小鼓作为间歇吟诵的伴奏，以在村落乡间"祝颂"为主要功能；表现形式上，以七言粤语韵文为基本句式，四句一组，唱词浅白，内容从神话故事至时政生活无所不包，宜于叙事抒情；表演时声腔短促，高昂起伏，诙谐有趣，富于现场感染效果。就其本体而言，"龙舟是口语的作品，

---

① 陈勇新：《龙舟歌》，广东人民出版社2005年版，第12～13页。
② 参见康保成《沿门逐疫初探》，《戏剧文学》1990年第3期，第27页。

多数是写民间疾苦，生活琐事。这类唱书本来很多，可惜收进木刻本的却不多"①。作为粤语方言区的民间"小传统"，龙舟说唱及其传人在精英书写与经典叙述中一直缺席并失语。文献记载的阙如，导致产生了关于龙舟说唱来源的多种说法，如"乾隆年间广东顺德县破落子弟所创、天地会为宣传革命所制、由南音发展而来、由弹词发展而来、源于木鱼"②，且至今未有确实定论。这意味着龙舟说唱与文人文艺不同，正是依靠"口传"的方式在地方社会代代延续。

图 4.11　龙舟说唱艺人刘仕泉珍藏的祖传木雕龙舟（谢中元摄）

所谓"口传"，是指以传授者的口头讲授、承习者的耳朵承接共同完成，又称"口耳相传"。关于口头传统的传承过程与方式，哈佛大学学者阿尔伯特贝茨·洛德的研究可提供有价值的启思。20世纪30年代和50年代，洛德与老师帕里专门到南斯拉夫地区对活态的口传文艺开展长期田野调查，所提出的口头程式理论揭示，不以书面材料为辅助的"口传"具有独特的传承机制、表达方式以及自身法则，即在传送环节中不立文字、不依文本，口头歌手不需要逐字逐句地记背文本。他们的依据是，在口头语

---

① 符公望：《龙舟和南音》，《方言文学》第一辑，香港新民出版社1949年版。
② 吴瑞卿：《广府话说唱本木鱼书的研究》，香港中文大学研究院中国语文学部1989年博士学位论文。

境中表演与创作是同时进行的，口头歌手以表演的形式来进行创作，既坚持从传统中传承而来的主题、类型、技巧、语言等，也根据现场的表演情境进行即兴的创作。当然，"口头表演中的创作"是口头艺人臻于佳境的表演状态，表演和创作的同步进行要求口头传统的承习者强化记忆以便准确复述，并依靠记忆和重复掌握关键技术。正如美国传播学者沃尔特·翁所论，在口语文化里，记忆术和套语使人们能够以有组织的方式构建知识。[①]

顺德已故和健在的龙舟说唱老艺人的受教育程度普遍不高，大多为小学及以下文化程度，处于文盲或半文盲状态，他们怎样才能抵达即兴编创的表演状态？洛德在南斯拉夫地区的田野调查可提供有价值的参考。他发现口头歌手学艺要经过三个阶段：第一阶段，聆听老艺人的演唱，熟悉并吸收口头诗歌的韵律、节奏、主题和内容等；第二阶段是学歌阶段，年轻的歌手必须学会足够的程式以演唱诗歌，这需要反复模仿、不断实践以及大量运用，从而在不知不觉中抵达融会贯通的状态；第三阶段是增加演唱篇目，提高演唱技巧，这个时候，歌手开始进入咖啡馆、节日以及非正式的集会场合演唱，听众的要求使他不断积累、重新组合、反复修正口头诗歌的程式和主题，最终使他在传统中游刃有余。口头歌手成熟的标志在于，能驾驭程式化的技巧并进行熟练的演唱，有足够的主题素材成竹在胸，能按照自己的意志扩充、缩小或重新创作他的歌。[②] "三阶段"说呈现了口头传承的表现形态，对"表演中的创作"机制给予有效解释。

借此观之，龙舟说唱的口传方式契合了洛德所提出的"三阶段"说。艺人学习龙舟说唱都是从聆听开始，通过长期的耳濡目染以及循序渐进的模仿构建记忆模式，并在传授者有意或无意的表演示范下反复自我纠正，渐渐达到"表演中的创作"佳境。两位已故的龙舟说唱国家级传承人尤学尧（图4.12）、伍于筹（图4.13）的从艺经历就是鲜活的例证。[③] 尤学尧十六七岁与龙舟说唱结缘，拜在老龙舟艺人尤镇发门下，每天帮着师傅挑行李，挨家挨户唱龙舟，在久而久之的聆听揣摩中掌握了说唱腔调和锣鼓技艺。伍于筹做过小生意，也当过鱼行师傅，他学唱龙舟并未正式拜师。据他回忆，在龙舟说唱的兴盛期，仅杏坛就有20多个以唱龙舟为生的

---

① 参见（美）沃尔特·翁《口语文化与书面文化——词语的技术化》，何道宽译，北京大学出版社2008年版，第25页。
② 参见（美）阿尔伯特·贝茨·洛德《故事的歌手》，尹虎彪译，中华书局2004年版，第28～35页。
③ 参见蔡敏珊《顺德龙舟说唱艺人尤学尧、伍于筹：国家级非遗传承人》，《南方日报》2008年2月29日FC02版。

"龙舟公",每遇年节喜庆、嫁娶乔迁等喜事,"龙舟公"就会被邀请唱曲助兴,"龙舟德"、"龙舟九"等一批"龙舟公"白天出外卖唱演出,晚上经常寄宿在伍于筹家里。伍于筹耳濡目染,再加上老艺人的指点,慢慢掌握了龙舟说唱的技巧。现为广东省级传承人的陈振球也自述没有正式拜师,他是用拉感情、套近乎的方式获取老艺人的信任,慢慢靠近"龙舟宁"、"龙舟迈"、"龙舟会"、"龙舟镇"、"龙舟崧"等老艺人,反复聆听他们的龙舟歌并暗自揣摩演练。如陈振球所言:"你听得多,吸收得多,自然会唱。如果你听得不多,也唱得不多,唱起来就会是半桶水的状态。"① 三位传承人的学艺经历表明,老艺人既不教唱龙舟歌,也不授予文字稿,没有简谱,只有音韵,学习者只能通过聆听、默记、说唱的长期训练才能达到圆熟程度。

图 4.12　国家级传承人尤学尧生前应邀为村落乡亲表演龙舟说唱(顺德非遗中心供图)

由于文化程度不高的龙舟老艺人很难用书写方式记录龙舟唱词,而且不会轻易手把手传授用以讨赏谋生的说唱技艺,因此学艺者需要经历聆听、默记、说唱的长期过程,以自修自炼的方式达到熟能生巧的状态。其中,聆听是源泉,是感知和学习的过程;默记是基础,旨在模仿和储藏;说唱则属于传播和传承的阶段。口头艺人经过三个阶段的聆听记忆、吸收

---

① 陈志刚、陈晓勤:《陈振球:龙舟说唱有韵无谱,都是口耳相传》,《南方都市报》2012年11月8日 RB16 版。

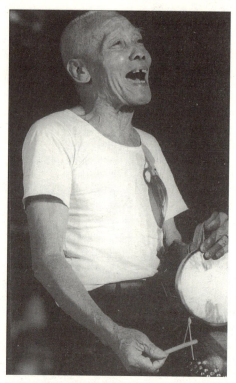

图 4.13　国家级传承人伍于筹生前在首届杏坛镇龙舟说唱大赛中获冠军
（顺德非遗中心供图）

消化、内化创造，在口头传承的实践中磨练出自己的表演技艺，进而形成具有个人特色的表演风格。杰出的龙舟说唱艺人尽管不擅文墨，不通书写，但都经历曲折，博闻强识，储歌丰富，能即兴说唱龙舟。由是可知，"口传"作为龙舟说唱的传承方式是毋庸置疑的。不过对于口头非遗这样的传承特点，非遗研究者多以"口传心授"予以概纳。有论者认为："一般在使用'口传心授'这一说法时，常常主要说的是'口传'，强调的是其'口传'的含义。'心授'二字，在'口传心授'这一说法中实际已经虚化了。"口传心授中的心授"只是一个无法落实、没有多少实际意义的说法"。[1] 也就是说，承习者心智悟性的高低固然影响着他对说唱技艺的接受程度，但不能忽视的是，"口传"和"身授"在表演型非遗的实际传承过程中是融合在一起的。比如，龙舟说唱艺人表演时除了输出声音唱腔，还以"一龙两锣三条棍"为道具，以敲击锣鼓为辅助手段，表现为嘴、

---

[1] 海震：《论戏曲音乐传统传承方式——"口传心授"辨析》，《戏曲艺术》2012 年第 2 期，第 86 页。

喉、手、眼等身体部位的综合性演绎。在表演中，"一龙"（木雕龙舟）只是艺人的身份标识，"两锣"（一锣一鼓）和"三条棍"（竹管、敲锣鼓小棒以及支撑木雕龙舟的龙舟棍）中的竹管、小棒则是辅助说唱的操演工具。对锣鼓敲击技艺的熟练与否，影响着学习者说唱水平的高低。

在龙舟说唱学艺者的习得过程中，老艺人的口头传递与身体示范相互配合与补充，共同发挥着传承说唱技艺的作用。受益于民间心照不宣的"口传身授"方法，龙舟说唱的传承谱系得以构织，其中以"师传"最为典型。在顺德杏坛镇北水村，老艺人何龄（1896年生）、尤庆崧（1914年生）、尤镇发（1925年生）、尤伟明（1928年生）、尤学尧（1937年生）等人构成了一条清晰的师徒传承链；已故国家级传承人伍于筹则拜师于"龙舟德"等艺人；现为广东省级传承人的陈振球（1941年生）则转益多师，先后承艺于尤镇发（杏坛北水人）、尤庆崧（杏坛北水人）、刘万奇（龙江官田人）、"龙舟宁"（顺德勒流人）等艺人。此外，"家传"也是不可忽视的一脉，杏坛吕地的龙舟艺人刘仕泉（1947年生）祖辈都以唱龙舟为生，他从其祖父刘万奇（1850年生）、其父刘万成（1902年生）等传承而来，成为刘家的第六代说唱传人。这些成熟艺人的技艺能力、表现水平决定着龙舟说唱的价值程度以及文化含量。得益于他们的传续接力，龙舟说唱才不至于断裂消亡，一直存活至今。

二、"惯常"与"即时"：佛山龙舟说唱的表演情境

与文字文本不同，口头传统还以在语境中的表演为存在形式。而语境包括文化语境和社会语境，并可细分为意义语境、风俗制度语境、交流系统语境、社会基础、个人语境、情境性语境等六个小层面。[①] 口头非遗的语境既能扩延到文化、社会、历史、国家和民族等宏大背景，也可缩微至表演行为发生的具体场景和时空。研究龙舟说唱之类的口头非遗，不能仅仅关注脱离了活态表演情境的歌本、刻本或者唱本，因为"被我们习惯性地视为口头传统素材的文本，仅仅只是对深度情境的人类行为单薄、部分的记录而已"[②]。表演情境是观照龙舟说唱的必要切入点。

从宏大语境而言，龙舟说唱存活于"好歌"之风盛行的粤方言区。如屈大均所言："粤俗好歌，凡有吉庆，必唱歌以为欢乐"，"其歌也，辞不必全雅，平仄不必全叶，以俚言土音衬贴之，唱一句或延半刻，曼节长

[①] 参见杨利慧《表演理论与叙事研究》，《民俗研究》2004年第1期，第16页。
[②] （美）理查德·鲍曼：《作为表演的口头艺术》，杨利慧、安德明译，广西师范大学出版社2008年版，第103页。

声,自回自复,不肯一往而尽,辞必极其艳,情必极其至,使人喜悦悲酸而不能已,此其为善之大端也","而风俗好歌,儿女子天机所触,虽未尝目接诗书,亦解白口唱和,自然合韵"。① 粤地盛行的"好歌"风俗为龙舟说唱的被认同与被传承营造了充盈的地方文化氛围;而顺德水乡村落的人文地理作为与龙舟说唱关系最为密切的环境范围,是滋育龙舟说唱存活延续的"文化生态壁龛"②。龙舟说唱的主要存活区域——顺德杏坛地处西江下游,形似锦鲤鱼,古称锦鲤沙,四周环水,西江干流、东海水道、甘竹溪、顺德支流、容桂水道、一更涌等六道水道流经境域,致使各村落河涌贯穿,房舍集中,形成了一个由河涌、古桥、巷口、祠堂、榕树、集市等构织而成的水乡村落空间。再加上这里属亚热带季风气候,冬短夏长,春秋两季长短相当,温暖湿润,乡民户外活动时间长,易聚易散,为龙舟说唱艺人沿门说唱、登台表演提供了适宜的文化生态环境(图 4.14、图 4.15)。

图 4.14 龙舟说唱的传承环境——顺德杏坛的逢简水乡村落(谢中元摄)

龙舟说唱本身属于活态的表演,其所依存的表演情境具有惯常性,而惯常性的表演情境正是表演的理想状态。这种理想状态表现为,由惯常的

---

① (清)屈大均:《广东新语》卷十二《诗语》,中华书局 1985 年版,第 358 页。
② 参见高小康《文化生态壁龛:非遗保护的生态"红线"》,《中国文化报》2012 年 11 月 19 日。

图 4.15　龙舟说唱老艺人在村落榕树下集体表演（顺德非遗中心供图）

表演者，在惯常的时间地点，以惯常的表演方式，为惯常的听众表演。①正因具有约定俗成、相对固定的表演时间，理想状态的表演情境一经形成便具有稳固性、规约性，牵引着口传艺人和听众自觉遵守并沿袭传统的表演习惯。杏坛镇北水村的何龄、尤庆崧、尤镇发、尤伟明、尤学尧以及杏坛镇吕地村的刘万奇、刘万成、刘仕泉等职业与半职业艺人是惯常的龙舟说唱表演者；年节祭仪、庙会庆典等水乡村落民俗时间是惯常的表演时间（图 4.16）。说唱表演尤以正月初一至初七最为频密，从正月初一开始，龙舟艺人走街串巷，沿门说唱，祝颂讨赏，意为"贺正"，元宵节之后转淡，说唱进入消歇期。据陈振球回忆，20 世纪 70 年代，大良、北滘、陈村、勒流和伦教等是比较兴旺的城镇区域，家家户户都是平房，过年的时候家家户户敞开大门，每到一户献唱，户主会拿出元宝、蜡烛和香举行仪式。而过年以外的说唱表演时间一般是龙潭圩日、土地诞日等具有地方民俗意义的特殊时间，如杏坛镇苏马大队的马家每年八月初二会进行祭拜土地公的土地诞仪式，并邀请龙舟公说唱龙舟。② 显然，地方社会约定俗成的龙

---

①　参见杨利慧《从"自然语境"到"实际语境"——反思民俗学的田野作业追求》，《民俗研究》2006 年第 2 期，第 6 页。

②　访谈时间：2013 年 10 月 18 日上午；访谈人：谢中元；受访人：龙舟说唱广东省级传承人陈振球；访谈地点：顺德杏坛文化站二楼。

舟说唱惯常表演时间具有特定的社会、文化和历史意义，不会被轻易干扰并更改。

图4.16　2006年龙舟说唱老艺人在祖庙三月三民俗会表演龙舟说唱（顺德非遗中心供图）

龙舟说唱表演的惯常情境还意味着，龙舟说唱形成了标准化、程式化、结构性的表演体系。艺人表演时遵循传统既成的表演方式、主题、内容以及风格等，以契合粤语方言人群的接受习惯。比如，龙舟艺人经常肩扛木雕龙舟，手拎一锣，身缠一鼓，一边敲打一边唱"敲锣鼓，唱龙舟，唱首龙舟可解闷愁"，从而开始龙舟说唱的惯常性表演。此外，还随着表演空间的迁移形成惯常的表演体式。龙舟艺人沿门说唱讨赏，和在码头渡口、集市商铺等地方面对来去匆匆的人群表演，均以简短的说唱为主；在村头树下、地堂茶楼、神坛社庙等地方面对歇息的受众，则可以进行中长篇故事的演绎。更为重要的是，龙舟说唱的表演对象为村落街巷的粤语乡民，龙舟艺人便以运用顺德方言俚语说唱为惯常的表演方式，塑造粤语听众的地方文化认同。在说唱表演中，艺人会运用非正式性的口语语句，使之符合乡村市井之中的娱乐需求。以极受欢迎的龙舟歌《新年祝愿》为例，该歌有句"只喺（是）寥寥无几，个个都已经上咗（了）七八十勾（岁）"，此句运用了"喺"、"咗"、"勾"三个俚语，以"勾"字最为特别。在顺德杏坛的语言惯习中，"勾"兼具动词和名词属性，意为"岁"，代表年龄。虽然"勾"属于俚语中较为粗俗的部分，但并无贬义色彩。巧唱"勾"字，不但实现了押韵，也增添了诙谐色彩，容易引发粤语听众的笑声。

龙舟说唱的表演情境除了具有惯常性,还具备即时性。这意味着由表演时的时空、气氛、听众等元素构成的表演情境有着动态生成的流动性特征,"口头传统的形式、功能和意义无法通过将他们视为静止的、与现实相剥离的文本而获得完全的理解;口头传统植根于生产与接受的过程当中"①。对龙舟艺人而言,需要在即时性情境中根据现场交流互动的活动主题、人数气氛、时间限度等因素即兴编创。陈振球等龙舟艺人的表演正是如此(图4.17、图4.18)。每逢龙母诞,年轻人对龙母传说陌生而好奇,他们就说唱《龙颜如丽日,母泽似甘霖》,引导年轻一代认知龙母传说;遇到土地神诞,则说唱《土地公旦(诞)好热闹》,唤起老一辈村民的怀旧共鸣;在村民集会之时,多说唱有警醒世人意义的故事,如说唱改编过的《聊斋志异·杜小雷》,通过儿媳妇刻薄婆婆而变成猪的故事来警醒世人尊老爱幼;而在宣传戒烟戒赌、破除迷信等政策的官方场合,则说唱《大闹烟公》、《正字龙舟大闹鸦片佬》规劝烟民戒烟,营造家庭和谐。

图4.17 龙舟说唱广东省级传承人陈振球在说唱
《水浒传之武松打虎》(谢中元摄)

从根本上说,表演的即时性情境源于"影响诗歌形式的演唱的核心成分是听众的可变性和不确定性。听众的不确定性,要求歌手要有全神贯注的能力,以便使自己能够演唱;这也能考察出他的戏剧性的应变能力、能

---

① (美)理查德·鲍曼:《作为表演的口头艺术》,杨利慧、安德明译,广西师范大学出版社2008年版,第110页。

图4.18　龙舟艺人刘仕泉（右）在表演龙舟说唱（谢中元摄）

够抓住听众注意力的叙述技巧"①。听众的接受反应会即时传递给表演者，表演者同时根据听众的反应创造性地利用自身储备的文化资源，即时调适说唱内容和风格，与现场听众形成双向的互动。据龙舟艺人叶潮回忆：龙舟说唱的题材和乐谱是恒定的，而歌词是即兴的。正月唱迎春花，"迎春花开放，又到了末年，大门柑橘摆放，多顺境，柑橘摆放，恭喜你发财又添丁……恭喜你子孙代代传"；店铺开张，商家卖什么就唱什么，卖衣唱衣，即兴编创内容；端午唱"一帆风顺，夺得锦标归"之类的吉祥话。②在笔者所听的一次龙舟说唱表演中，艺人直接将"四"忽略，把"三"、"五"连接起来说唱，使歌词改成"龙舟到，到你门来，一添贵子二添财，三添福禄寿，五添状元来"，避免因"四（sei^3）"与"死（sei^2）"发音相近而引发粤语听众的抵触情绪。

进而论之，一个成熟的龙舟艺人既能遵循惯常性情境，又能在即时性情境中根据听众的表情反应、掌声大小、喝彩程度等即时改变词语，拉长音调，或者转换韵脚。在即时语境中采取灵活的表演策略，意味着艺人不

---

① （美）阿尔伯特·贝茨·洛德：《故事的歌手》，尹虎彪译，中华书局2004年版，第22页。

② 参见肖楚熊《龙舟说唱艺人——番禺"顺德公"叶潮的故事》，http：//gdssh.blog.163.com/blog/static/175682080201122298233367。

是要完成固态文本的单向输出，而是在互动的交流语境中促生表演的新生性特质。因此，在表演者与听众互动中即时生成的龙舟说唱本就没有权威的定本，每一次的龙舟说唱表演都是一个独一无二的表演事件。表演者在遵守惯常音韵的压力下甚至会违反逻辑、因韵造句。比如在龙舟歌《扬正气，促和谐》中，艺人为确保押韵，唱出了"要似雷锋、焦裕禄、孔繁森咁样谱写出密切联系群众、艰苦奋斗的英雄史诗"的生硬词句。临场即兴编创的不规则唱词，肯定会对听众的接受带来理解上的障碍。不过，"表演中的创作"作为口头非遗的表现方式，决定了龙舟说唱的特殊美学价值，所以不能从文本诗学的视角对龙舟说唱予以简单的否定性阐释。

三、程式化的声腔锣鼓：佛山龙舟说唱的生成依托

口头艺人的即兴编创能力是如何形成的？在洛德看来，歌手的记忆传统和表演创新相结合，形成了以重复的片语为恒定形态的程式，程式有助于说唱长篇史诗的歌手快速进入创作的状态。龙舟说唱历来以短篇幅为主，与演唱长篇史诗相比，短歌说唱给艺人带来的即兴编创压力较小，艺人不必调遣大量程式化的片语，因此龙舟说唱各类表演中的词语重复现象较少出现。洛德也指出，程式研究必须首先考虑到韵律和音乐，在表演中一个词从语音上预示着下一个词的出现，一个词组对于下一个将要出现的词语的暗示，不仅仅是由意义、意义出现的先后顺序，而且也是由声学价值所决定的。① 所以龙舟说唱艺人的即兴表演不以调遣片语为手段，而以声腔韵律的重复为主要生成技术。

龙舟说唱的常见唱腔包括虾喉、玉喉、猫喉、豆沙喉等，由于没有音乐伴奏、起板和过门，腔调为吟诵式，基本是循字取腔（俗称"问字攞腔"），节拍无严格限制。据龙舟艺人刘仕泉陈述，龙舟说唱的唱腔达到十一种之多，而他自己因为长期表演，所掌握的唱腔达到十三种，可以根据不同的场景随时运用。② 此外，龙舟歌的唱词以七言韵文为基本句式，四句一组，上句押韵自由，下句必须押韵，唱词可以突破七字句、十字句的限制；唱词之韵，可为8韵、16韵甚至36韵，最常用的韵有"家头韵"、"多河韵"、"闲难韵"等，用韵可加可减。据此，龙舟艺人在学艺阶段经过听和学的反复训练，大量聆听说唱腔调并沉浸其中，从而对意义以及表

---

① 参见（美）阿尔伯特·贝茨·洛德《故事的歌手》，尹虎彪译，中华书局2004年版，第42～44页。
② 访谈时间：2013年10月18日下午；访谈人：谢中元；受访人：龙舟说唱艺人刘仕泉；访谈地点：顺德杏坛文化站二楼。

达意义的词语的组合方式形成足够的听觉积累,并把对词语语音模式的习惯转化为对声音韵律的本能敏锐。所以龙舟说唱老艺人普遍认为,学徒只要专心聆听唱腔二至三个月并辅以基本的学习训练,就可以在头脑中形成龙舟说唱的节拍以及说唱模式,熟练把握住韵律与词语的关系。

由此,"程式本身并不太重要,对理解这种口头技巧来说,这种隐含的程式模式,以及依这些模式去遣词造句的能力,显得更为重要"①。艺人在头脑中形成龙舟歌的旋律、格律、句法以及声学上的模式,从而帮助自己即兴编创。以龙舟说唱的声韵构形进行分析,可予以印证。每一首龙舟歌的开始都是用"影头"或"影头音段"起韵,用在全篇的开头或每转一个韵的开始处。"影头"一般由三个句子构成,第一句是三至五个字的仄声句,第二句是三至五个字的尖平句,第三句是七字或七字以上的沉平句。如陈振球表演的龙舟说唱《好人之星》"大家静,我开声,龙舟唱出鼓不停",以及《龙颜如丽日,母泽似甘霖》"龙舟唱,锣鼓响,鼓声带来如意与吉祥",就是这种"影头"模式的体现。如果将"影头"的句数增加至四句,就变成了"影头音段",这样的话,第一句是三字及以上的仄声句,第二句是三字及以上的沉平句或尖平句,第三句是仄声句,第四句是沉平句。比如,陈振球的《为桑麻人扶街欢庆八月初二土地旦而歌》"土地公旦好高兴,家家都将佳肴整,初二神社香火盛,香烛果品奉神明",陈振球的《土地公旦好热闹》"今日是土地公旦,做会的有二十多班,一早便商量各样的筹办,忙这忙那冇得闲",便是"影头音段"的声学构形。龙舟说唱的主体部分是"中间音段",它由仄声句、尖平句、仄声句和沉平句组成,句子均为七字或以上,但段数往往没有限定。在龙舟艺人的即时编创过程中,"中间音段"每一句不管是平声还是仄声均保持押韵,以达到顺利生成句子、制造听觉美感的效果。正是因为熟悉了程式化的结构以及可以不断重复的韵律模式,成熟的艺人可以在表演中快速创作。

当然,不能忽视龙舟说唱的辅助工具"锣鼓"的声律功能,有龙舟艺人认为"锣鼓是龙舟说唱的灵魂,敲不好,没法体现龙舟的味道"②。龙舟艺人刘仕泉、陈振球等也在接受笔者的访谈中认为锣鼓敲击技法是艺人需要掌握的主要技艺。从形态上看,龙舟说唱表演所用的铜质小锣直径约15厘米,吊挂于艺人左手食指;小鼓为木边、牛皮面(双面),鼓高约3寸,

---

① (美)阿尔伯特·贝茨·洛德:《故事的歌手》,尹虎彪译,中华书局2004年版,第60页。

② 林凤群:《看龙舟鼓,说龙舟曲——访龙舟说唱歌手陈石》,《中国文化报》2000年8月10日,第8版。

直径约 20 厘米，鼓边设有小铁环并连接一根麻绳，挂于左手食指上；右手木质小鼓棒，长约 15 厘米，直径约 1 厘米（图 4.19）。至为关键的是锣鼓敲击方法，小鼓棒先斜角敲击小锣，同时落点在鼓正面，也可直接敲击小鼓。龙舟艺人一般打的是一长三短鼓，五大一小锣；有单打、双打、短点、长点之分；以小锣小鼓作间歇伴奏，用它代替起板和过门，以帮助艺人赢得即兴编创的缓冲时间，显得声腔短促、高昂跌宕。龙舟艺人陈振球在给学员培训时传授过用"得（敲鼓边）、督（敲鼓）、撑（敲锣、鼓）"组合而成的锣鼓击法，提炼出"得督撑、得督撑督撑督撑、撑撑撑撑撑督撑督撑督撑"的基本鼓点。龙舟艺人刘仕泉也积累了锣鼓敲击的固定程式，在与笔者交流时，他表演了乔巴鼓、威风锣鼓、醒狮鼓等鼓点，并强调把常见鼓点变幻组合可以达成复杂的效果。

图 4.19　龙舟说唱所用的锣鼓、小棍、碟（谢中元摄）

龙舟艺人在聆听唱腔的基础上，再经过锣鼓敲击训练获得与之相匹配的节奏感，从而将节奏和韵律内化到记忆当中，这样有助于进入龙舟说唱的表演状态。对精于唱腔和锣鼓的老艺人而言，登台表演说唱一两个小时随意而轻松，因为他只需要根据不同的现场和主题说唱不同的祝颂词。所以，声腔锣鼓技法是艺人经过长期聆听、模仿、揣摩、表演实践后自觉形成的核心技艺，体现出口头非遗的表演性、规律性、程式性。当然，其程式本身是在传统的互动表演语境中积淀而成的，与听众所处的社会、文化、历史交流语境形成互文关系。如鲍曼所言："在一个社会的交流体系的所有话语中，表演形式往往存在于那些最显著地文本化的（textualised）、通常是集结成群的、可记忆的和可重复的形式当中。同样的，在一个社区的交流性的传统语料库当中,表演往往存在于那些被最为有意识地传统化的形式当中,也就是说它们被理解和建构为一个通过互文关系连接起来的更大的重复序列的一部分。"① 龙舟说唱表演传统对于惯常粤语听众的长期浸润,使听众在聆听说唱的过程中形成了心理期待,而这种期待和龙舟说唱的形式内容又共同组构了表演传统的互文关系,并在代代传承中不断被重复延续。

四、佛山龙舟说唱的濒危趋向及其保护

龙舟说唱以口传身授为传承方式、以表演情境为依存场域、以声腔锣鼓程式为生成依托的传承特点,决定了它的活态传承具有变异、流动特性且是易趋于断裂的。就可见的现象而言,由于村落环境的改变,传统民居多为平房,大门敞开,有利于龙舟艺人逐户表演,而现在户户都是装有铁门铁栅栏的高楼,"你在下面唱,上面还是一无所知,不知道你在下面唱过龙舟,没有人会给龙舟公利是。"② 龙舟说唱原生形态的单人"沿门说唱"趋于消失,而具有"文化展演"性质的表演成为龙舟说唱的存活方式。具体包括两种:一是在神社祭仪场域说唱龙舟歌。笔者在顺德杏坛调研时发现了"杏坛各村庄神坛社庙吉旦表",表上所列的神社活动多达一百一十一个,贯穿了从正月初一至十二月底的一整年时间。龙舟艺人会受邀或主动到这些在特定时间举办的以祭神为旨归的神社祭仪活动说唱龙舟。二是在娱乐舞台上进行纯粹的说唱表演。这类由官方、商家或者个人设立的表演舞台以娱人造乐为目的,艺人受邀参演(图 4.20)多会被付以两百至一千元不等的报酬。这两类表演契合了乡民受众的怀旧想象与认同心理,客观上有助于扩大龙舟说唱遗产的传播范围。

此外,自龙舟说唱 2006 年入围国家级非遗之后,顺德杏坛文化部门开办了"民俗民间艺术培训基地",招募近三十名学员开展龙舟说唱培训,并组织这批老学员编印了《龙舟说唱词集》;同时在麦村小学、杏坛中学选拔中小学生开展龙舟说唱培训。正因社会力量的介入,龙舟说唱从仅有两三个艺人的濒危险境进入"起死回生"的状态。经过办班教学和推广传播,龙舟说唱除了拥有技艺相对成熟的传承人陈振球、刘仕泉、陈广、梁桂芬等,也聚集了一批通过学习培训而掌握部分技艺的学习人员黎银凤、

---

① (美)理查德·鲍曼:《作为表演的口头艺术》,杨利慧、安德明译,广西师范大学出版社 2008 年版,第 78～79 页。

② 陈晓勤、麦靖怡:《陈振球:龙舟说唱有韵无谱,都是口耳相传》,《南方都市报》2012年 11 月 8 日 B16—17 版。

图 4.20　顺德杏坛镇麦村老人宴上的龙舟说唱表演（谢中元摄）

梁章来、梁群有、周途科、梁永昌等。随着非遗保护的逐渐深入以及龙舟艺人的集体助推，原本属于个人讨赏技艺的龙舟说唱开始转换为带有公共文化属性的非遗，并从艺人个体安身立命的依凭过渡为凝聚乡民社会认同的符号。虽然艺人也可以通过表演龙舟说唱获取酬劳，但已跟历史上沿门说唱讨赏的情形大不相同，艺人更多地以展演非遗的名义在各类空间表演说唱。省级传承人陈振球（图4.21）每次表演时都会挂出国家级非遗的宣传小旗及海报，以强化民众对遗产符号的认知。

　　佛山顺德杏坛的龙舟说唱传承与传播看似景象繁荣，但其背后的问题与危机不容忽视。艺人老龄化现象十分突出，经济回报太少导致年轻传人难招；成熟艺人的人数不多且年龄均在60甚至70岁以上，"人亡艺绝"极易发生。更为隐秘的趋势在于，龙舟说唱艺人的技艺衰退不可逆转。由于龙舟说唱的活态传承特性，艺人的表演从未产生所谓权威、勘定的文字文本，其精华并不以"正确"、"优美"等为评判标准，而是呈现出"在表演中创作"的口头特质。但在当下的龙舟说唱传承中，不仅出现了指导性的唱词歌本，而且老艺人的表演也多以背诵底稿的方式出现。笔者在访谈陈振球间隙临时邀请他即兴表演，他表示老艺人伍于筹、尤镇发就可以脱离任何稿本，即景生情，根据不同的时间、场合、受众以及环境进行"表演中的创作"，而且保持唱腔圆润、吐字流畅的风格；而他自称无法临场编创，只能提前创作并背诵底稿之后说唱。洛德曾指出，从口头创作到一种对固定文本的简单表演的过渡，从创作到重复制作的过渡，是口头传

图 4.21　龙舟说唱省级传承人陈振球在龙潭"龙母诞"
活动中表演龙舟说唱（谢中元摄）

承可能死亡的最普遍的形式之一。① 从即兴编创的口头表演衰减为对文本唱词的复述背诵，将是龙舟说唱丧失口头魅力的根本原因。

　　龙舟说唱技艺的代际衰减还体现为复杂技艺的失传。据艺人刘仕泉陈述，其父"龙舟万"临终前口传"三点五环"技艺，希望下一辈掌握传承。"三点"指同时用左右脚底、膝头打钢锣，"五环"指右手指扎棍，打背后中鼓，左右五指分别夹碟、竹筒，尾二指挂两面钢锣、苏碟，食指挂一面小鼓，右手穿带钢铃、风铃配音，手脚全身齐动，以此表现令人惊叹的音声效果。但刘仕泉坦承无法领会父辈的复杂技法，最多只能在锣鼓的基础上用中指套竹管击打小碟，即便是这样的技法，在顺德也无第二人可以操演。②

　　龙舟说唱传承过程中的技艺遗失、特色打折已经渗透到最近的"社会传承"环节。在"杏坛民俗民间艺术培训基地"，经过速成培训的老学员除了能够表演写定的个别唱本，大多缺乏歌词编创能力以及熟练的锣鼓技巧，而且在"申遗热"之后热情趋于冷却。经过艺人指导的中小学生思维

---

　　① 参见（美）阿尔伯特·贝茨·洛德《故事的歌手》，尹虎彪译，中华书局 2004 年版，第 187 页。
　　② 访谈时间：2013 年 10 月 18 日下午；访谈人：谢中元；受访人：龙舟说唱艺人刘仕泉；访谈地点：顺德杏坛文化站二楼。

活跃，接受能力强，是传承龙舟说唱的好载体，但是他们除了参加有限的晚会和比赛，一旦学业转换，就会脱离杏坛水乡，不再参与说唱表演。如陈振球所言："只是某些学校例如麦村小学等，就会有这种开设课程。就教会他们一首简单的歌曲，但也只是一首，其他就不会了。学生学业比较紧，这些事情他们也不会紧张的。我也没有很多精力去抓紧他们每一个人，他们自己不重视，学校也不重视，当学完之后，学会了一两首，表演完就算了，就等于散水了。"① 老龄学员和学生学员不能称为学理意义上的传承人，只能被定义为基于某种兴趣或目的而暂时参与其中的学习者。学习者在扩大非遗的传播半径、提升民众的认同指数方面，固然能起到良性的助推作用，但如果学习者没有通过持续性的习得训练变身为传承人，龙舟说唱仍然缺乏得力的传承主体。

最让人忧虑的是，水乡村落中的大量中青年人外出务工，导致整个受众环节发生了断裂。正如刘魁立所言："比传承人去世更关键的是听众的消失。与其说传承人代表了那个传统，不如说听众代表了那个传统。"② 缺乏新生听众将是导致龙舟说唱濒危不可逆转的因素。如上迹象表明，传承人和受众是龙舟说唱得以活态传承的主要力量。调动保护主体的可持续性参与，激活传承主体的传承能力，唤起年轻受众的文化认同，就成为保护龙舟说唱的可尝试性路径。

首先，保护主体的可持续性参与不可或缺。对龙舟说唱而言，政府、高校、媒体及社会团体等都是实际保护主体，在以往的保护实践中，民间与官方保护主体的作用已经显现。杏坛镇行政权力的运用以及机构人员的主观重视，使得自生自灭的龙舟说唱传承人得以重新被认识，使他们从水乡村落的普通民众变身为享有荣誉的非遗传承人；陈勇新、任百强等地方研究者的阐说建言，让龙舟说唱脱离了无名状态，获得了被认同的文化身份；本地媒体的聚焦关注、宣介传播，让龙舟说唱被认可的进程加快，也使传承人的影响力有所提升。在"后申遗时期"，各方保护主体应继续发挥各自的行政、学术、舆论、资金等方面的优势，持续扶持、参与推进龙舟说唱及其传承人的保护。特别是要举荐技艺成熟、根基纯正的龙舟艺人（如刘仕泉、陈广等）进入传承人名录，避免发生"劣币驱逐良币"的现象；也可以启动龙舟说唱的"数字化保护"，采用数字采集、储存、处理、展示、传播等技术，将龙舟说唱转换、再现、复原成可共享、可再生的数字形态，并以新的视角加以解读，以新的方式加以保存，以新的需求加以

---

① 访谈时间：2013年10月18日中午；访谈人：谢中元；受访人：龙舟说唱广东省级传承人陈振球；访谈地点：顺德杏坛文化站二楼。
② 参见胡妍妍《民间文学的当代命运》，《人民日报》2013年8月16日第24版。

利用。

其次，养护传承主体的身体、生活尤须施行。龙舟说唱这种"活"的口头传统依托传承人载体，并以技艺、形象与声音为表现手段，在活态传承中极易式微消亡，传承人的"人亡艺绝"正是非遗保护中的常见悲剧。保护龙舟说唱的重点就在于，对龙舟说唱艺人尤其是对全能艺人、高才艺人、老龄艺人等重点传承人予以养护。这就需要以传承人为本位，通过关心传承人的生活，保养传承人的身体，保障他们的身体健康和寿命延续，由此让他们的文化传承生命也得以有效延长。必要时可针对老弱多病、老无所依的传承人实施"温室型"、"圈养型"的静态养护，比如，把高龄艺人送至福利院，为其提供良好的医疗和生活条件，给予全方位的供养呵护；或者开辟绿色通道，定期供应衣食，发放生活补贴，提供医疗保险等；或者为失业的老艺人安排工作，提供住处，将其生活和医疗费用纳入财政预算；等等。总之，尽量解决传承人的后顾之忧，让传承人延长传承生命，是保护重点传承人的基本措施。

最后，激活龙舟说唱的造血式传承值得探索。在粤语方言区活态传承的龙舟说唱不能脱离水乡村落文化空间与生活场域，在此基础上探索"生产性保护"，旨在通过生产性措施将龙舟说唱转化为文化资源和效益。比如，依托逢简水乡的旅游景观，开展商业性的龙舟说唱表演活动；支持艺人开展龙舟说唱表演创新，将单人说唱改为双人对唱及群口齐唱，并尝试添加小乐队伴奏，等等，让它融入歌舞剧表演，使其实现新的空间转换；在大型文化演出和娱乐活动中邀请艺人参与（图4.22），为其提供专门面

图4.22　顺德杏坛镇麦村老人宴上女艺人的龙舟说唱表演（谢中元摄）

向公众的表演机会；将艺人表演的龙舟说唱艺术楔入传统节庆活动、群众文娱活动等，以此培育年轻听众的审美认同。也就是说，通过给艺人提供社会表达机会、经济增值渠道，扩大他们的民间影响和表演空间，让艺人在升腾的文化自信中自觉开展传承实践。

　　对保护主体的调动有赖于地方政府的顶层设计与机制筹划，非某个力量独立可为。对非遗项目及传承人实施"静态养护"，不仅需要地方魄力和财力的双重支撑，而且在不与他法配合的情况下极易陷入临终关怀的窠臼。激活龙舟说唱的自我造血式传承，让龙舟说唱从遗产转换为资源，从而探索适度的市场化、商业化，将是帮助艺人获取自信自尊以及传承动力的必经之路。只有让龙舟说唱更好地融入生活、贴近需求、适应变化，才能赢得受众的认同以及社会的容纳。在这个利益博弈、话语交锋的时代，保护龙舟说唱注定是一场持久战！

第五章 佛山民俗非遗传承保护的类型与个案

第一节 佛山民俗类非遗的传承与保护

民俗即民间风俗，是指一个国家或民族中广大民众所创造、享用和传承的生活文化。①《保护非物质文化遗产公约》以及我国《非物质文化遗产法》均将民俗认定为非遗的重要组成部分。在我国颁行的《国家级非物质文化遗产申报与评定准则》所分类的非遗体系中，民俗属于非遗的十大类别之一。促进以民众为主体的民俗传承是非遗保护的题中应有之义，如乌丙安所言："应当把密切联系着亿万民众生活和心理愿望的民俗文化空间的遗产保护列为重中之重。"②尽管在遗产保护运动中经过申遗程序的认定，遗产化之后的"民俗"在概念上被转换为"民俗类非物质文化遗产"，原本属于地方社会的生活世界具有地域上的混融性、整体性特征，也因申遗需要而被切割成了属地有别的非遗项目，但是以地方认同为核心机制的民俗类非遗项目在同一地域内仍呈现出异构同质的特色。本节着重分析佛山民俗类非遗的核心特征以及保护方式，以呈现民俗类非遗保护的佛山经验。

一、佛山民俗类非遗的主要传承特征

佛山的民俗类非遗数量多且范围广，分布于物质生产、民众生活、信仰礼仪、民俗事象等领域。目前进入广东省级非遗代表作名录的民俗有11项，分别是：佛山秋色（禅城）、佛山祖庙庙会（禅城）、佛山春节习俗（佛山）、行通济（禅城）、乐安花灯会（南海）、官窑生菜会（南海）、陈

---

① 参见钟敬文主编《民俗学概论》，上海文艺出版社1998年版，第1页。
② 乌丙安：《民俗文化空间：中国非物质文化遗产保护的重中之重》，《民间文化论坛》2007年第1期。

村花会（顺德）、盐步老龙礼俗（南海）、大仙诞庙会（南海）、真步堂天文历算（顺德）、观音信俗（顺德），其中，中秋节（佛山秋色）、佛山祖庙庙会两项入围了国家级非遗名录。除此以外，还有上元舞火龙习俗（禅城）、华光诞（禅城）、胥江祖庙庙会（三水）、高明濑粉节（高明）等进入了佛山市级非遗名录。可以说，民俗类非遗是佛山非遗的主要组成部分之一，又可细分为民俗活动、民俗事象两类，但在民众生活中，这两类民俗表现方式是融为一体的。比如，佛山的传统节日民俗均由若干民俗事象组成，已列入广东省级非遗名录的"佛山春节习俗"就包括谢灶、开油镬、蒸年糕、行花街、接财神、买发财大蚬、醒狮贺新春、行祖庙等体现饮食习俗、民间信仰、生活惯习的系列民俗事象。这些民俗事象类非遗又多表现为特定时间和地点的具体仪式，比如，行花街是春节前三天佛山民众穿行花街、买花归家的仪式性年俗；行通济则是元宵节走桥祈福的仪式性习俗；佛山的观音信俗，既表现为正月廿六的"观音开库"仪式，又涵盖了生菜会、游神、抢花炮等诸多传统民俗活动。佛山的民俗类非遗在形式方面各具特色，又具有某些共通的本质特征。

（一）地域性：标志性文化的地方呈现

佛山的地方民俗文化极其丰富多彩，而只有少部分民俗活动和民俗事象因其典型、独特、丰沛的"内价值"而被纳入民俗类非遗类别。这些民俗在其所存活的各村落、乡镇乃至整个佛山地域的民众生活中显示出了独一无二的魅力图景与文化功能，是在价值认定程序中被筛选出来的对其具体属地而言具有"标志性文化"意义的民俗。按照刘铁梁的观点，民俗"标志性文化"一般具备三个条件：一是能够反映这个地方特殊的历史进程，反映这里的民众对于本民族、国家乃至人类文化所作出的特殊贡献；二是能够体现一个地方民众的集体性格、共同气质，具有薪尽火传的内在生命力；三是这一文化事象的内涵比较丰富，深刻地联系着一个地方社会中广大民众的生活方式。[①] 影响力大、辐射面广的祖庙庙会、佛山秋色、行通济等民俗类非遗常被用以彰显佛山区域文化的地方个性和核心蕴藉，诠释佛山本土民众在地方社会变迁中的适应力和创造力，折射出佛山民众的文化认同与族群归属取向，可被称为佛山民俗的"标志性文化"。在诸多佛山民俗类非遗中，以佛山祖庙庙会最具典范性意义。

"佛山祖庙庙会"是经申遗调适后对"佛山北帝诞"在语词上的重新命名，旨在通过对其宗教祭祀神圣性、神秘性色彩的过滤与祛魅，显现出

---

① 参见刘铁梁《"标志性文化统领式"民俗志的理论与实践》，《北京师范大学学报》（社科版）2005年第6期。

作为佛山地域群众性文化的正当性和合法性。追而溯之,佛山每年农历三月初三盛大举行的北帝诞源于"北帝信仰"在民间的层层累积与演化,以拜祭北帝、为北帝庆生为主题,其传统祭祀仪式以彰显北帝的灵应及其地位的隆崇为重点,包括设醮肃拜、北帝巡游、演戏酬神、烧大爆等内容,一直都是佛山规模与影响最大的群体性祭祀活动。清康熙年间成书的《广东新语》云:"佛山有真武庙,岁三月上巳,举镇数十万人,竞为醮会。"①乾隆版《佛山忠义乡志》云:"历朝谕祭,圣代尤崇,春秋肃祀,百尔虔恭。时维三月上巳佳辰,是真君降祥之日也,……故乡人于是日也,香亭所过,士女拜瞻,庭燎彻晓,祝开筵,锦衣倭帽争牵百子之爆车,灯厂歌棚,共演鱼龙之曼戏,莫不仰神威之显赫而报太平之乐事者也。"②道光版《佛山忠义乡志》也记述了北帝诞的盛大情景:"三月三日,恭遇帝诞,本庙奉醮庆贺,……是日也,会中执事者动以千计,皆散销金旗花,供具酒食,笙歌喧阗,车马杂遝,骈肩累迹,里巷壅塞,无有争竞者。"③ 实际上,北帝诞所依存的空间场所祖庙自明景泰之后逐渐从民祀庙宇升格为官祀庙宇,操办北帝诞的值事机构分别是明代的"嘉会堂"、清代至民国的"大魁堂"及"北帝更衣神功会"等八图里甲的强宗大族组织。随着佛山北帝信仰体系的不断成熟巩固,民间宗教色彩浓郁的北帝诞在仪式、场面、规模上越来越集中而宏大,显示出既酬神又娱人的多维文化功能(图5.1)。

尽管如今举办的北帝诞是经过中断沉寂而恢复的庙会活动,其以道教祭拜为内核的宗教信仰色彩在公共宣传与口耳传播中趋弱,原以信众为主的参与群体也已扩展至信众、游客、学者、学生等,甚至一天一夜巡遍佛山镇的路线也简化为一两个小时巡游祖庙街道,酬神演戏的剧目从娱神为主变为娱人至上,烧大爆被禁止,但又增加了"做三月三"、大盆菜宴及各类文化娱乐活动。不可否认,在民间根深蒂固的北帝信仰及其祭祀在禅城乃至佛山民众社会生活中仍具有作为标志性文化的象征意义,是地方社会整合社区、维系认同的纽带,其鲜明的政治性、宗教性、世俗性文化内核发挥着对佛山地方社会的精神支配作用。推而论之,以佛山祖庙庙会为代表的民俗类非遗因其在特定时间、特定地点举办的非平日特征,集中展演了佛山地方民俗从娱神向娱人转变的狂欢场景、歌舞仪式或商业活动,凸显出所属地域人群的集体心理和情感记忆。它们也因其代表着所属区域或群体独特的文化特色,在经申遗以及"遗产化"之后,成为佛山地方重

---

① (清)屈大均:《广东新语》卷六《神语》,中华书局1985年版,第444页。
② (清)陈宗炎:《佛山忠义乡志》卷一《佛山赋》,乾隆十七年(1752)刻本。
③ (清)吴荣光:《佛山忠义乡志》卷十二《庆真堂重修记》,道光十年(1830)刻本。

图 5.1　祖庙庙会中的祈福仪式（禅城非遗中心供图）

点传播、利用、开发的热门对象。

（二）活态性：群体参与的综合性传承

萧放将非遗的存在形态分为单一属性和综合属性两类，他认为单一属性的非遗具有与个人才智紧密结合、个性特征鲜明的特点，它不依赖群体合作，具有独立表现、独立传承的文化属性；而综合性非遗具有群体参与的属性，它依托较广阔的文化空间，文化传承与享用具有广泛的群众性，如节日、庙会、群体仪式活动、社区信仰等这些公共参与较强的民俗活动就属于综合的非遗。[①] 佛山的民俗类非遗大多不是依靠某个人的才智个性、禀赋技艺独立传承下来的，既与通过家族或家庭传承的手工艺、中医药等技艺性、专业性非遗不同，又与通过师徒相传、自通习得等社会传承方式传承的民间文学、曲艺、戏剧、歌谣、故事等表演类非遗有所差异，作为综合性非遗的佛山民俗以群体传承的方式代代延续。

所谓群体传承，是指一个文化区（圈）或族群、村落范围内的地方民众的共同参与同一种非遗形式或门类，显示出一个地方社会共同体的共通文化心理和信仰，所产生的文化认同感和凝聚力反过来促进了这种非遗绵绵不绝的延续。佛山的民俗类非遗不论是民俗事象（民俗表现形式）还是

---

① 参见萧放《关于非物质文化遗产传承人的认定与保护方式的思考》，《文化遗产》2008 年第 1 期。

民俗活动，都与佛山区域内的特定群体、场所和社区息息相关，所生成的文化内容具有集体性、群众性特征。其传承主体大多以特定区域的民众为主，比如，官窑生菜会、乐安花灯会分别源生于南海的官窑、罗村，观音开库信俗撒播于顺德的容桂、龙江和南海的西樵，胥江祖庙庙会发生于三水的芦苞祖庙，高明濑粉节则举办于高明盈香生态园，其他的诸如烧番塔之于仙岗村、松塘村，舞火龙习俗之于上元村，无不是在当地深受认同又跨区域传播、群体性传承的文化事象与活动。它们维系于本地民众代代相承的集体记忆，又促成了民众对于地方区域文化认同的再联结。

行通济民俗尤值一提，作为广东省级非遗代表作项目，它从生成、变异、封存到复兴历经了四百多年的流衍而不衰，与城镇化进程中一些萎靡濒危的"遗俗"迥乎不同，呈现出历久弥新的活态之势。其最核心的"走桥"仪式是中原地区走桥习俗南传与在佛山地方化的结果①，体现了佛山地方社会之"需求"变迁以及民俗本体之"功能"变迁的契合。在此过程中，寻求护佑慰藉、追索平安幸福是佛山民间社会的普遍文化心理，尤其是"在人类还未能完全掌握自己命运的时候，人们总是想尽各种办法来抵御灾异，趋吉避凶是一种普遍的民俗心理，所演绎的相关仪式，是一种心意文化，是民间思想的一种潜在意识"②。为祈望抵达康乐而操演过桥仪式，就成为佛山民众共同遵守的惯习，举着风车、穿行街道、融入人潮、走过通济、抛菜入池（也有民俗学者倡导"提菜归家"）等行为则是具体表征。自2000年20万人参加行通济之后，人数每年至少以10%的增幅递增，2008年达到53万，2009年刷新纪录达70万，2010年总体达到100万人以上。以祈福求财为核心的民俗动力，以及以禅城本土民众为主的群体参与，共同促成了行通济民俗的持续活态传承和传播。

民俗类非遗所具有的群体性参与特征，使民俗传承人的认定存在困难与尴尬，因而导致了传承人认定在民俗类项目中的普遍缺席。但这并不意味着在民俗类非遗中只能认定群体传承人而不能认定个体传承人。佛山的民俗类非遗大多属于综合性的民俗文化活动，但一部分非遗项目如佛山秋色、乐安花灯会等必须依托特定的传统手工技艺、传统表演艺术才能呈现出它们作为非遗的个性意涵，因此将参与其中的传统手工艺人、民间表演艺人等认定为民俗项目的代表性传承人就显得合情合理。进而言之，依托群体参与而活态延续的佛山民俗类非遗展示了佛山地方社会的宏大景观，

---

① 该观点由佛山科学技术学院陈恩维教授2013年2月22日在佛山市图书馆"佛山文史沙龙"所作的讲座《"行通济"的前世今生——"行通济"民俗的深度解读》中首次提出。
② 叶春生：《探索民间信仰的深层意蕴，构建和谐社会的人性根本》，《文化遗产》2007年第1期，第53页。

属于以群体传承为主且涵盖了个体传承方式的综合类非遗。

(三) 世俗性：核心象征的空间化展示

佛山的民俗类非遗是与特定的文化空间联系在一起的，按照《人类口头及非物质文化遗产代表作宣言》的定义，文化空间"是具有特殊价值的非物质文化遗产的集中表现。它是一个集中举行流行和传统文化活动的场所，也可定义为一段通常定期举行特定活动的时间。这一时间和自然空间是因空间中传统文化表现形式的存在而存在"。而联合国教科文组织颁行的《人类口头和非物质遗产代表作申报书编写指南》(2003)第四条将文化空间解释为："这种具有时间和实体的空间之所以能存在，是因为它是文化表现活动的传统表现场所。"乌丙安也认为："凡是按照民间约定俗成的古老习惯确定的时间和固定的场所举行传统的大型综合性的民族、民间文化活动，就是非物质文化遗产的文化空间形式。"[①] 依此而言，文化空间作为文化人类学概念，所包括的特定时间、特定地点、传统活动三大要素缺一不可，否则只能划归为日常生活空间和现代一般节日。在列斐伏尔看来，"空间"是一个关系化与生产过程化的动词。也就是说，文化空间必须有其核心象征，它是"一个社会因其文化独特性表现于某种象征物或意象——通过它可以把握一种文化的基本内容"[②]。具备核心象征的民俗文化空间意味着同时具备可被民众认知的核心象征物、文化价值符号以及共同的集体记忆。佛山民俗类非遗就体现为具有核心象征的文化空间，行花街民俗是其中的代表性个案[③]。

作为由花卉集市演变而来的"年卅行花街"，又称逛迎春花市，是岭南民众广泛认同的年俗文化空间。从申遗角度而言，广州迎春花市作为民俗项目已于2007年入选了广东省第二批非遗代表作名录，佛山的"迎春花市"则是广东省级非遗"佛山春节习俗"的组成内容之一。佛山行花街(图5.2)作为春节前在老街区生成的年俗文化空间，也涵盖着一般文化空间所具备的核心象征、符号、价值观、集体情感与历史记忆等诸多元素，它们的共时展示及交互关系为行花街年俗文化空间提供了基本的背景和条件。具体而言，行花街是佛山民众寄情于花、借花表意、用花载道、以花为媒的迎春庆典，在年俗情境中通过花来讨吉利则是卖花人、买花人心照

---

① 乌丙安：《民俗文化空间：中国非物质文化遗产保护的重中之重》，《民间文化论坛》2007年第1期。

② 关昕：《"文化空间：节日与社会生活的公共性"国际学术研讨会综述》，《民俗研究》2007年第2期，第265页。

③ 关于行花街年俗文化空间的详细阐述，参见谢中元、石了英《行花街》，暨南大学出版社2011年版；谢中元《岭南行花街年俗及其传承》，《广西师范学院学报》2013年第1期。

不宣的约定,因此花属于该年俗文化空间的核心象征物。这使佛山迎春花市形成了丰富的花意文化,渗透至年花的细节当中。一是花名,迎春花市上的花均直接关联金钱、富贵、吉祥之意,契合着佛山民众的祈福求利愿望,而"梅"因与倒霉的"霉"同音被花市拒之门外;二是花色,佛山迎春花市以红黄二色花卉最为普遍,这两色花卉堆叠在一起,消解了花之儒雅和精致,张扬着世俗的艳丽,流溢出佛山民众坦坦荡荡的尚实重利心理;三是花形,迎春花市上的花卉常被塑造成"聚宝盆"、"火炬"、"帆船"等外观造型,彰显出佛山民众追求好意头的心理;四是花价,花市上的花价不离"3"、"8"、"9"等吉利数字,与"生"、"发"、"久"谐音,寓意生生猛猛、发财大利、长长久久。所以,佛山民众行花街赏花买花,少了古典文人品花的清丽儒雅,多了追求大吉大利、平安富贵、财运到家的色彩,透露出迎春接福、求财问富的现实情怀。

图 5.2　2006 年除夕夜,佛山市民在普澜路行花街(杨万柱摄)

佛山行花街年俗的文化符号除了以花为主以外,还有造型别致、雅俗共赏、蕴含丰富的牌楼。花市牌楼(图 5.3)包括一个主牌楼和若干副牌楼,一般是横跨路面的临时性建筑,兼具欢迎、借景、照明的功能,旨在通过融合传统风格和现代工艺来营造富有地方特色的年味。而且,花市牌楼常将各类吉庆、地方、财富、时尚的造型元素与符号糅合在一起,达到内容与形式的统一,既显示浓郁的地方特色,还彰显主流的时代旋律。此外,迎春花市上灯饰、棚架也是必不可少的年俗符号,灯饰布置多采取点、线、面和动与静相结合的手法，棚架搭建在马路中间，背对背设置两排摊位，每个摊档建四或五层花架，一层一层向上搭建，层层收窄，从侧面看呈一梯形，棚架顶全部建篷，用于遮雨和悬挂灯管，花档与花档之间不设分隔，连绵伸展，成一长廊，从高空俯瞰似一条长龙，恰如"十里花棚起卧龙，引来春意万家浓"。而承载行花街文化空间的特定地点都是商业旺地，佛山中心花市的选址随着城市发展的节奏几易其址，先后落户于禅城区升平路、莲花路、福禄路、体育路、普澜二路，2008年中心花市又迁往了新城区文华路。从城北到城南，花街变迁折射了佛山经济发展区域不断南移的走向。而普澜路也被称为"老街市型"花市，寄寓了本土民众的深厚感情。

图5.3 2011年禅城迎春花市上的牌楼（谢中元摄）

更为关键的是，通过在行花街文化空间的参与和感受，佛山民众借助"行"（穿越花街）、"挤（融入人潮）"、"赏"（观花赏景）、"买"（引花入室）等行为链，体现出迎春祈福、企盼佳运的情感指向，也使该年俗因具有"转运"含义而成为驱霉纳福的形式和手段。由此言之，佛山的民俗文化空间承载着恒定的民俗仪式及深潜的民俗心理，使本土民众在共通的趋利祈福追求中生成着源于世俗又超越世俗的文化认同。对佛山民众来说，"有关过去的意象和有关过去的记忆知识，是通过（或多或少的仪式性的）操演来传达和维持的"①，民俗类非遗成为展现佛山民众世俗愿望和企盼最为集中的空间载体。

二、佛山民俗类非遗的保护经验及其启示

随着城镇化进程的加快以及工业文明对传统村落的冲击，部分佛山民俗类非遗作为民众生活事象渐渐碎片化为残缺不全的历史记忆，这也是多数民俗都在面临的存续境遇。佛山民俗类非遗属于综合性的非遗，尤其以民俗惯习的传承为主，而民俗惯习往往是民众群体"无意识地传承"的结果，因此对群体参与者的保护比对单个传承人的保护更具难度。既要尊重民众在民俗传承中的主体地位，又要在保护传统记忆时不背离现代生活发展的逻辑，是民俗类非遗保护面临的挑战。当然，民俗不是民众生活的历史"遗留物"，将其修复至原生态的相貌以及使民俗仪式疏离于城镇化生活之外，都是以想象化的"原生态"为目标的刻舟求剑式做法。佛山在民俗类非遗保护方面积累了可供参照的经验和模式，下文试从两个方面予以解析。

（一）在民俗非遗中切分主干文化环节，并确定关键传承人

韩国作为全球非遗保护先行国家之一，在综合性的民俗类非遗保护方面经验丰富。他们一般先是厘定一项民俗的主干文化环节，然后确定在其中发挥关键作用、承担重点程序的核心人物，再将这些浸染于特定文化环境中的地方骨干、乡村精英认定为传承人。以"江陵端午祭"为例，先是在传统端午节活动中将"端午祭"确定为核心内容，然后将其主持巫师以及关联项目的主持人分别认定为传承人，这些传承人所负载的技艺或惯习，都在这个文化环节当中居于主要位置，端午节活动的各文化环节能否活态延续，就取决于这些传承人是否活体存在以及后继有人。佛山对大仙诞庙会、盐步老龙礼俗等民俗类非遗的保护也采取了与此类似的方式，即将民俗关键环节的文化持有者确定为代表性传承人，然后通过资助、表彰、奖励等方式使其在民俗传承中发挥核心作用，进而引导参与民俗的地方民众对其民俗文化产生持续性的认同。

以西樵山"大仙诞庙会"（图5.4）为例。它是以吕大师（吕洞宾）信仰为核心、以农历四月十四为正诞日、在吕纯阳祖师的奉祀宫观"西樵山云泉仙馆"举行、由信众自发参与的神诞活动，信众通过到宫观朝参拜

---

① （美）保罗·康纳顿：《社会如何记忆》，纳日碧力戈译，上海人民出版社2000年版，第40页。

图 5.4 西樵山"大仙诞庙会"(南海非遗中心供图)

贺祖师诞辰，表达祈福攘灾、祈求平安的心愿。伴随着西樵山旅游热的兴起以及云泉仙馆吕大仙信众的日渐增加，"大仙诞庙会"的参与者也从珠江三角洲扩展至港、澳以及东南亚地区，庙会成为诞前三天举办召集准备活动、诞后三天开展研讨旅游活动的综合性民俗文化活动。延续七天的活动除了正诞日的朝参拜贺，还包括健体养生研究、医药探讨与实践、剑技与武术、诗联创作与吟咏、书画创作与展示、音乐欣赏、樵山赏景咏景、文化讯息交流等。与会者除了忠诚的信众，更多的还包括地方政要、文化界、医药界、武艺界、旅游界和慈善界人士等。其中，在正诞日进行的朝参拜贺是西樵山"大仙诞庙会"的主干文化环节，在这个过程中，西樵山云泉仙馆与信众逐渐形成了一套约定俗成的包括科仪规范、道教音乐等在内的地方性知识。云泉仙馆作为规范、严密、周全的组织机构发挥着不可或缺的传承作用，馆内全真道的成员长幼有序、分工明确、各负其责。在庙会系列程序中，尤以深谙馆规会礼又熟知正诞日科仪技艺的西樵山云泉仙馆馆长（住持）最为关键。2002年担任馆长至今的冯腾飞（男，1974年生）被列入了第三批市级非遗代表性传承人，成为佛山保护"大仙诞庙会"的主要对象。

再以佛山盐步老龙礼俗（图5.5）为例。作为有着四百余年历史、由佛山盐步与广州泮塘两地龙船在端午互访探亲的民俗，盐步老龙礼俗是广佛两地区域族群互动的媒介和纽带。它包括五月初五盐步老龙探望泮塘

"契仔"、五月初六泮塘龙船回访盐步老龙两大内容,各具约定俗成的流程与仪式。其中,五月初五盐步老龙探望泮塘"契仔"的流程包括:雄狮起舞,锣鼓"等龙";鞭炮欢鸣,长老"迎龙";簪花挂红,厚礼"奖龙";碧波戏水,结伴"游龙";难舍难分,惜别"送龙";派龙船水,食龙船饭——"宴龙"。五月初六泮塘龙船回访盐步老龙的流程包括:鞭炮"等小龙"、回礼"谢小龙"、簪花挂红、桡手水花表演、船员甩旗表演、拜龙神、食龙船饭、观盐步锦龙盛会、游龙表演、送龙等等。而在每个环节中又杂糅着代代传承而来的若干仪式,涉及老龙孖金钱、雉鸡尾、百足旗、龙船帖等标志性民俗物的应用。老龙礼俗所蕴含的复杂民俗程序和地方知识,对其传承者提出了较高要求。精通老龙习俗仪式、熟知老龙习俗掌故的盐步村老船员就成为民俗保护的核心对象。他们作为村落记忆的活性载体,既有资格联络乡镇政府、民营企业、乡亲父老、港澳同胞并筹募资金,也有足够的地方知识安排起龙船、游三河乡、甩旗仪式以及探望"契仔"、回访"契爷"等事宜。基于此,盐步村的邵钜熙(1944年生)先后被认定为佛山市级、广东省级代表性传承人。

图 5.5 盐步老龙礼俗(谢中元摄)

最后以佛山秋色(图 5.6)为例。秋色作为古佛山镇二十多铺及四乡群众共同参与的民俗活动,包纳着民间秋色手工艺和传统文艺表演两种民间艺术类别。其中,民间工艺包括扎作、砌作、针作、裱塑、雕批等技艺程序,传统文艺表演则包括民间音乐、舞蹈、戏剧、杂技、化装表演等内容。两大文化形态的展演又可细分为灯色、马色、车色、地色、水色、飘色、景色等七色,所以秋色的核心传承者也以这两个领域的民间艺人为主体。按照依据主干文化环节确定关键传承人的原则,佛山秋色工艺艺人何信、何洁桦均已被认定为省级传承人,其中何信的传统秋色、纸扑等仿真秋色工艺技术则直接师承自梁次师傅。彩灯制作技艺领域里也已有出色艺人杨玉榕继其已故师傅邓辉之后被认定为国家级传承人,杨玉榕之子黄宏宇也被列入了佛山市级传承人行列,和其他优秀传承人陈棣帧、吴光钜等共同构成了序列完整的传承梯队。除此之外,传统表演类项目佛山十番、八音锣鼓柜等都是秋色活动的组成部分,分别被认定了国家和省级传承人,这些传承人对佛山秋色展演的"复活"发挥了至关重要的作用。

图 5.6　佛山秋色巡游(禅城非遗中心供图)

(二) 保护主体的示范引导与民众的自发传承相结合

佛山民俗类非遗存在两个主体,一个是非遗的传承主体,即作为群体传承人的区域民众以及精通关键民俗惯习、技艺的个体传承人;一个是非遗的保护主体,即地方政府、地方文化精英、新闻媒体、社会团体以及商界等。在以非遗传承为终极目标的非遗保护体系中,佛山各方非遗保护主体以何种方式、多大力度介入民俗类非遗保护,并不存在一个各地通行、诸项适用的模式,每一项民俗非遗都有其独特的传承历史以及现状危机。可以说,佛山民俗类非遗面临着城镇化、工业化的冲击,在生态环境变迁的进程中存在传统弱化、仪式淡化的趋向,因此保护主体的外围式切入必不可少。不论是采取生态场保护、情境化保护还是生态区保护，都亟待以政府为主的各类保护主体发挥作用，以保持特定区域文化空间的完整性传承。其前提在于，保护主体在保育民俗文化生态环境的过程中应持守边界，按照"民间事民间办"的原则维护传承主体的文化自觉。佛山在民俗非遗保护过程中积累了有价值的经验，可将其概括为积极式保护与消极式保护模式。

所谓民俗类非遗的积极式保护，就是针对民众自发性传承意识较弱、民间自主性组织和团体缺乏、趋于濒危且需要他力介入的民俗类非遗，由政府机构或商业团体等作为保护主体出力出资，以尽可能还原传统为原则，采取组织、策划、建构等方式扶持其复活，引导民众重构民俗文化认同，最终达到引导民众自觉传承的目的。入围首批国家级非遗的佛山秋色即是显例，作为佛山民间秋季庆祝农业丰收的大型传统民俗活动，佛山秋色相传起源于两晋时期，肇端于儿童舞草龙庆丰收的"孩童耍乐"，明正统十四年（1449）定名为秋色，明代中叶至清发展至鼎盛状态。具体而言，佛山秋色是在中秋节前后的月明之夜由行业或各铺里居民自发组织的大巡游，又称"秋宵"、"出秋色"、"出秋景"。但由于砌作、针作、裱塑、雕批等民间艺人的凋零，以及城镇化进程的影响，数年才举办一次的秋色活动让秋色艺术更加缺少展演机会。于是由佛山政府主办的"秋色欢乐节"有意识地对秋色的内容进行重构和创新，设置的巡游表演队伍团体赛、个人赛以及秋色技艺制作大赛促发了"全民参与"气氛，联动佛山民间艺术社并组织秋色、藤编、灯色等手工艺人制作体现传统的担头、台面、彩灯、龙船等秋色工艺品，从而恢复了秋色的部分传统特征。与秋色相似的是，曾在明清时期繁盛至顶峰的北帝诞在清末至抗日战争爆发期间逐渐式微，特别是在批判"封建迷信"的现代语境中遭到了"经验的存封"（sequestration of experience）①。2005 年在佛山博物馆、佛山祖庙文物管理所等机构的操持下恢复了部分传统仪式，以申报非遗为契机重新"解封"北帝诞，并衍化出舞狮迎宾、肃拜祈福、民俗巡游、演戏酬神等新内容。与之相配合，佛山文化局及其所属事业单位佛山市祖庙文物管理所均发挥了参与策划、组织、协调等作用，使得曾经长期中断的秋色巡游得以继续传承。

所谓民俗类非遗的消极式保护，是指针对那些民众自发性传承意识较强、自主性民间组织和团体运行畅顺、存续状况良好的民俗类非遗，政府

---

① "经验的存封"（sequestration of experience）由英国社会学家吉登斯在论及现代性经验与非现代性经验的关系时提出，旨在阐明现代性认同的意识把不符合现代性社会秩序的大多数民俗尤其是民间信仰等经验"存封"起来，从意识中清除。

从直接的组织策划中抽身撤离进而"还俗于民",使民众在自主、自觉、自愿的基础上传承自身所拥有的民俗传统。南海松塘村、仙岗村的中秋夜烧番塔(图5.7)就是此类民俗,比如松塘村的八个坊都会举办烧番塔,尤以"忠心坊"的传承具有代表性。据松塘村村长区信鉴所述:"小时候我就帮着烧番塔了,那时候资源匮乏,小伙伴们就等着荷塘干涸时,前去捡一些砖头砌番塔。"① 这与清顺治十八年《潮州府志》的记载"'中秋玩月',剥芋食,谓之'剥鬼皮'。儿童燃塔为乐"② 以及清光绪二十六年《海阳县志》的描述"仲秋玩月,祭用饼及芋,儿童烧瓦塔为乐"③ 甚为契合。村里不管是捐资筹款,还是到红砖厂购买红砖、搜集燃料,所有流程均由热心的村民自发完成。

图 5.7 南海松塘村举行"烧番塔"前村民自发砌筑番塔(南海非遗中心供图)

每到中秋节前夕,村民们会自发准备好谷壳、木屑、岗草、树枝或原

---

① 何惠健、何绮玲:《山上会"仙女",山下烧番塔》,《樵山社区报》2014年9月11日第08版。
② 丁世良、赵放主编:《中国地方志民俗资料汇编·中南卷》(上卷),书目文献出版社1991年版,第771页。
③ 丁世良、赵放主编:《中国地方志民俗资料汇编·中南卷》(上卷),书目文献出版社1991年版,第776页。

木切削之边角料等燃料，然后从砖厂搬运回二千多块红砖，合力砌起一丈余高、五六尺围之大的"番塔"，提前将部分燃料填进"番塔"之内。等中秋夜举行完拜月仪式之后，由村民将塔内燃物点着，使塔身呈现出火光渐明、烧势渐大直至烈焰升腾的壮观情景（图5.8）。村民自发聚而围观，活跃者则参与添柴加草、撩拨燃料，让焰火不断喷升、塔身持续通红，赢得围观者的阵阵欢呼雀跃。松塘村村民高度的文化自觉不仅体现于烧番塔民俗的传承过程，而且彰显于村民们自发制定并全体表决通过的《西樵镇松塘村村规民约》之中。他们要求承载烧番塔等传统民俗的祠堂、民居等在改造中须保持岭南古村的建筑风格，从而实现了对民俗文化空间的自发保护以及村民与政府的良性互动。

图5.8　南海松塘村中秋夜"烧番塔"民俗
（南海非遗中心供图）

作为在遗产语境中经由学者与政府共同认证的民俗非遗，除了本身具备民间传承的历史与活力，也与其在所属地域的影响力、辐射面、价值感息息相关。他们能成为"级别不同"的非遗项目，是由它们的"内价值"与"外价值"共同作用的结果。也就是说，它们不是以原生态面貌存续于世的"文化遗留物"，而是在"遗产运动"中受到了如方李莉所言的各种力量的制约和牵引。一是依靠市场经济的力量，促进旅游与民间艺术的结合；二是导入政府的力量，开展民间艺术的辅导与发展；三是引借专家学者的力量，推动民间历史和艺术资源的发掘和利用；四是发掘新技术的力量，催生新民间艺术的崛起；五是拥抱传统本土文化的力量，阐述民间艺术背后的文化意义。① 由于行政权力和商业资本的介入，佛山民俗类非遗呈现出"资源化"的趋向。

所谓资源化，是指佛山民俗类非遗因契合了地方振兴和发展需求，被开发为象征城市名片的文化资源与文化产业，其中以旅游开发最为典型。民俗在现代语境中的重构和利用是无法避免的，其实问题不在于民俗类非遗的旅游开发，即便"在日本，民俗学的研究对象不仅成为文化遗产，还经常以'地方文化'、'传统文化'等名义在地方重振、观光、学校教育中被加以利用。这种动向可以被表述为：'民俗的文化资源化'"②。非遗保护走在世界前列的日本已将利用和开发民俗当作民俗保护的必要方式，所以佛山民俗类非遗的资源化发展是自然而然的规律。不管对佛山民俗类非遗采取何种保护方式，其目的都是以保护促传承，即通过保护主体的示范引导带动民众的自发性传承，最终达到"还俗于民"的民间自觉传承状态。

就现阶段而言，传承主体与保护主体的各负其责、联动参与是促进佛山民俗类非遗持续传承的可靠保障。不管是将民俗从原生语境中抽离出来，还是通过新的空间转换使民俗实现新的生成、建构、延展和创新，都不应该忽略民俗主体的生存状态，隔离民俗主体的情感归属。如高小康所言："一种民俗经过演变和空间的转换后是否还存在，判断的根据应当是在这种文化赖以产生和存在的社会关系内部……一种文化活动能不能成为一种精神凝聚力量，形成一个群体的文化特征和传统，关键在于能不能使这个群体的人们找到一种共享的、群体特有的归属感，并由此而形成代代传承的对这种身份归属的记忆、自豪和自尊。这就是特定群体的文化认同感。是真民俗还是伪民俗，最重要的差异就是这种群体认同感。"③ 那么最理想的方式是，在民众集体认同的基础上，从非遗形态角度进行创新并保持民俗文化固有的核心精神和核心要素，达到民俗类非遗的"生活化保护"。换言之，就是要推进以民俗类非遗为载体的民众生活空间的拓展与重构，从而在加强民众对民俗的认知、参与基础上，重建民俗非遗符号文本的意义生产机制，实现传统民俗向现代文化的历史转换与变迁。

---

① 参见方李莉《遗产：实践与经验》，云南教育出版社2008年版，第163～175页。
② （日）才津裕美子著：《民俗"文化遗产化"的理念及其实践》，西村真志叶编译，《河南社会科学》2008年第2期，第25页。
③ 高小康：《非物质文化遗产与当代都市民俗》，《社会科学报》2007年5月24日。

第二节 个案：佛山"官窑生菜会"的
传承、衍变与再生

  随着城镇化进程中乡村版图的缩减、宗族组织的稀释解体、农村劳力的离散以及民间观念的更替刷新，自然传承于乡土民间的民俗进入了凋零状态或调适阶段。其中部分活态传承至今的民俗在行政主导、学者助力、社会参与的非遗保护运动中，经过申遗、保护和发展等遗产化、资源化程序，转换为兼具遗产和资源属性的"非物质文化遗产"。它们作为原本在民间"无意识传承"的民众生活，进入了地方社会的"文化再生产"过程，呈现出动态变迁的复杂样貌。本节以官窑生菜会为对象，试析其从乡俗到非遗转化过程中的传承、衍变与再生轨迹，从而为"面向特殊性"的非遗保护实践提供个案参照。

一、官窑生菜会：活态传承的乡土民俗

  官窑生菜会因其流传时间长，参与民众多，且寄寓着民众的旺丁求财、祈福纳瑞等向往和愿望，成为佛山有代表性的民俗文化活动之一。官窑位于佛山南海北部，与三水、花都相邻，是南粤辗转中原的中枢，享有"百粤通衢"之誉，有着近1100年的历史，镇北的珠江支流西南涌直通广州。后梁末帝贞明三年（917），刘䶮在广州称帝建立南汉小王朝，得知官窑一带陶土丰富，民间制陶业相当发达，于是派员到属官窑地界的镇龙圩（即现和顺逢涌）文头岭兴办了一家规模较大的陶窑并将其列入陶瓷贡品产地。因属官府所办，故名"官窑"，当地圩市被称为官窑圩，该圩名也沿用至今。这个珠三角内陆小镇工农业并重，经济上以工业为主，2005年被纳入狮山镇，2011年由狮山镇东区社会事务管理处管辖。作为在乡村文化与城镇文明互动中携带着工商基因的复合型乡镇，官窑沉淀形成了独特的生菜会民俗。

  目前可知最早提及官窑生菜会的文献为同治十一年（1872）的《南海县志》："多诸赛神，礼毕，登凤山小饮，啖生菜，名生菜会，是岁多叶梦熊之喜。"[①]"凤山"为官窑"凤山古庙"代称，其前身为建于唐代并用于

[①] （清）梁绍献：《南海县志》，《中国方志丛书》（华南地方第50号），台北：成文出版社有限公司1967年版，第120页。

佛门子弟隐身的"白莲观",因宋末元初元兵南下"白莲观"被火烧才得以兴建。凤山古庙又名白衣观音庙,当地人称之为"白衣庙",于1968年"批四旧"期间被拆毁。"多诸赛神"点出了生菜会的生成语境,"越人尚鬼,而佛山为甚"①,明清时期跻身"四大聚"、"四大镇"的佛山商业发达,宗教氛围浓厚,滋育了诸多迎神庙会及以庙会为依托的工商行业。"夫乡固市镇也,四方商贾萃于斯,四方之贫民也萃于斯,挟资以贾者什一,徒手而求食者则什九也,凡迎神赛祷类皆商贾之为或市里之饶者耳,纠铢黍以成庆会,未足云损,而肩贩杂肆藉此为生计,则食神惠者不知其几矣。"②官窑民间的"啖生菜"、"生菜会"习俗与"多诸赛神"的民间信仰密切相关,"多叶梦熊之喜"即是明证。"梦熊"源自《诗·小雅·斯干》:"吉梦维何?维熊维罴。""大人占之,维熊维罴,男子之祥。"郑玄笺之为:"熊罴在山,阳之祥也,故为生男。"由此可知,拜观音"求子"是古官窑生菜会的重要信仰支撑。

关于官窑生菜会的详细记录还见于中国最早的旬刊新闻画报,即创刊于上海、由《申报》附送的《点石斋画报》。该报在光绪十年(1884)发表了晚清画家吴友如以官窑生菜会为主题的画作,其用图文并茂的方式细绘了官窑生菜会。画上题字"南海县属之人窑墟有白衣送子观音庙",画面右上方绘有慈眉善目的观音菩萨安坐台上,神龛上书"送子观音",两侧悬挂写有"观世音菩萨"字样的帐幔,观音塑像前方供桌上摆着供品,前为上摆香烛台和木鱼的香案,案前置香炉,香炉前的榻上,跪有一妇人携小孩正手持占卜竹筒,对观音娘娘顶礼膜拜。母子左侧还有妇人儿童等候礼拜。其两侧画有香客围坐在桌前作吃生菜包状。参加庙会的人物着清代服饰。而在画面的左上方则以蝇头小楷作题记,全文为:"生菜会,生菜本名莴苣,粤人以其菜可生食,爰以生菜名之。腊尾年头,人家饯送礼物者,必以生菜为胜意,盖取乎生生不息也。南海县属之人窑墟有白衣送子观音庙,求嗣续者,焚香膜拜,奉祀甚虔。正月二十六日为神诞日,好事者为联佛会,名曰生菜会。赶佛会者于庙前安排酒垆茶灶,罗列各种肴蔬,以供游人饮饫,而必以生菜为主。是日,红男绿女结伴偕来,顶礼合十后,即相与领略菜根风味。挑菜佣之肩生菜而往者,络绎于途,无不利市三倍,缘会散后,有购生菜而归,以卜生机之活泼者。然则是会也,当不亚三月三长安水边之盛。"③画面右下角则印有作者吴友如的"友如"阳

---

① (清)陈炎宗:《佛山忠义乡志》卷六《乡俗志》,乾隆十七年(1752)刻本。
② (清)吴荣光:《佛山忠义乡志》卷五《乡俗》,道光十年(1830)刻本。
③ (清)吴友如:《十九世纪中国风情画——民俗风情二百图》,庄子湾编,湖南美术出版社1998年版,第92页。

文印章,而"人窑墟"属"官窑墟"之误,注文则明确记录了正月廿六神诞日所办官窑生菜会与求嗣、求财诉求的关联性。正月廿六是观音开库日,当日信众在赶往凤山观音庙借库求财,善男信女则进香膜拜白衣观音后,到庙前吃生菜包取其"包生"之意,寓意观音送子、添丁发财。

宣统二年(1910)刻本《南海县志》也清晰描述了官窑生菜会的举办时间、场面及其信仰内涵。"金利司官窑乡有白衣庙,前临河后依岗,俗传正月二十六日为观音借库之期,故该庙每年以是日开库,庙前雇梨园一部。灯火连宵,笙歌达旦,前后数日,远近到庙祈祷者络绎不绝。士女云集,画舫塞河。祷毕藉藁坐地,蚬肉拌饭,生菜作包食之,云取生子之兆。"① 活态传承的官窑生菜会保留了做大戏、啖生菜、拜观音以及民众狂欢等习俗仪式,其实在广州民间也流布着举办生菜会以祈福求子的活动。《民俗》(1929年)载:"广州俗例以正月二十四日为送子观音诞日。各乡男女集于一处,此会名曰生菜会。'生菜'与'生仔',其音相同。赴会者多购生菜归,以为生子之兆。此会设一小池,预先放下许多蚬与螺,赴会者探手水中,摸得螺者生子,得蚬者生女。"②《歌谣》(1937年)载:"生菜会,郊野各乡都得举行。大家都在郊外席地大吃生菜,非常的热闹。唱八音,演戏的亦有。据说,这样做了,年成必好,故盛装的男女也纷纷参加。"③ 广佛地区的生菜会包含着拜祀观音、吃生菜包、粤戏展示、醒狮表演、烧炮抢炮等环节,是兼具参神、求子、祈福、娱乐、聚会、买卖等功能的迎神赛社活动,特别以拜观音求子求财为第一要义。

以生菜为核心符号的官窑生菜会历逾百年以上的传承、层累和变迁,演变为维系地方认同、凝聚民众情感的文化纽带,成了当地民众无法抹去的集体记忆。据参编官窑地方志的老官窑人陈炳松(接受访谈时为67岁)回忆:"小时候我挤进观音庙(凤山古庙)看过一次,正月廿六乡人先去拜观音,然后在庙旁的空地包生菜;庙会每年都是向社会招标,中标者拥有观音庙的香油钱,同时也要支付关于庙会如舞狮、游园等项目的支出。"④ 但随着"文革"的发生,诸多民俗被视作"封建四旧"予以取消,观音庙(凤山古庙)被夷为平地,官窑生菜会丧失了赖以依托的物质空间,其传承状态长期中断,后世只能通过口耳相传的零星记忆予以接续、传播和流布。

---

① (清)郑荣:《南海县志》,《中国方志丛书》(华南地方第181号第2册),台北:成文出版社有限公司1974年版。
② 李圣华:《观世音菩萨之研究》,《民俗》1929年第78期。
③ 清水:《旧历新年广州人的风俗》,《歌谣》1937年第37期。
④ 陈训豪:《民俗盛宴 传统文化醉宾客》,《佛山日报》2011年2月18日第A07版。

二、复兴与嬗变：新时期以来官窑生菜会的衍变理路

官窑生菜会在"文革"时期的中止，并不意味着伴生于民俗的文化认同也被彻底清除。这与英国社会学家安东尼·吉登斯所述的"经验的存封"相类似，即生菜会作为不符合当时社会秩序的经验被滤去，"通过一种人为的方式，从我们生活中分离出去，并对它们进行分门别类，施行特殊的管理和控制"①。"文革"结束后的思想解禁带来了乡土民俗经验的"解封"，官窑于1986年正式复办生菜会。新时期语境的转换，带来了缓冲式的文化政策。官窑方沿着批判和解释的惯性，将生菜会神祇信仰中的迷信和神秘成分予以"祛魅"，把生菜会与正月廿六观音开库神诞日相剥离，再同正月十五元宵节联结，通过时间置换启动了生菜会在新时期的复兴。借助民众口耳相传的零星记忆，复办的官窑生菜会得以缝合连缀，重新被纳入地方民众的生活秩序。2003年联合国教科文组织《保护非物质文化遗产公约》开启了非遗保护的"名录时代"，非遗名录的产生以"选择"为操作范式，传统文化表现形式被"选择"为非遗的过程，是其形态、价值、意义被发掘、彰显并界定为合法化保护依据的过程。随着"申遗"的启动，在佛山狮山镇政府及地方文化精英的联袂操持下，官窑生菜会先后被列入了第一批南海区级非遗名录（2007年）、第一批佛山市级非遗名录（2007年）以及第三批广东省级非遗名录（2009年），从而成为佛山南海对外传播的"名片"和"文化符号"（图5.9）。当然，官窑生菜会在复兴与得到"保护"以来，其形态和肌理也发生了相应的衍化变迁。

一是从民间组织到官方主办。官窑生菜会源生于凤山古庙庙会，而依照岁时节日或宗教活动日开展的民间庙会是周期性的民俗活动，在年复一年的操演过程中逐渐组织化，形成了社区性的民间庙会组织及其组织者。钟敬文如此定义民间庙会组织及其组织者："明清以来的民间庙会通常依寺庙为中心，以村落、街道社区为地域单元组成，有会名、会首、会众、会旗与会规。……会首在明清时期有时称为香首，会首是庙会组织的主要组织者与领导者，在庙会活动期间，负责召集会众前往寺庙进香与表演杂艺活动。"② 明清时期珠三角民间庙会由乡民自行推选当地有德行、有能力的乡人"会首"、"值事"组织操办是基本而普遍的现象，"……农历十二月主会出标注，'尾牙'贴开投启事投庙，投价高昂，约为三千多两白银

---

① 李清聚：《困境与张力——吉登斯后传统社会中的道德之维》，《当代世界与社会主义》2011年第4期，第132页。

② 萧放等：《中国民俗史·明清卷》，人民出版社2008年版，第234页。

图 5.9　1986 年官窑恢复举办生菜会中的醒狮表演（南海非遗中心供图）

一届"①。佛山规模最盛的"北帝诞"庙会就存在由"会首"操持的记录，"自前元以来三月三日恭遇帝诞，本庙奉醮宴贺，其为会首者不惟本乡善士，抑有四远之君子相与，竭力以赞其成。是日也，会中执事者动以千计皆散销金旗花供具酒食……"②，古官窑生菜会也不排除是由地方民间组织及其"会首"所操办。然而，处于申遗语境中的官窑生菜会则由狮山镇政府操持主办，为配合申报省市级非遗项目，镇政府在每年正月十五中午和晚上连办两场千人生菜宴，参加宴席的人选均由其选定邀请，此外，生菜会的申遗、宣传、解释以及策划均由镇政府部门全权操持。特别是编撰《官窑生菜会大事记》强化传播官窑生菜会的历史源流，其中最引人注意的"大事"是，"官窑生菜会最鼎盛的是民国二十二年（1933），广东省府主席陈济棠的家眷莫秀英到官窑拜观音后摸到螺，后生下一子，使生菜会蜚声海内外"。意在通过宣介显赫人物的信仰灵验性，彰显官窑生菜会的历史叙事的真实性与正统性。

二是从有限禁令到全面管控。古官窑生菜会内容杂糅，除了举办生菜宴，"游神和抢炮乃生菜会最为热闹的一举。当日主事者组织村民抬着'天后'、'观音'、'北帝'等等菩萨塑像出游。巡游队伍扛幡持牌，以头锣开道，供人膜拜。"③烧大爆、抢炮的狂欢性曾被屈大均的《广东新语》

---

①　江佐中、吴英姿主编：《佛山民俗文化》，广东人民出版社 2009 年版，第 292 页。
②　叶汝兰：《重修佛山经堂碑记》，吴荣光纂《佛山忠义乡志》（卷十二），道光十年（1830）刻本。
③　江佐中、吴英姿主编：《佛山民俗文化》，广东人民出版社 2009 年版，第 292 页。

所细描:"其纸爆,大者径三四尺,高八尺,以锦绮多罗洋绒为饰,又以金缕珠珀堆花叠子及人物。使童子年八九岁者百人,倭衣倭帽牵之,药引长二丈余,人立高架,遥以庙中神火掷之,声如丛雷,震惊远迩。其椰爆,大者径二尺,内以磁罂,外以篾以松脂沥青,又以金银作人物龙鸾饰之,载以香车,亦使彩童推挽。药引长六七丈,人立三百步外放之,拾得爆首,则其人生理饶裕,明岁复以一大爆酬神。计一大爆,纸者费百金,椰者半之。大纸爆多至数十枚,椰爆数百。"① 其中提到了大爆的刺激玩法,而且强调其耗费不菲,带来了奢靡致贫现象。"佛山爆极宏丽,粤东笔记详言之,次年偿爆不易,故旧有'佛山烧大爆,弹子过蠕岗'之谚,谓鹭子以偿也,亦可骇矣。"② 此外,生菜庙会人头攒动,兼之寺庙宫观之类的佛山宗教建筑又以木制结构为主,烟花大爆存在安全隐患,易引发火灾,屈大均予以明确批评:"此诚南蛮之陋俗,为有识之所笑者也。丧乱之余,痍伤未复,小民蠢蠢无知,动破中人之产,奇技淫巧,自致其戎。良有司者,苟能出令禁止,教以节俭,率以朴纯,使皆省无益之费,以为有用之资,不惟加惠斯民,亦所以善事鬼神焉耳。"③ 道光年间《梦华琐簿》也提及佛山庙会期间"又每日爆竹烟火,埃尘障天。城市比屋,回禄可虞,贤宰官视民如伤,久申厉禁,故仅许赴乡村般演"④。知识分子对于烧大爆习俗的批评以及城区官方的有限禁令,并未能阻止官窑乡村民俗中的烧大爆、抢炮习俗。只有等到新时期民俗文化复兴之后,"民间文化虽然也有新内容不断产生,但是,它在总体上是历史的产物,所以它在从农业社会向工业社会转型的过程中始终是被改造的对象。"佛山自20世纪90年代开始禁放烟花爆竹,作为生菜会民俗组成部分的烧大爆也在全面禁止之列。佛山市公安局2012年发布《佛山市公安局关于禁止和限制燃放烟花爆竹的通告》要求:"禅城、南海和顺德全区,以及三水中心城区、高明荷城街道行政区域内,未经许可,禁止任何单位和个人燃放烟花爆竹。"⑤ 烧大爆作为存在安全隐患的环节也就从官窑生菜会中长期消失了。

三是从信俗主导到商业盛会。民间文化表达形式要成为非遗,必须首先面临被选择的过程,因为遗产是当代社会希望继承的东西,我们所认为的遗产并非都会受到社会的重视,社会只是按一定的价值原则有选择地保

---

① (清)屈大均:《广东新语》卷十六《器语·佛山大爆》,中华书局1985年版,第444~445页。
② 《南海县志》卷二十六《杂录下》,道光十五年(1835)修,同治十一年(1872)刊本。
③ (清)屈大均:《广东新语》卷十六《器语·佛山大爆》,中华书局1985年版,第445页。
④ (清)杨掌生:《京尘杂录·梦华琐簿》,清光绪十二年(1886)上海同文书局石印本。
⑤ 《佛山市公安局关于禁止和限制燃放烟花爆竹的通告》,http://www.fsga.gov.cn/xxgk/zfxxgkxt/ztfl/zwdt/tgtbtg/201211/t20121103_17655.html,2012年1月18日。

存历史遗产。① 选择机制在将民间文化遗产化、等级化的同时，也会使之发生文化意义的转换和重构。官窑生菜会在被纳入各级非遗名录之后，政府部门对其所作的解释、改造也就显得意图彰明。与观音信仰相伴的求子诉求是支撑官窑生菜会从清传承至民国的主要民间动因，宋兆麟曾将生菜会列为求育巫术之一种，"生菜庙会，为拜神求子，以生菜作为一种求子巫术"②。在将生菜会列为公共的非遗之后，官方解释必然遮蔽一些话语而彰显另一些话语，即按照主流价值逻辑"处理好民俗与迷信的关系，剔除非物质文化遗产中的迷信色彩等落后的因素"③。地方政府部门只能"把传统文化作为素材，在国家容忍的框架里重新塑造出来，进行自己的文化生产"④，对于官窑生菜会而言，主办方所要凸显的不再是以求子为主要旨归的信仰内涵，而是按照"文化搭台、经济唱戏"理路，将其列入狮山文化艺术节，旨在将其"打造"成"民俗招商"的文化名片，其内容包含了千人生菜宴、游园会、大巡游、时装表演、文艺晚会、烟花汇演等各类文娱活动。对于有"包生"之意的生菜包，还将其申报成为"2013年佛山十大名小吃"，在彰显生菜包饮食价值的同时再次过滤了"求子"意蕴。尤其"将原来具有低于社会价值的东西在升级到更高层次中的时候，仅仅把经过'提炼'的'精髓'部分作为拥有普遍性价值的资源提取出来，而去除那些经过'提炼'后残留下来的非资源的要素……"⑤ 从狮山启动申遗之初所举办的官窑生菜会可略见端倪（图5.10），2007年官窑230个村长、旅港官窑同乡会代表、任职于官窑的老领导和在外任职的官窑乡亲、在大狮山地区投资的外国商人、民企老板代表等群体获邀参加了生菜宴，乡村普通民众却难有机会参与共享，成为"观看"这场民俗盛宴的"他者"。

---

① 参见（英）戴伦·J.蒂莫西、斯蒂芬·W.博伊德《遗产旅游》，程尽能主译，旅游教育出版社2007年版，第2页。
② 宋兆麟：《生育神与性巫术研究》，文物出版社1990年版，第145页。
③ 蔡武：《要剔除非遗中的迷信色彩等落后的因素》，http://www.chinanews.com/cul/news/2009/11-26/1985692.shtml，2009年11月26日。
④ 高丙中：《民间的仪式与国家的在场》，郭于华主编：《仪式与社会变迁》，社会科学文献出版社2000年，第323页。
⑤（日）樱井龙彦：《应该如何思考民间信仰与文化遗产的关系》，陈爱国译，《文化遗产》2010年第2期。

图 5.10 官窑元宵生菜会系列活动之千人生菜宴（南海非遗中心供图）

三、非遗保护语境中官窑生菜会的文化再生

通过上文对比可见，复兴以来以及纳入非遗之后的官窑生菜会在机制、形态方面发生了明显变化。究其根源，官窑民众作为生菜会的传承主体，由于其集体化、无名化的特质，在申遗过程中被当地政府部门和文化工作者所代言，狮山镇文化站不仅直接操办了申遗事项，并且被指定为非遗申报书中的"保护单位"。入遗之后的官窑生菜会经过遗产化转换，体现了当地政府更为强力的在场和渗透。狮山镇政府在持续不断地采借、阐释、整合官窑生菜会的过程中，使这个历史上原本属于日常生活的民间文化呈现出了文化资源的特性，并以非遗保护为名展示了开发、利用官窑生菜会的政治和商业用意，从而成为这场文化再生产盛宴的实际主导者。布尔迪厄的实践理论指出，文化的不断延续性受制于人的实践目的和行为选择，他提出的"再生产"概念指明利益格局对文化现象出现或存续的作用，认为社会或文化的再生产机制的运作服务于社会结构中占支配地位的利益者。①"占支配地位的利益者"通过对官窑生菜会的遗产化和资源化，

---

① Pierre Bourdieu. *Outline of A Theory of Practice*. Cambridge: Cambridge University Press, 1977, pp. 16 – 18.

似乎是在将生菜会"打造"成一个融经济招商、恳亲联谊、文化娱乐于一体的民俗文化盛会。

那么,这是否导致官窑生菜会产生了学界一再批评的"伪民俗"现象?据美国民俗学家理查德·道尔森所论,伪民俗"是对已有文献和报道材料不断进行系列的循环反刍的结果,有的甚至纯属虚构"①,他所强调的伪民俗具有人为、部分人为或者完全人为制造等特点。这与英国学者E.霍布斯鲍姆所提出的"传统的发明"概念有吻合之处,他认为那些表面看来或者声称是古老的"传统",其起源时间往往是相当晚近的,而且有时是被发明出来的,"'被发明的'传统之独特性在于它们与过去的这种连续性大多是人为的(factitious)。总之,它们采取参照旧形势的方式来回应新形势,或是近乎强制性的重复来建立它们自己的过去。"② 对比来看,经历了中断和复兴、衍变和变迁的官窑生菜会,既不是保留原始形态、蕴藏早期文化信息且未经过大变迁的原生态民俗,也不是彻底变迁甚至被其他民俗替换了的、"人为的"(factitious)再生态伪民俗,而是在变迁中与现代生活相结合的复合态民俗。因为"伪民俗还应与民俗的依存(survival)和复兴(revival)两个概念区分开来。依存意味着传统的延续,不管它在形式上怎样的缩减或改变,至少作为民俗它还存在着。复兴则是传统有过中断之后,有意识地唤醒并恢复曾经兴起过的一种民俗"③。由是而言,官窑生菜会又具有不纳入"伪民俗"范畴的理论依据。

其实,围绕申遗以及非遗保护所产生的官民互动以及观念修正,也在现实层面消解了官窑生菜会的"伪民俗化"。2010年9月25日,佛山市南海区政府专门发布《"狮舞岭南·龙腾南海"文化发展行动计划》,明确提出推动作为广东省级非遗的官窑生菜会申报国家级非遗项目,这明显调动了当地文化群体的集体需要和参与。官窑及其周边的表演团体、学术精英、舆论媒体、民间组织围绕官窑生菜会申遗展开的活动尤为活跃,狮山镇组织专人走访官窑生菜会历史见证人、知情人,发掘和记录官窑生菜会的资料,搜寻和保存散落于民间的凤山古庙文物,择其要编入《官窑镇志》和《官窑生菜会的前世今生》特辑。被当地人称为"官窑通"的退休老人谢景礼提供了内附凤山古庙位置地图和生菜会记述文字的《南海县志》,以及他本人整理并手抄于原稿纸上的"官窑历史大事记";而厚福村

---

① Richard M. Dorson. "Fakelere". Zeitschrift fur Volkskunde, 1969 (65).
② (英)E. 霍布斯鲍姆、T. 兰格:《传统的发明》,顾杭、庞冠群译,译林出版社2004年版,第2页。
③ (美)阿兰·邓迪斯:《伪民俗的制造》,周惠英译,《民间文化论坛》2004年第5期,第104页。

村民刘心灵从"文革"时期珍藏至今的凤山古庙构件"云龙瓦脊"、生菜会抬神出游的"都天至富财帛星君"木雕贴金神牌，也为形塑官窑生菜会历史提供了文物依据；官窑七甫陈村村民们甚至在七甫"后围园"小河边的大榕树下发掘了凤山古庙的一对遗存石狮，这些都被当地政府所重视并征用。官窑高中还将官窑生菜会纳入乡土文化教材，成立了官窑生菜会课余研究兴趣小组。越来越多民众的自觉参与以及当地民众对于生菜会的情感偏向，意味着官窑生菜会呈现了凝聚地方认同的功能。

关键的步骤在于，狮山镇政府组织举办了官窑生菜会民俗文化论坛，组织民俗专家、地方学者研讨官窑生菜会的历史源流、价值意义以及活化保护策略，结合网络平台采集到了复建观音庙、恢复会期为正月廿六、选定核心环节的代表性传承人、设置传统民俗活动等意见。正因如此，2014年狮山镇政府首次将生菜会调整至正月廿六举办；恢复民间办庙会的传统，改由官窑商会组织主办；首次对外开放席位并且通过网络招募年轻人参加；2014年12月，集生菜会文物陈列、图文展示、视频传播等功能为一体的官窑生菜会会馆正式面向公众开放。2015年，生菜会主办方拿出了近半生菜会宴席座位面向社会认购，同时设置了伸手入"摸仔岩"摸螺摸蚬的活动，寓意摸螺生仔、摸蚬生女。官民的互动以及申遗的动力发挥了倒逼效用，狮山镇文化站负责人在访谈中也确认，已根据专家建议逐年恢复官窑生菜会中的游神、抢花炮等传统民俗活动，改变单一吃生菜包的模式[①]。

笔者2015年3月16日在参加官窑生菜会过程中，亲身体会了当地对于该民俗的传统化努力。于官窑生菜会馆旁举办的生菜会主程序就是，参加生菜宴吃生菜包，即用清脆的生菜将酸菜炒蚬肉、炒米饭等包着吃，寓意"生财"又"多子多孙"。生菜会的其他"重头戏"则是"游神"和"抢花炮"。"游神"即组织一支队伍扛幡、持牌，头锣开道，抬着"天后"、"观音"、"北帝"、"财神"等菩萨像沿官窑城区主干道穿游。"抢花炮"则变身为"套花炮"，即由组织者在地面连放六个花炮（包括头炮、二炮、三炮、闰三炮、五炮、六炮），各队伍边高声吆喝边争相套炮，其中以套中闰三炮（又名"丁财炮"）为贵。现场民众为了抢个好意头，在"套花炮"前早已排起长龙，义工不得不按人数封住入口分批放入。此外，官窑城区街道上各店铺主已提前将包扎着生菜、葱、红包、一条香烟的"青"悬挂于门口，各路舞狮队打着旗号沿街巡游，每遇设"青"的酒店商铺，必随喧天锣鼓舞狮采青，凡在"采青"高潮处必定人头攒动、鞭炮

---

① 访谈时间：2015年3月16日中午；地点：官窑生菜宴现场；访谈人：谢中元；受访人：狮山文化站副站长李华丽。

轰鸣、喝彩声声。由于狮舞最晚在明代已经成为傩仪，用于沿门逐疫①，沿街舞狮是民众祈福求财的古老方式之一，尤为契合官窑生菜会的祈福涵义。这些复归民俗传统的新气象，显示出了非遗后续保护过程中官窑生菜会的文化再生，笔者在现场也听到了参与者对于生菜会"越来越传统"的评价。这些因观念拓展而带来的民俗复归迹象印证着，"观念生态是遗产的生命线，它不仅决定着文化遗产的去留问题，而且决定着未来文化发展的方向，决定了人类的后代将会拥有什么样的文化资源和文化选择"②。

透过官窑生菜会可见，非遗保护是一个动态的行为过程，杂糅着各方主体的博弈与互动，其中既存在保护主体对于民俗的遗产化和资源化取向，又包孕着民间民众的主动自觉以及官方在非遗保护倒逼机制下所释放的传统化姿态。当然，民俗的遗产化和资源化肯定有其积极意义，如方李莉所言："'从遗产到资源'的核心观点就是我们对珍贵的非物质文化遗产不仅要保护，还应该在其基础上进行创新，将其变成新的文化的一部分，新的社会肌体的一部分，使其溶化在民族的血液中，不断循环和更新。也就是说创新也是一种保护，是一种更深刻的保护。"③不能忽视的是，民俗的资源化应存在"度"的界限，过度的"资源化"会对民俗本体带来挤压侵蚀，造成民俗本生态的异变消亡。始终通过持守"吃生菜"环节而凝聚地方认同，正是官窑生菜会没有沦为"伪民俗"的根本前提。而狮山政府部门、官窑地方精英等作为保护主体，在与民众的良性互动中广集民意，"他们本身就是民间文化的传承者，他们有自己的生活逻辑、文化理想与当下诉求，如果我们能把他们理解为文化传承链中的一个自然环节，那么，他们对于传统的'传承'和'变异'就是一个硬币的正反面。选择继承传统中的哪一部分，或者扬弃传统中的哪一部分，应该视乎他们自己的需要，而不是学者的理想图景。"④基于此，不论如何衍变再生，官窑生菜会对于当地以及周边民众的乡土情感认同所具有的意义始终存在，它所依托的文化群体的活动与生活空间也就成为后续非遗保护的重点。进而言之，民俗自有其传承、衍化与再生之途，只有"以传承、变化、发展的眼光看待民俗的时候，成为非物质文化遗产的民俗才真正具有生生不息的活力"⑤。

---

① 康保成：《傩戏艺术源流》，广州：广东高等教育出版社1999年版，第30页。
② 宋俊华：《遗产学时代的遗产生态》，《文化遗产》2008年第2期，第127页。
③ 方李莉：《从"遗产到资源"的理论阐释——以费孝通"人文资源"思想研究为起点》，《江西社会科学》2010年第10期，第196页。
④ 施爱东：《学术与生活：分道扬镳的合作者》，《民族艺术》2008年第1期，第121页。
⑤ 刘晓春：《谁的原生态？为何本真性——非物质文化遗产语境下的原生态现象分析》，《学术研究》2008年第2期，第158页。

第六章 佛山手工艺非遗传承保护的类型与个案

第一节 佛山手工艺类非遗的传承与保护①

目前,非遗的生产性保护在实践和理论层面都得到越来越多的重视,但相关研究多集中于对当下实践的研究。其实,早在生产性保护理念提出之前,我国传统手工业具有生产性保护性质的实践就已存在。传统手工艺的生产性保护,是一个历史问题,也是一个现实的问题和理论问题。本节以明清以来即以手工业著称的佛山为对象,研究其传统手工艺的发展历程及其生产性保护实践,力图为今天方兴未艾的非物质文化遗产的生产性保护实践与理论研究提供参考。

一、互补与共生:传统工商业视野下的佛山手工艺

佛山是一座因手工业兴起的古镇,其手工业在明代中叶至清代中叶进入鼎盛时期。明清时期,佛山有220多行手工业,有手工业作坊4000多户,手工业产品3000多种。其中,著名的有顾绣行、赤金行、打叶行、金箔行、打银行、锡箔行、白铁行、床桌行、牌匾行、漆盒行、饼印行、竹器行、藤器行、朱砂年红行、花红染纸行、杂色纸行、狮头行、扎作行、门神行、门钱行、通花行、灯笼行、炮竹行、溪钱行、香竹行、香行、毛扇行、葵扇行、苏扇行、玩具行、玉器行、陶瓷行等。②

佛山传统手工业的发达,在于其借助优越的生产、销售、流通的条件,形成了一个良性循环的生态场。首先,佛山的交通区位条件保证了手工业的原料供应和产品销售的畅通。古佛山镇以汾江河为纽带,控羊城之

---

① 本节由陈恩维、谢中元合作完成,其中第一至第五部分由佛山科学技术学院陈恩维教授执笔撰写,经他同意收入本书,特此致谢。第六部分由谢中元撰写。
② 参见林明体《佛山市工艺美术志》,佛山市工艺美术工业公司1985年版,第1页。

上游,当西北之冲要,"为广南一大都会,其地运之兴衰,东南半壁均所攸关"①。其次,佛山的众多手工行业形成了一个良性的经济生态环境。佛山传统手工业以冶铁、纺织、制陶三大行业为支柱产业,以其他诸如中成药、剪纸、民间工艺、五金加工、金属制箔、衣帽鞋制品、竹木藤器、爆竹、纸伞等为辅助行业。冶铁行业对于佛山的其他手工行业生产原料的保障和生产工具的改进起到了至关重要的推动作用,而其他辅助行业又构成了冶铁业的消费市场之一。最后,佛山繁荣的商业,保证了佛山手工业产品的销售,形成了工商互补的局面。嘉庆道光年间,佛山商业有五大类77行业,直接配套佛山手工行业。可以说,便捷的交通、工商一体的经济生态,确保了佛山手工业产品的生产、销售、流通处于良性循环之中。佛山传统手工业的发展表明,特定的生态场的综合合力,是构成非遗生产性的决定性因素。

在激烈的竞争中,佛山传统手工业形成了两种自我保护方式。一种是从业者个体的自我保护,包括对技艺和品牌的保护。如佛山酱料店中"必有一、二人谙熟制法,酱料方能适口。故制酱师实居一店中最重要之位置"。饼食行"制饼师工价颇厚"。这里的保护,着眼的是对掌握某项传统手工艺核心技术师傅的经济利益的保护。还有对某种产品品质的保护,如佛山酿酒"本乡出产,素称佳品。道咸同间,以陈总聚为最有名,近则推三元市之人和悦号"②。这里提到的"老字号"涉及具体产品的原产地和品牌保护。第二种是行业的自我保护,这种保护常常通过商业行会会馆来实施。佛山几乎每个行业都建有自己的会馆,如刺绣业有锦绣堂会馆、金花行有广怡会馆等。清代中叶,佛山以铁器制造业行会最多(32个),此外有金属铸造业行会(9个)、绢织物业行会(2个)、衣料业和衣服业行会(6个)、纽扣业行会(4个)、鞋袜帽制造业行会(8个)、染色染料业行会(3个)、制纸业行会(5个)等。③ 会馆既有工场主的组织,又有工人的组织。行业会馆设立的事项,是与本行业商业利益攸关之事。行会规定着工资、劳动时间、学徒年限等事项,也负有解决纷争的责任。他们还往往通过"祀神"为会馆树立集体象征和精神纽带。如帽绫行祀博望侯张骞,其目的是"愿操斯业者,柔其情而和其气,自处以义,相乎以诚;则

---

① 叶汝兰:《重修佛山经堂碑记》,吴荣光纂《佛山忠义乡志》卷十二,道光十年(1830)刻本。
② 汪宗准、冼宝干总纂:《佛山忠义乡志》卷六,民国十五年(1926)刻本。
③ 参见朴基水《清代佛山镇的城市发展和手工业、商业行会》,《中国社会历史评论》2005年第2期,第126页。

上有契乎侯之心,而侯之福汝必厚,技愈工而业愈盛"①。应当指出的是,明清时期,佛山传统手工业的自我保护,着眼行业或者个体的利益垄断,带有浓厚的保守性,但对于确保各手工行业的生存是有重要意义的,这也是从业者对于行业会馆热衷参与的重要原因。

传统工商视野下的佛山传统手工业的自我保护,为当代的手工艺类非遗的生产性保护提供了一定的启示。如传统的手工业行会和"传承人协会"、传统的工商一体和"公司农户"模式都是一脉相承的。但是,佛山传统手工业的自我保护保守而又脆弱,一旦遭遇外力冲击,则很容易遭到沉重打击。

二、衰落与自救:近代手工业视野下的佛山传统手工艺

鸦片战争以来,中国经历了三千年来未有之大变局。从国人对晚清几次中外战争在经济层面作出的回应观之,可以发现,每次以重要战事作为间隔的相对独立的社会变革中,都包含着国人民族反抗和工业主义的强烈诉求。② 与这种诉求相应,中国传统手工业也经历了巨大的变化,主要有三点:一是在近代全球经济一体化的浪潮的冲击下,传统手工业的经济生态遭遇全面冲击,走向衰落;二是生产方式由传统作坊生产转向近现代机器生产;三是手工行会的崩溃。

鸦片战争以来,在近代经济全球化浪潮的冲击下,外国资本主义输入中国的商品迅速增多,佛山传统手工业因此冲击而趋向衰落。如铁砖行,"前有十余家,今则洋铁输入,遂无业此者矣";铁线行,"道咸时为最盛,工人多至千余。后以洋线输入,仅存数家";土针行,"咸、同以前最盛,家数约二三十,……后以洋针输入,销路渐减,今仅存数家"。③ 近代交通条件的变化,也是佛山传统手工业衰败的原因之一。近代以来,佛山涌的淤塞,导致佛山对外交通运输的中断,广三铁路(1911年)和粤汉铁路(1936年)相继建成通车,使佛山作为广州内港的枢纽地位丧失,广东的物流、人流也不再向佛山聚集,相反佛山的工商业和人口则大量向广州转移,由此进一步加剧了佛山手工业的衰败。④ 国内经济和税收政策的变化,

---

① 广东省社会科学院历史研究所中国古代史研究室等编:《明清佛山碑刻文献资料选编》,广东人民出版社1987年版,第141～142页。
② 参见陈征平、毛立红《经济一体化、民族主义与抗战时期西南近代工业的内敛化》,《思想战线》2011年第4期,第106页。
③ 汪宗惟、冼宝干总纂:《佛山忠义乡志》卷六,民国十五年(1926)刻本。
④ 参见何一民《兴盛与衰落:明清四大名镇在近代的舛变》,《文史知识》2009年第3期。

也是佛山手工业衰落的原因之一。如铁镬行是佛山特有的工业,曾由官府保障垄断权,向官府供纳军需物资,但光绪十四年(1888),两广总督张之洞中止了其向官府交纳物品,解散了行会,铁镬行因此出现了较大的衰退。铸造业为佛山传统手工业的支柱产业,它的衰败,直接导致了佛山传统手工业的凋零。近代以来的文化变迁,也是佛山传统手工业衰落的原因之一。如"门神、门钱、金花、通花、条香、灯笼、爆竹之属,皆终岁仰食于此,则以上各行为我乡重要工业可知,然数者与神道有关。今年各业之不振,自在意中矣"①。20世纪30年代以来,"因不景气袭侵,及机器工业淘汰结果",失业人数日增②。到1938年10月,日本侵占佛山,佛山不少手工业毁于战火,工厂资金与人员流散、财产设备遭抢夺。沦陷期间日军对水陆交通的封锁使佛山的手工业缺少原料供应,出口中断,导致全行业走向衰落。③ 抗日战争后期,国民党当局中的有识之士也曾试图重振手工业,但是因时局动荡、政策失当,佛山手工业困局未改。

  面对传统手工业的急剧衰落,佛山工商界莫不忧心忡忡,奋起自救。如面对机房土布业的衰落,当时报章指出:"外人所以劝吾改革者,非爱我也,乃欲行其财力侵略政策也。……今后当亟振作实业,抵敌外货,吸取其所长,以补我之短可也。"④ 为了与外来商品竞争,佛山传统手工业有针对性地在原材料、生产方式、经营模式上向现代转变。如织布业面对原材料成本上升提出讲求"树棉制纱",杂色染纸行"近多改用洋粉染料出品"⑤,甚至改变传统手工作坊生产方式,学习西方先进技术,改用机器生产。1873年,南海人陈启沅在佛山南海简村开办了第一家由中国人自己创办的机械缫丝厂。改用机器缫制出来的生丝,粗细均匀,色泽鲜明,规格一致,品质优良,适合外国机器丝织业的需用,为国外丝商所采用,因属专供外销,故亦被称为"洋庄丝"。民国《佛山忠义乡志·实业志》指出:"工品制造,用机捷于人力,我国仿而行之,亦足抵制洋货。其有独出心裁,创造一物,以利民用者,亦应表彰。"在经营模式上,则出现了股份制经营等现代模式。光绪三十年(1904),南海县知事陈征文与乡绅在鹰沙嘴海口"招集股份、设工艺厂,共得股本三万余圆,如式改建、招工师艺徒染纱、织造布匹、草席、藤器各土货发售"⑥。1910年,佛山工艺会

---

 ① 汪宗准、冼宝干总纂:《佛山忠义乡志》卷六,民国十五年(1926)刻本。
 ② 《国内劳工消息佛山手工业》,《国际劳工通讯》1936年第8期,第99页。
 ③ 详参吴新奇《日本侵略与中国近代城市手工业发展进程的中断——以佛山为例》,《科技信息》2010年第34期。
 ④ 《佛山机业之堕落》,《振华五日大事记》1907年第29期,第51~52页。
 ⑤ 汪宗准、冼宝干总纂:《佛山忠义乡志》卷六,民国十五年(1926)刻本。
 ⑥ 汪宗准、冼宝干总纂:《佛山忠义乡志》卷六,民国十五年(1926)刻本。

成立，"以切近日用为宗旨，以期挽外溢之利权"①。

面对深刻的生存危机，佛山传统手工业的自我保护模式也发生了转变。在 19 世纪 80 年代以前，手工业行会尚能够强制业者遵守以往设立的行规章程，以调谐内外部的关系。民国以后，手工业雇主与工人之间的分歧加深，对立加剧，同业组织内部开始分解蜕变，行会的主要功能转变为劳资纠纷的调整，对于行业的保护作用已经微乎其微了。佛山手工行会的崩溃有三个原因：由资本主义之侵入而致生产程序之变迁，新思想之影响，经济状况之变化。② 与此同时，传统手工业的合作化运动开始兴起。1927 年南京政府开始合作立法，各省地方政府也相继把本省的合作事业纳入了法制化的轨道。1932 年陈济棠在广东成立蚕丝改良局，开征进口农产品税，宣布自动收回粤海关，提倡将农副产品加工出口，广东省手工业产品外销数量大增。1934 年南海佛山消费合作社成立。③ 1935 年，广东省合作社成立，其中顺德、南海、中山成立蚕桑丝织产销合作社。如西樵丝业先成立各村合作社，再联合各村合作社，组织西樵联合社，目的在于统一指挥、筹措资金，以改良蚕种、复兴丝业为宗旨。④ 但是，中国的合作多与救灾、施放农贷紧密联系在一起，与西方国家以生产、消费合作为主迥然不同，无法有效调节、保障传统手工业的生产、销售和流通，再加之时局动荡，因而保护作用是极其有限的。

近代佛山传统手工业的兴衰表明，市场、技术、资金、政策、原料是影响传统手工业发展的主要因素。佛山传统手工业者在近代以来的自救，都是围绕着"生产性"展开，但没有找到有效的解决方法，再加上时局的动荡，因此其衰落也是不可避免的。佛山明清时期的 220 行手工业，到民初仅有八九十个行业，至新中国成立前夕，仍在生产的则只有 40 个行业了。

三、经验与教训：计划经济体制下的佛山手工艺

新中国成立初期的佛山市人民政府，结合佛山传统手工业的特点，十分重视恢复和发展传统手工业中工艺品的生产，使佛山濒危的传统手工艺

---

① 《佛山工艺会之成立》，《广东劝业报》1910 年第 108 期，第 47 页。
② 参见彭泽益《中国近代手工业史资料》第三卷，生活·读书·新知三联书店 1957 年版，第 253 页。
③ 参见《南海县佛山全市消费合作总社开成立大会详情》，《广东合作》1934 年第 18 期，第 14 页。
④ 参见《本省各地经济状况：佛山》，《广东省银行月刊》1937 年第 1 期，第 103～105 页。

得到了抢救性的保护。1956—1962年，经过社会主义改造，佛山市几百家私营、个体手工艺业户先后合并、组成了35家工艺技术生产厂企，其中以生产传统手工艺品为主的企业有民间艺术社、刺绣社、机绣社、雕刻社、绉金厂、色纸厂、乐器厂、狮棋社、东风玩具社、藤器社、竹器一社、竹器二社、竹器渔具社、茋筛雨帽社、汾江竹器社、锡纸社、彩印社、家具厂、雨伞社、算盘社、筷子社、美术陶瓷厂、服装厂等，产品分20大类数百个品种。"文化大革命"期间，佛山工艺美术遭到严重的摧残。一批具有优良传统和地方特色的民间工艺品停止生产、销售与出口，甚至连生产工具、资料也被砸烂和销毁，如具有五百多年历史的佛山木版年画的珍贵画版在一夜之间化成灰烬，造成了无法挽回的巨大损失。绉金纸、金花、礼联等佛山著名的手工艺产品被迫停止生产和出口，剪纸、秋色品、灯色等产品停止生产，一些民间艺人受到批判和斗争，佛山市民间艺术研究社也曾一度被撤销。传统工艺企业大批转业改行，乐器厂改为塑料机械厂，绉金厂改为无线电一厂，等等。到1968年，专业或兼业生产工艺品的只有26家。"文化大革命"后，佛山传统手工业企业开始复苏。

新中国成立以来的社会制度的变迁，令佛山传统手工艺的生产性实践发生了深刻变化。首先，在生产方面，佛山传统手工业通过合作化实现了生产资料的社会主义改造和生产技术的机械化改造。手工业合作社的发展道路是由个体到集体，由手工工具到半机械化进而转向机械化，由小生产过渡到大生产。佛山市工艺美术行业的合作化，克服了个体经营时规模细小、工具简陋和资金短缺的困难，使几千年来手工业者受压迫、被剥削的历史一去不复返。但是，在这场社会主义改造大潮中，许多行业的手工艺作坊并入合作社，继而并入国营工厂，其生存和发展的基础被彻底改变，由于计划、市场、领导与被领导关系、劳资关系、资金和材料、人员和工艺等种种原因，许多传之既久、独具特色的手工技艺支离破碎了，传承人改行和技艺断档，有的甚至湮没无闻。佛山传统手工业行业的数量，较之新中国成立前夕减少了一半。伴随着技术改造和资金扩充，佛山手工业的产业规模和产品数量超过了过去。一部分手工业由于机械化比较彻底，逐渐转变为现代工业，如佛山传统刺绣业为现代机绣所取代。另一部分则由于产品的特性和工艺的原因，只能是手工和机械联合的半机械化。在这一转变过程中，生产工具已经脱胎换骨，但传统工艺流程的完整性得到了保护，比如，佛山剪纸过去纯为手工作坊制作，但经历了半机械化的改造后，创造了剪、刻、凿、印、写、衬、染等多种剪纸工艺形式，摸索出了在"流水线"上批量刻出剪纸的生产形式，但佛山剪纸以刻为主的工艺特色仍然得到了保持。

在此期间，佛山传统手工艺产品的市场由内源性市场逐渐变为外源性市场。如佛山绣品总厂，1956年以前主要生产供内销的中式低档机绣品，1958年由于技术改造提高了技艺，能够生产外销中式机绣枕供应出口了，以后逐步扩大外销机绣品的生产，成为内外销结合、以外销为主的外向型企业。佛山乐器厂，20世纪60年代中期以前，以生产民族乐器为主，产品自产自销，60年代中期，民族乐器销售处于低潮，佛山乐器厂开始研制小提琴生产，后来又陆续开发出小提琴、吉他、电声吉他等产品，企业发展为外向型企业。海外市场的开拓，为受到极左思潮干扰的传统产品保留了生存的空间，但是一味面向海外市场，在设计、生产方面考虑的自然是外国人对中国工艺品的审美情趣和需求，这种情况相当程度上造成了佛山传统工艺美术产业逐渐脱离当地传统与现代文化，从而部分丧失了本土市场。

在此期间，佛山对传统手工艺产品在流通环节所产生的社会文化效益也有所重视，主要做法是举办和参加工艺美术展以及接待来访的中外来宾。1956年春节，佛山市政府在中山公园举办了"佛山市秋色、剪纸、盆栽艺术观赏会"，引来观者十余万人次；而后展览会移师广州文化公园，轰动省港澳，人们相互传颂，争相观看。1957年佛山举行了春节民间艺术大游行，1960年举行秋色大游行。1972—1978年，佛山连续5年在春节期间举办工艺美术展览，1977年选送作品参加了全国工艺美术展。新中国成立30年来，党和国家领导人曾到佛山民间艺术社参观，许多人亲笔题词赞扬佛山民间艺术。佛山民间艺术还在对外交流中扮演了重要角色，如1957年11月佛山民间艺术社举办秋色展，接待了苏联、罗马尼亚、墨西哥、民主德国、新西兰等国家的友好代表团。1964年，捷克斯洛伐克民间工艺品生产和工艺美术工作者小组来广东参观访问，参观了南海合作藤厂、石湾工艺陶瓷厂。上述展览和对外交流，客观上提升了佛山民间艺术的知名度，有利于产品的销售和文化的传播，但是这种交流有明显的意识形态色彩和赚取外汇的权益之计的考虑，尚没有把手工业的保护和发展与文化自觉结合起来。

在此期间，传统手工艺的传承方式也发生了改变。手工技术的权利由个体转移到集体所有，再到国有化，因而技术的传承方式发生了由个人享有到技术共享的转移。通过合作化的方式，佛山传统手工业企业积极安排老艺人带子女进企业及带徒弟学艺，为佛山市培养了一批工艺美术年青技术人才，这样既"提高了老艺人的社会地位，保护了传承人；通过确立社会主义生产方式，疏通了流通渠道，激活了传统技艺的生产力；又通过加大研究力度刺激了技术再生产能力"。① 另一方面，佛山还探索通过学校教育培养工艺美术人才。1972 年佛山开办了市工艺美术学校，学生被分配到本市各工艺企业从事工艺设计岗位，从事工艺美术的研究、创新以及对工艺美术行业的技艺指导工作。上述两种人才培养方式，为佛山培养了一批工艺美术骨干人才，这批人目前已成为佛山非遗项目传承人中的主力军。

纵观 1949—1978 年间，佛山传统手工业一直在意识形态和计划经济体制的控制下发展，虽然一定程度上挽救并发展了许多手工行业，但总体而言，使文化的多样性遭到了破坏。文化多样性不仅体现在人类文化遗产通过丰富多彩的文化表现形式来表达、弘扬和传承，也体现在借助各种方式和技术进行的艺术创造、生产、传播、销售和消费上。计划经济体制下，政府对传统手工业的控制达到惊人的程度，一切以计划为纲，产品的种类、生产的方式、生产的数量，均被严格控制，这不利于企业和从业人员发展积极性，无法适应消费群体的需要，文化的多样性也遭到了破坏。

四、机遇与阵痛：市场经济条件下的传统手工艺

党的十一届三中全会制定改革开放政策以后，佛山的传统手工艺业发生了深刻的变化，开始摆脱意识形态和计划经济体制的束缚，实现蓬勃发展。

首先，在生产方面，佛山工艺美术行业进行了生产结构和产品结构的调整，产品的市场适应能力有所提高。20 世纪 80 年代以来，佛山市各工艺美术企业积极引进技术、设备，对落后的手工业生产方式和加工工艺进行技术改造，提高产品质量。同时，配合广东省工艺美术行业开展标准化工作，佛山市各工艺美术企业先后开展了全面质量管理，制定了剪纸、秋色、灯色、狮头、彩色印刷、人造丝制品、婴鞋、人造花、刺绣、机绣、彩瓷、书画、首饰、木家具、藤制品、绣花童服、美术陶瓷等主要产品的质量、技术标准。工艺美术公司所属 7 家企业有 18 个品种技术质量标准，覆盖面达 72%。同时，佛山市工艺美术企业还积极调整产品结构，以增强市场适应能力。比如佛山市工艺美术厂 1970 年建厂之初，主要生产灯色、金银首饰、排穗球三种传统产品，生产周期长，材料较复杂，利润低，生产数量少。1980 年以来，该厂成立了设计室，设计人员在继承佛山民间传统灯色技艺与风格的基础上，根据国外风俗和喜好，在造型和色彩上采用绸灯荧光配色、丝绸印刷以及玻璃纸等透明配色等新工艺，在花式品种上

---

① 邱春林：《中国手工艺文化变迁》，中西书局 2011 年版，第 51 页。

按客户提供的样品制作各式各样的产品,赢得了客户。

在产品的营销上,佛山不少工业美术企业成立专门的营销部,积极拓展营销渠道,改变过去等客上门的营销模式,主动寻找市场机遇,通过自营进出口、中外合资、合营及"三来一补"等多种形式发展对外贸易,发展旅游纪念品、内销工艺品的生产和销售,产品形成了国内、国际两个市场,销售则形成了出口、旅游、内销三条渠道。如佛山工艺美术总厂生产的人造花、圣诞树、灯艺品新产品均打进了美国市场。与此同时,国内市场也得到培育与拓展。佛山民间艺术研究社在1984年首次为广州花园大酒店设计了三幅巨型剪纸形式壁画"红楼梦——金陵十二钗"。用于房间装饰的现代佛山剪纸,开创了民艺社将剪纸艺术与现代大型建筑相结合的先例。1997年为迎接香港回归,民艺社制作了数百组件的彩灯、彩龙,改变了传统彩灯主要用于室内装饰的传统,开辟了将传统彩灯与广场艺术相结合的新路。通过组合拳似的创新,佛山不少传统工艺美术企业开拓了新的市场,因而赢得了发展的动力。

在传承人的培养方面,佛山工艺美术界成立各级学会,调动艺人、创作设计人员的积极性,加强研究,繁荣创作,发展工艺美术生产。1979年3月,佛山成立了市工艺美术学会,产生了19人理事会;同年6月,轻工业部在北京召开第二次全国工艺美术艺人、创作设计人员代表会议,佛山一些著名的老艺人刘传、庄稼、刘泽棉、梁次等出席了大会,刘传被大会授予"工艺美术家"称号。1983年11月下旬,中国工艺美术学会民间工艺美术委员会在佛山市召开成立大会,并于1984年、1985年出版了两期《中国民间工艺》杂志。1980年4月、1981年7月、1982年6月,佛山先后三次在工艺服装、轻工、陶瓷、塑料、纺织及二轻行业对部分工艺、美术设计人员进行了中级、初级职称考核晋升,35人晋升工艺美术师,27人晋升助理工艺师,12人晋升工艺技术员。上述工作,团结了工艺美术设计与创作人员,提升了他们的待遇,激发了他们的创作积极性,有利于工艺美术的繁荣。

20世纪80年代末90年代初以来,佛山工艺美术企业也经历了市场经济的冲击和洗礼。1987年2月,市场各种物资价格猛涨,广东省各二轻企业生产成本增加,经济效益降低。佛山的一些传统工艺老厂开始因原材料匮乏,市场饱和、企业自身管理体制的问题以及民营企业更加灵活的经营模式的激烈竞争,逐渐走向了没落。如金属制箔、金花,原是佛山著名的土特产品,但到1981年年底,因铜箔市场销路日衰,民用绉金纸多以电化铝所代替,造成生产积压,企业亏损,于1982年年中被撤销,绉金工人并入佛山工艺厂,佛山金属制箔从此走向衰落。而许多以金箔为原材料的传统手工艺（如剪纸）也受到一定的影响。1988年佛山还有剪纸工作人员50多人，90年代初20多个剪纸设计师走掉一半，1995年剪纸车间只剩四五人。即使是一些经受了市场洗礼的知名工艺美术企业，在市场经济大潮中也出现了一些问题，有些一时未能适应市场的工艺美术品类很快消失了，相关的技艺失传了。例如佛山市工艺总厂，原有雕刻工艺社和木雕社，1969年组建成佛山市工艺总厂。目前已发展为一家以生产黄金、铂金、白银、珠宝镶嵌首饰及各种贵金属工艺礼品、人造花为主的现代化大型企业，是广东省工艺品进出口的主要基地。但是，在企业规模不断扩大、效益迅速增长的同时，过去生产的传统产品（如灯色、排穗、木雕等）几乎全部停产，传统艺人迅速边缘化甚至下岗，木雕等传统技艺因停产而濒临失传。到目前为止，该厂没有任何一项传统手工艺类非遗项目，也没有一位工艺美术大师。显然，完全以市场为导向的生产机制，不得不适应和迎合消费者的物质和审美需求，因而也导致了产品和企业文化属性的消失。

总之，在改革开放以来，佛山的传统手工艺业的产品结构、生产技术及销售市场方面均发生了深刻变化。一方面，由于直接面向市场，形成了适应市场的生产、经营模式，从而增强了传统手工艺业的生存与发展能力；另一方面，也因为完全着眼于市场，传统手工业企业的文化属性被忽略，部分传统技艺和产品在无情的市场竞逐中逐渐退出，成为亟待抢救的遗产。

五、事业与产业：非遗视野下的传统手工艺生产性保护

2003年实施非遗保护运动以来，传统手工艺的保护被纳入非遗保护视野之中。佛山市一方面大力加强各级传统手工艺类非遗项目的申报，另一方面则大力加强了对以传统手工艺类非遗为依托的文化产业的扶持。目前，佛山所申报的14项国家非遗项目中有6项、38项省级非遗中有12项手工艺类非遗项目，市区级非遗中的手工艺类非遗更是数不胜数。佛山的众多以传统手工艺类非遗为依托的文化产业发展加快，涌现出冯了性药厂、九江酒厂、石湾陈太吉酒厂、海天酱油厂等大型企业。目前，从事传统工艺美术行业的企业有200多家，从业人数达10000多人；年产工业增加值1亿多元，销售额5亿多元，出口贸易额3亿多元人民币。全市现有国家级工艺美术大师9人、省级工艺美术大师20人，还有一批高级工艺美术师、工艺美术师。

可以说，佛山的众多以传统手工艺类非遗为依托的文化产业，在发展

中走出了多姿多彩的非遗生产性保护之路。这些路径包括多个非遗项目的综合性保护、单个项目的深度保护、传统技艺与现代科技有效融合三种生产性保护模式。

佛山民间艺术研究社是多个非遗项目的生产性保护的典型代表。佛山市民间艺术研究社创办于1956年，目前已发展成为广东省旅游定点单位、国家文化产业示范基地，拥有5项传统手工艺类国家级非遗名录项目（剪纸、彩灯扎作、秋色、狮头、木版年画）和4位国家级非遗代表性传承人。多年来，佛山民间艺术社一直以挖掘和弘扬佛山民间艺术为宗旨，在非遗产品的生产性过程中坚持非遗的传统性、本真性，让具有传统特色产品的市场活力带动非遗项目的保护传承和发展。具体做法包括：一是通过生产性保护的探索和新材料、新包装的试验，增加工艺品的附加值，设计、制作新产品，进一步打造"佛山彩灯"、"佛山剪纸"、"佛山秋色"等项目品牌，与国内外市场需求接轨。二是以旅游和非遗结合形成良性循环，对佛山"非遗"项目进行合理有度的开发利用，把民间艺术研究社新址建设成为集非遗研究、展示、生产、销售、旅游、文化交流和教育培训于一体的佛山民间艺术创意基地。将彩灯扎作、剪纸、木版年画、狮头、陶艺等作为现场表演或展示项目保留下来，使景区更有地方特色和文化底蕴，而商贸旅游经济又能够为非遗的保护和传承创造良好的条件。三是举办展览及参加公益性展示活动，资助传承人培训授徒，举办培训班和艺术研讨会，奖励新人新作，为社会团体和青少年作艺术讲座。四是建立剪纸、陶艺、木版年画工作室，宣传推广名人名作。在上述努力下，佛山民间艺术社的非遗项目的核心技术得到良好保护和发展。如佛山剪纸在生产过程中突破传统用刀剪的普通制作方法，采用剪、刻、凿、衬等，大大提高剪纸的生产量，丰富了剪纸的种类；还通过佛山剪纸与陶瓷产业的合作，融合剪纸与陶艺的精华，研发了新产品民间艺术砖。佛山彩灯在传统彩灯上配上现代灯光、音乐、动画等，带给观众新的视觉享受；把彩灯的装饰与佛山剪纸的特色相结合，以铜衬剪纸作装饰，使彩灯纹样更丰富、色彩更艳丽；在材料方面，改变以前用纸、竹篾等材料扎作的传统，现采用钢筋、铁丝及彩布等材料，使彩灯的经久性和色彩都得到很大提高，促进佛山彩灯从室内艺术走向广场艺术。佛山狮头从流传的刘、关、张红底二花面、墨底二花面、五虎将狮头发展到金狮、镭射金狮等十几种花色品种；同时，狮头扎作艺术家还创新设计了模型狮头、特制二龙争珠等特色狮头。佛山木版年画改良了木版年画的外包装并且重新进行市场定位，令木版年画走向市场；设计了木版年画四色套印台。由于注重传统与现代结合，在生产性保护中虽然规模、题材、包装等发生变化，但核心技艺不变，在发展中还能够培养更多的传承人才，取得了很好的社会效益和一定的经济效益。

单个项目的深度生产性保护，则以传承石湾陶塑技艺的石湾美术陶瓷厂为代表。佛山市新石湾美术陶瓷厂有限公司建厂50多年，拥有一项国家级非遗名录项目"石湾陶塑技艺"。多年来，该公司不管面对何种困难和转折，都坚持保护"石湾陶塑技艺"的本真性、完整性及核心技艺的保护与传承，因而实现了单个项目的深度保护。在生产中，该公司对核心技艺的传承主要体现在几个方面：一是坚持塑、雕、刻、划、捏、捺等传统塑造手法的延续，每年都会组织各工艺流程的工人进行两三次的技术培训，保证传统技法的传承；二是坚持在产品中使用一次烧成的颜色釉，以区别其他地区的釉上彩、釉下彩等烧成方法，保持本土特色；三是在产品中坚持人物脸部、手部不上釉，保持以泥胎的颜色使肌理表现更加真实的特色；四是坚持使用本地出产的泥料——海相沉积粘土，以此种原料超强的可塑性，突出石湾陶塑技艺在立体雕塑方面的优势。在销售上，该公司一方面充分发挥石湾陶塑技艺在立体雕塑上的优势，走高档限量路线，提高产品档次；另一方面大力挖掘整理传统的胎毛技法，大规模应用于生肖陶艺上，提高了作品的艺术欣赏价值。通过多方面的工作，企业的销售额迅速提高，与之相应的是传承人的收入得到了极大的提高。以国家级非遗传承人刘泽棉为例，对比2005年其收入增长了5倍以上，其他传承人收入也有了大幅提高，渐渐迈入了比较富裕阶层。在传承人培养方面，该厂自1956年成立以来，共培养出9位国家级陶艺大师和11位省级陶艺大师，这在全国都是绝无仅有的，极大地提高了石湾陶塑在海内外的影响力，促进了石湾陶塑技艺的繁荣昌盛。2012年，该公司被评为非遗生产性保护基地。

传统技艺与现代科技融合的保护之路，以海天酱油厂为典范。海天酱油以佛山酱料制作技艺为依托。佛山酱料制作技艺2007年入选禅城区非遗项目，随后入选为佛山市非遗手工技艺类名录。海天味业，源于清乾隆年间的佛山酱料业。1955年，佛山25家古酱园合并重组，并根据佛山老字号"海天酱园"将新组建的厂命名为"海天酱油厂"。1988年，该企业跻身国有大型企业行列。1994年海天成功转制，驶上发展的快车道，并快速成长为中国最大的酱油产销、出口企业，目前已成为全球最大的专业调味品生产和营销企业。海天酱料一向以天然酿造为优势，历史积淀形成酿制酱料的微生物类群结合充沛的阳光暴晒工艺，酿造出的酱油具有独特的色泽和香气，色泽红壮、光泽亮丽，有"清香"型的酱豉味，其柱侯酱酱香醇厚，酯香和麻香浑然一体，酱味鲜甘可口，酱体幼滑，是长期畅销的土特产品。同时,"海天"致力"四海一家中国味",把中国美食文明远播世界 100 多个国家和地区。被西方主流社会媒体誉为"中国的乳酪"。① 在技艺传承上,海天秉承传统技艺与现代科技相融合,率先建成业内唯一的省级"酿造工程技术研究开发中心"和"产品检验中心"两个实验室,并与著名的英国中心实验室等国际科研机构、院校保持长期合作关系,仪器装备、人才队伍、科研实力均具有国际领先水平,确保每一瓶产品的安全卫生和高品质,与国际标准接轨,甚至超过国际标准。海天的成功,显示文化与科技融合是增强文化产业核心竞争力的重要途径。

六、佛山手工艺类非遗保护的困境与反思

经过传统工商业的浸润、近代手工业的发展、计划经济和市场经济的洗礼冲击以及非遗时代的保护介入,佛山的手工艺类非遗形成了如今的传承样态和存续格局。佛山的手工艺类非遗数量多,在高层级的非遗名录中体现得非常鲜明,仅入选省级非遗名录的传统手工艺类非遗项目就达 12 项,分别是佛山剪纸、佛山木版年画、石湾公仔陶塑艺术、佛山彩灯、香云纱染整技艺、狮头制作技艺、佛山木雕、石湾玉冰烧酒酿制技艺、九江双蒸酒酿制技艺、藤编、石湾龙窑制作技艺、金箔锻造技艺,前 6 项还相继入选了国家级非遗代表作名录。传统手工艺项目在佛山的省级非遗、国家级非遗中分别占比 32.6%、42.9%,可以说是佛山非遗名录中数量最多的类别。佛山的手工艺类非遗是佛山民众在长期的生产生活实践中发明、积累和传承下来的,具有丰富的历史、科技、人文内涵和独特的价值。它们一般以天然原材料为主,有完整的工艺流程,采用传统的手工艺,有鲜明的地域特色和传统审美意趣,这类非遗之所以能够流传至今,源于它们在历史上与民众的生活密切相连,是民众在生产生活实践中创造并延续下来的活态文化。当然,即便同属一个类别,传统手工艺各个具体项目的传承现状以及现实困境并不相同。比如,香云纱染整技艺保护因顺德与深圳、西樵的香云纱起源地之争,陷入了"传承人认定、原产地标志与传承单位的所有权保护,使得非遗传承不能形成群体效益,走向集体衰落"的"巴泽尔困境"②。

而金箔锻造技艺、佛山木雕、狮头扎作技艺等手工艺非遗由于其产品

---

① 参见《佛山酱料制作技艺》,http://www.fswenhua.gov.cn/whyc/fwzwhyc/200904/t20090428_1219360.htm。
② 参见杜洁莉《非物质文化遗产保护下的市场"巴泽尔困境"——以香云纱染整技艺保护为例》,《文化遗产》2013 年第 3 期,第 151 页。

缺少消费受众、市场销售乏力以及经济回报有限，加上材料、人工成本攀升，导致艺人渐衰、无人愿承。如狮头扎作国家级传承人黎伟说："这几年政府对民间手工艺，特别是非遗保护越来越重视，我们民间艺人既有喜，也有忧。喜的是有很多好政策来保护它；忧的是传承人肩上的担子重，我今年66岁了，这门手艺又没什么年轻人愿意学，要传下去，真不容易。"① 佛山木雕传承同样面临此问题，佛山木雕省级传承人何耀辉担心年轻人难以沉下心来学习木雕，在两三年前收了三个徒弟，如今已经走了两个。② 广东仅存的金箔厂是佛山南海罗村联和村金箔厂，会操作全套工序的老艺人吴深龙作为佛山金箔锻造技艺省级传承人，也面临着收徒难的问题，为免技艺濒危将技艺传给了儿子吴炜全。这些濒危的手工艺原本也是佛山民众经济生活的一部分，随着民众生活和消费发生巨大改变，部分手工生产方式在当今经济社会中丧失了主导地位，传统手艺人失去了原有的经济保障和社区尊重，缺少市场回报的手工艺难再成为谋生的手艺，从而导致后继乏人。而高龄手艺人营销能力、创新意识的缺乏，以及充满活力的年轻传人和运营团队的缺失，又加剧着这些濒危非遗市场定位模糊、市场推广无力以及营销体制没落的困境，形成了一个似乎难以消解的恶性循环。从学理角度而言，对这类非遗最好的保护措施应是生产性保护，即立足于非遗的活态流变性，通过生产实践建立起非遗保护和经济社会发展良性互动的有效机制，从而实现非遗的传承与振兴。

"生产性保护"概念最早出现于2006年王文章主编的《非物质文化遗产概论》，该著作没有对生产性保护概念作明确界定，但基于"活态流变性是非物质文化遗产最重要的特性"的观点，指出要坚持"积极保护"的原则，即以生产性方式保护非遗。具体而言，就是一方面将一些具备转化条件的项目作为艺人生产、生活方式延续传承，另一方面通过资源重组，以产业运作扩大生产规模和销售市场，使这些项目得以传承传播，将其视为非遗保护的基本方式和原则。生产性保护概念提出之后一度沉寂，2007年、2008年并无过多回应。2009年元宵节期间举办的"中国非物质文化遗产传艺大展"系列活动使"生产性保护"成为话题焦点，尤其是"非物质文化遗产生产性方式保护论坛"首次对生产性保护这一概念进行了全面、深入的探讨。与会学者、传承人将生产性保护的适用范围扩大，由传统手工技艺类项目延展到整个非遗领域。生产性保护由此从一般性的学术概念上升为非遗保护的一个关键词。尽管很多研究者对"何谓生产性保

---

① 贺林平：《"佛山狮头"盼传人》，《人民日报》（海外版）2011年12月2日第7版。
② 参见潘慕英《佛山35个非遗传承人八成超65岁 项目或濒绝迹》，《广州日报》2014年10月17日FSA2版。

护"作了深入阐述，最权威的说法当属2012年2月文化部正式制定印发的《文化部关于加强非物质文化遗产生产性保护的指导意见》中对非遗生产性保护的定义："非物质文化遗产生产性保护是指在具有生产性质的实践过程中，以保持非物质文化遗产的真实性、整体性和传承性为核心，以有效传承非物质文化遗产技艺为前提，借助生产、流通、销售等手段，将非物质文化遗产及其资源转化为文化产品的保护方式。目前，这一保护方式主要是在传统技艺、传统美术和传统医药药物炮制类非物质文化遗产领域实施。"①

"生产性保护"是对手工艺类非遗活态历史和保护实践的理论总结，更是对濒危手工艺类非遗摆脱困境的策略指引与现实导航，关键前提在于要通过准确的市场定位与恰当的营销方式，重构手工艺类非遗的市场消费空间，让手工艺人产生传承核心技艺的内驱力。盐野米松"总是在强调，要想让手艺找到生存的空间，首先要具备三个条件，第一，维持让手艺人的产品销售出去的环境；第二，找到相对便宜的原材料；第三，就是这个业种要有传承人"②。对此非遗保护主体到底该如何介入？首要的一点是，不能忽视他们的生存权和发展权，更不能只是从学术角度诘难非遗传承人并要求他们固守传统。正如佛山木版年画省级传承人冯锦强所言："对于我通过建设佛山木版年画主题概念馆，走木版年画的商业化开发之路，一些专家提出过批评，对我的想法不是很理解。可是不搞商业尝试，谁来养活我们？没有经济回报，哪个年轻人愿意一辈子做木版年画？"③ 确实如此，非遗传承人作为普通的劳动者并不以"文化保护"为主观目的和现实动力，"这些朴素的手艺人，绝不是圣人君子，更不是人间国宝。他们就是每天拼命地为了养活家人而勤奋劳作的最普通的人"④。可以说，经济利益是佛山手工艺类非遗"传承"与"振兴"的内在需求，是非遗可持续性发展所必需的前提基础，是非遗保护主体必须直面的根本问题。

仅依托外围"输血"式的保护，从根本上无法解决手工艺非遗的振兴难题，因为"保护得再好的老手艺，也无法改变无人使用或日渐稀少的需

---

① 《文化部关于加强非物质文化遗产生产性保护的指导意见》，《中国文化报》2012年2月27日。
② 英柯：《盐野米松——匠人们的倾听者》，（日）盐野米松《留住手艺——对传统手工艺人的访谈》，英柯译，广西师范大学出版社2013年版，第340页。
③ 访谈时间：2014年11月24日晚；访谈人：谢中元；访谈对象：佛山木版年画省级传承人冯锦强。
④ （日）盐野米松：《留住手艺——对传统手工艺人的访谈》，英柯译，广西师范大学出版社2013年版，第4页。

求这一事实"①。只有消费的驱动力才能促进手工艺非遗生产传统的恢复,如本身有着产销互动历史的石湾陶艺、九江双蒸、藤编等非遗项目,由于依托相应的企业运营平台,其非遗传承人以及非遗产品经营者能够在商业营销中赚取利润、形成品牌,再加上从业者的社会地位在非遗保护情境中有所提升,可以吸引更多人进入该手工艺领域,非遗的传承危机在无形中得以解除。由此而言,佛山手工艺非遗的"生产性保护"离不开"自我造血"的商业化产销,这种保护模式是投鱼入水、回归生活而且发挥市场经济决定性作用的保护模式,需要传承人、政府、学者、文化企业、民众、消费者的共同参与以及手工艺非遗的自洽衍变。对此,有学者提出了"理性商业化",即"以'非遗'承继与振兴为总体目标,以传承人为保护主体和利益主体,以政府政策为保障和支持,以相关应用性研究和合理化建议为指导,以生产性保护、活态传承为实施基础,尊重、鼓励和促进具备商业运作潜力的'非遗'事象进行自洽衍变,通过现代商业的创意、营销等商业行为,发挥市场经济的决定性作用,重新融入现代民众生活,形成稳定的文化消费习惯和消费群体,从而提高传承人的经济收益和传承能力,吸引更多人成为传承人,实现民间文化的持续繁荣"②。

手工艺非遗的"理性商业化"实质上意味着,以市场消费群体为本位,通过手工艺消费环境、消费文化以及消费潮流的培育引导以及消费性保护,激活手工艺非遗的自我造血功能。当然,"生产性保护"所诉求的商业化不等于借生产性保护之名进行过度市场化运作,这种疏离核心技艺保护和核心价值累积的产业化开发只会对传统手工艺非遗造成更为严重的破坏,这是"理性商业化"的应有之义。早在1950年初,原轻工业部部长黄炎培就发现了传统手工艺存在的问题,在《光明日报》上发表了《给北京市特种手工艺界的一封信》,其中谈道:"不只是世界局势在变,人心趋向也在变,有许多很好的东西需要从它很好的基础上,找出一种现代化的新方向,这样不但可以维持,还可以发展。"③ 对于佛山的手工艺类文化企业和传承人而言,以核心技艺、核心价值的完整性保护为前提,立足经济规则、市场需求和文化效益,构建由收藏、高端、普通等文化消费品并置的市场空间,顺应现代审美变化和市场需求,探索必要的文化创意再生产,将是不可回避的"生产性保护"路径。

---

① 杭间:《口述的手艺史——关于盐野米松的〈留住手艺〉》,《手艺的思想》,山东画报出版社2001年版,第319～340页。
② 张礼敏:《自洽衍变:"非遗"理性商业化的必然性分析——以传统手工艺为例》,《民俗研究》2014年第2期,第73～74页。
③ 黄炎培:《给北京市特种手工艺界的一封信》,《光明日报》1950年1月20日第2版。

需要指出的是，经济运行中存在"物以稀为贵"的规律，这种市场化的调节方式会自然强化手工艺人的市场敏锐感，使传承人持守传统的核心技艺和文化精髓，同时积极感知市场需求、引入商业营销手段，以市场为导向创制精品。石湾陶塑技艺的活态传承即是如此，尽管如日本陶艺研究学者岛田文雄所言："许多大师的陶瓷创作仅限于传统人物、戏剧造型，这可以说是一种细腻制作过程，并不能说是细腻的创作过程"[①]，但相对成熟的市级以上工艺美术大师评审制度以及相对细分的陶塑艺术市场，培育了数量递增的陶艺大师，也形构了良性互动的陶艺产销生态，使石湾陶艺处于一个由生产、销售和流通构成的动态的生产性实践场域。在手工艺非遗传承范例的启示下，非遗保护主体除了运用抢救性、输血式保护模式，更应该从引导、培育非遗传承人的市场敏锐性和积极性方面探索良方，为其市场化行为提供优惠政策。特别是在帮助具有商业潜力的手工艺非遗项目实现文化认同的前提下，鼓励和保护其自主商业行为和合理的文化创意行为，为其提供充分的市场发展空间和价值提升空间。

传统手工艺作为"文化资源"可被转换为文化商品，因而具有文化资本的属性，现代社会的经济、文化发展越来越需要手工艺非遗的续存和振兴。如布尔迪厄所言："文化商品既可以呈现出物质性的一面，又可以象征性地呈现出来，在物质方面，文化商品预先假定了经济资本，而在象征性方面，文化商品则预先假定了文化资本。"[②] 文化产业发展的热潮已证明了这一点，而且越来越呼唤推进非遗资源的创意化利用和开发。2012年2月，中共中央办公厅、国务院办公厅印发的《国家"十二五"时期文化改革发展规划纲要》明确提出：设立国家文化发展基金，对文化内容创意产业、非物质文化遗产项目经营实行税收优惠。佛山的手工艺非遗也迎来从"遗产"到"资源"转化的蜕变期，在此过程中，佛山手工艺市场上必然会出现以次充好、山寨品横行等"劣币驱逐良币"的现象，但是大师级、高水平的手工艺品无法避免和仿制品、低层次产品甚至赝品共生，解决之道在于通过分清工艺品层次、建设文化市场，分阶段构建结构合理、层次多样的文化消费市场，使多元形态的佛山手工艺非遗产品在共生的文化空间中接受市场规律的调节，从而实现手工艺非遗的传承与保护。

[①] 陈惠婷：《太多石湾陶艺是制作而非创作》，《南方都市报》2013年8月20日。
[②] 《文化资本与社会炼金术——布尔迪厄访谈录》，包亚明译，上海人民出版社1997年版，第198页。

第二节　个案：佛山彩灯的生产性保护实践研究

生产性保护早已成为手工艺非遗保护领域的重要概念。刘魁立认为："以生产性方式对部分相关的非物质文化遗产项目进行保护，不仅是有效的保护和传承方法，甚至还是唯一可行的保护和传承方法。"① 佛山彩灯作为入围第二批国家级非遗名录的项目，在明清时期就已成行成市，但因近代商业生态的破坏而逐渐式微。1956年手工业合作化之后，佛山彩灯被纳入企业集体生产，其传承人谱系才被建构起来。这种实现彩灯技艺传承的方式，正是非遗生产性保护的实践模式，本节拟对此作系统深入的梳理。

一、商业情境下佛山彩灯的产销传统

由于历史上对民间手工艺的偏见以及"文革"的严重破坏，现存可见的佛山彩灯来自晚清以后，关于佛山彩灯的起源尚无明确考论。有论者认为彩灯随中原人南迁后"经过佛山人精妙心智的演绎"而成②，也有看法认为佛山灯色艺术"从明代流传至今"③，都属于模糊的判断。当然，佛山彩灯也可能产生于宋，因为源自农历正月十五汉武帝设坛祭祀太一神仪式的中原花灯习俗始于汉代，盛于唐，至宋遍及民间。而宋时中原人南迁岭南堪称继秦汉以及魏晋大迁徙以来的第三次迁徙，有可能将中原花灯民俗带入佛山。再者，佛山在宋初由乡市壮大为商业市镇，"佛山成聚，肇于汴宋"（乾隆版《佛山忠义乡志》），具备培育彩灯习俗的文化环境。如果说佛山彩灯起于宋，在文献上还缺乏可靠证据，而其盛于清则是十分明确的。

明清时期，佛山一跃成为中国四大名镇之冠和仅次于京师的天下四大聚之一，发达的商业环境让集佛教、道教于一地的佛山成为具有浓厚实用宗教意识的市镇，培育了城镇民众崇实尚利的民俗审美需求，比如，崇尚求神礼佛以达到祈福、问财、求子的目的，流溢着实用主义理性的色彩。在商品经济与实用宗教的共同作用下，民间自发操办的赛会迎神、祭祀建醮、出秋色等成为不可或缺的习俗，拉动着城镇民众对彩灯等酬神礼佛手

---

① 刘魁立：《民间传统技艺的人性光辉》，《中南民族大学学报》2009年第4期。
② 关宏：《富丽喜庆的佛山彩灯》，《广东社会文化》2009年第3期。
③ 杨小燕：《佛山灯色艺术的创新与发展》，《佛山研究》2001年第2期。

工艺品的需求，由此催热了彩灯彩扎行业。

清初即有"上元作灯市，剪彩为花，张灯五夜。烟火、秋千箫鼓载道，游人达曙"①的记载。乾隆版《佛山忠义乡志》则描述得更为细致："八月十五，会城（指广州）喜春宵，吾乡（指佛山）喜秋宵，醉芋酒而清风生，盼嫦娥而逸兴至，于是征声选色，角胜争奇，被妙童以霓裳，肖仙子于桂苑，或载以车架，或步而随行，铙鼓轻敲，丝竹按节，此其最韵者矣。至若健汉尚唐军宋将，儿童博趣，纸马火龙，状屠沽之杂陈，挽莲舟以入画，种种戏技无虑数十队，灵应祠前，纪岗里口，行者如海，立者如山，柚灯纱笼，沿途交映，直尽三鼓方罢。"②中秋节的佛山彩灯盛况于此可见一斑。在元宵、秋色等民俗节庆的驱动下，以灯宴为主的普君圩灯市应运而生，专制彩灯的佛山彩扎行业随之兴旺。道光版《佛山忠义乡志》载："扎作行，本乡扎作极有名，人物故事尤精，外乡多来购之，又有不倒翁为行酒令之具，外省销流极广。"③彩扎灯业成行成市，不仅满足了佛山城镇民众的民俗需求，并逐步发展为城乡内销和出口贸易并存的格局，产生了脱离与半脱离农业生产的、家庭作坊式的彩灯艺人。清至民国时期，从事彩扎人物、人物灯、彩龙的艺人先后有邓忠、张氏、邓八、邓发、邓满，竹织灯笼、纱灯、特艺灯、彩灯、彩龙组灯扎作技艺方面则以吴汉为代表。

彩灯艺人的成长、扎作技艺的成熟提升了佛山彩灯的艺术含量，佛山彩灯（图6.1）所使用的装饰图案达百种之多，故而产生了多种类型。传统佛山灯色分为两大类，一种是彩灯，包括竹织灯、大红灯、宫灯、走马灯、玩具灯、剪纸灯等，基本方法是先用竹篾、铁线、丝绸、色纸、玻璃纸等原料，手工扎出以人物、动植物、亭台楼阁、民间故事等为题材的造型骨架，再用各色丝绸布料、花边、彩穗、佛山剪纸等装饰品粘贴而成，形成富丽堂皇、玲珑纤巧、光明通亮的审美趣味。另一类则是秋色特艺灯，起源于"秋色会景"游行，为佛山所独有，是先用铁丝、刨花、芝麻、瓜仁、通草、灯草、谷壳、鱼鳞等材料剪刻、粘砌成各种纹样图案，再打磨成玲珑剔透的芝麻灯、灯芯灯等各种灯色。佛山彩灯行业稳步发展，催生了民间自发以巡行形式展示彩灯的"提灯会"，清代佛山木版年画已把"提灯会"作为题材。

但是至清末，彩灯的产销已面临危机，河道淤滞直接导致了佛山交通枢纽地位的丧失。道光以后，"潘涌、仙涌皆当日引流之处，今俱淤为平

---

① （清）郭尔所：《南海县志》卷六《风俗》，康熙三十年（1691）刻本。
② （清）陈炎宗：《佛山忠义乡志》卷十《风土》，乾隆十七年（1752）刻本。
③ （清）吴荣光：《佛山忠义乡志》卷五《乡俗志》，道光十年（1830）刻本。

图 6.1　传统大彩灯（禅城非遗中心供图）

壤"，至于佛山城内的大塘涌也成一线余脉，除了洛水一支，已经没有纵横交错的河涌。① 流通中断致使彩灯生产受挫，帝国主义侵略则导致"咸丰庚申以后，各国纷请立约，洋货充斥，我国商务，愈不可向，而佛山先承其弊"②。加上手工艺本身家族传承方式的隐秘性、排他性，佛山的各种民间手工业随之衰落。尽管民国时还存在"不到鸡鸣不肯休，纪岗街口闹中秋，齐看环珮三更月，道是花神夜出游"以及"柚灯如画妒姐娥，丝竹沿街按节歌，纸马莲舟都入画，果然秋色比春多"③ 的美妙图景，但佛山彩灯扎作已"无可奈何花落去"，只剩黎祥记、江记、万兴、中泰等十多家工艺店勉强维持。彩灯艺人零落于民间，行业生态遭致破坏，彩灯传承至此面临中止。

二、合作化生产中的彩灯艺人与技艺传承

新中国成立初期，佛山彩灯的产销链近乎废止，技艺传承面临危机，但随后国家对手工业的收编带给佛山彩灯重振生产的信号。1953 年，《手

---

① 参见罗一星《明清佛山经济发展与社会变迁》，广东人民出版社 1994 年版，第 256～257 页。
② 汪宗惟、冼宝干总纂：《佛山忠义乡志》卷十四《人物》，民国十五年（1926）刻本。
③ 汪宗惟、冼宝干总纂：《佛山忠义乡志》卷十《艺文》，民国十五年（1926）刻本。

工业生产合作基层社示范章程（草案）》在第三次全国手工业生产合作会议上颁布，合作化思想渗入手工艺行业，至1956年发展为声势浩大的政治运动。1954年11月，佛山市文化部门组织42人组成8个调查组，对佛山的民间手工艺进行调查。1956年5月4日在升平路成立民间秋色工艺社，同年9月改名为"佛山民间艺术研究社"，由陈凝丹、林君选等书画家主持工作，将散落佛山民间的手工艺人集纳起来，组成剪纸、灯色和秋色三个车间。1958年，41岁的吴球、35岁的邓辉被调往民间艺术研究社从事灯色扎作，二人成为彩灯技艺传承的"火种"。被纳入国家管理体制下的合作化生产之后，他们从家庭作坊成员变身为合作化组织的骨干。依此一脉活水，招工收徒、整理遗产、传技授艺、集中产销成为可能。

民间艺术社属于政府供养的半国有企业半事业单位，既是经济组织，又是政治单元。在国家计划经济和意识形态的有序规训下，以前家族内部父传子的私密技艺成为师徒相授的公共技艺，技术民主化使彩灯技艺的传承、艺人谱系的建立得以实现。招工收徒是第一步，彩灯省级传承人陈棣桢接受笔者访谈时说，1960年与他一起学习彩灯制作的有三四十人。学徒入行，有准入门槛，比如要有兴趣和悟性、有想象力、有一定的美术基础、会自制工具、能耐得住寂寞等。学徒的学艺内容则包括：干杂活，男学徒要拉铁丝、开竹篾等；上美术课，每周两天聆听名家授课；学工序和基础技艺，尤其是学扎灯笼、扑纸、剪纸、装饰等工序。彩灯扎作学习需要较长的周期，至少先要做三年入门期的学徒；经三至五年的基本功学习后，才能专攻灯色扎制技艺，进而独立做灯，八至十年后再成长为彩灯扎作艺人。由于程序化、系统化的学习过程尤为艰苦，本身起到了优胜劣汰的作用，从艺意愿不强、学艺资质有限的学徒自然选择离开车间，继续坚持的艺人则逐步掌握学习核心技艺（图6.2所示为佛山民间艺术研究社彩灯制作车间）。

经过实地调研发现，如今从事灯色扎作的优秀艺人都是在20世纪六七十年代从车间学徒开始彩灯扎作生涯的。1960年，15岁的陈棣桢进入民间艺术社学习灯色扎作；1962年，杨玉榕开始在剪纸、灯色等车间学习基本技艺；60年代期间还调入石清汉、吴子洲等艺人；1974年，梁达光调入成为学徒；1979年，杨小燕进入民间艺术社。企业制度下的彩灯技艺传承确保了规范化、程序化，而系统的基础训练可保证艺人的彩灯扎作技艺稳步成熟，陈棣桢、杨玉榕于2010年入围了首批广东省级彩灯非遗传承人。以新生代彩灯艺人黄宏宇为例，他于2000年进入民间艺术社灯色车间，每周按计划接受书画家、教授和资深老艺人的美术基础和工艺技术培训，在灯色扎作、"扪"绸布、錾剪纸、雕刻、绘画、喷色、水电安装、烧焊、工

图 6.2　佛山民间艺术研究社彩灯制作车间（谢中元摄）

程安装等多方面经受磨砺，他也因此成为佛山市级传承人并参与创办了彩灯工艺厂。持续的师徒制度和生产实践让原本濒临失传的彩灯技艺得以继续传承。佛山彩灯扎作对几何造型、尺寸、比例的精确度要求高，程序也较为复杂，主要过程包括设计、扎廊、扣衬、装配四大工序。

　　第一步构思，又称设计，工艺师先自由创作出既保持传统风格又美观新颖的彩灯平面图，车间技术员再按要求设计出立体施工图，须考虑彩灯的整体和局部大小规格尺寸、用料要求、色彩、装配的纹样、数量等。第二步是扎廊，又称扎骨架，就是用柔韧性好的竹篾或铁线按图扎制成立体灯形，所用竹篾的粗细、间距的疏密根据不同物体和形状而定，一般间距约 10～15 厘米，工艺讲究细致，每个交接口用纱纸条缠紧，灯廊要求造型准确、对称平衡、牢固美观。第三步是扣衬（图 6.3），即用胶水将需要的布料、丝绸、尼龙、色纸、玻璃纸等扣在立体灯形架上，主要图样有铜凿、衬色剪纸以及寓意吉祥的龙凤、金钱、寿字、牡丹花卉、瓜果等图案，以彰显岭南风格和佛山特色。扣面前必须先将面料扫水，布料缩水后再用胶水做粘料扣上灯面，使灯面保持平滑美观。室外的大型组灯扣面，需使用防水防晒的新材料"色丁"，以保持长时间户外展览最理想的艺术效果。大型组灯的扣衬工序最为讲究，如头牌灯，灯高数米，分上、中、下三层，底座以莲花造型；中层是主灯，以四柱分隔为内外两层，中景灯屏是山水、人物、书法诗句，外层装龙凤、麒麟、人物、花卉灯；上层为亭台楼阁式或牌楼式，四周檐角吊挂各种造型的小彩灯作装饰。整个头牌灯大灯中有小灯，工艺十分精细。装配是最后一步，指进行运输和现场连接组合的安装工序，运输和现场安装工程浩大，安全系数要求高。

图6.3　彩灯扎作师傅在指导扪衬过程（禅城非遗中心供图）

在以上环节中，扎廊工序至关重要，它决定了彩灯造型是否美观、稳固，是彩灯赋形阶段的核心技艺。当然，扎廊难学也难精，它需要艺人调用绘画基础、手感和经验共同介入，非经历几年甚至十几年的扎制历练和耐心揣摩难以掌握纯熟。

三、生产市场化与彩灯产品的应需而变

作为扎作佛山彩灯的主要手工艺企业，佛山民间艺术社早在成立之初就以市场销售为导向延续着生产实践（图6.4所示为待售的传统彩灯）。从20世纪80年代起，彩灯、大红灯、中秋灯、剪纸灯等销售不断扩大，主要销往香港以及由香港转至东南亚、美国、加拿大、澳大利亚等地，1982年灯色产值达55万元，1985年升至91.26万元。这不仅带来了可观的利润收入，更重要的是使艺人恢复了对手工技艺的认同和自信。正如陈棣桢所说："当你的作品被别人认同被别人赞美，你在一旁听着，自然会

有一种轻飘飘的感觉。或许就是这份成就感，支持着我到今天。"他坚信"只要有市场就能存活，否则就会被自然淘汰"①，朴素的言语诠释着手工艺非遗生产性保护的理念，市场驱动着彩灯生产，也推动着彩灯创新。总结起来，佛山彩灯经历了三种创新变化。

图 6.4　佛山民间艺术研究社待售的传统彩灯（谢中元摄）

一是从室内艺术变为广场艺术。传统彩灯以小灯为主，主要用于家庭、庙宇、店铺装饰。但是在都市审美时代，仅拘囿于室内艺术的彩灯逐渐被市场所冷落。在老艺人吴球的倡导下，佛山彩灯逐步走向广场艺术和组合艺术。1977 年，艺术社为澳大利亚"蒙巴节"及华人春节龙会扎制了 98 米长的金、银龙各一条，引起轰动后，媒体将佛山赞为"彩龙的故乡"。1985 年 9 月，为香港太古城扎作了高 8 米的彩灯；1997 年为香港回归庆典制作了数百组件的彩灯、彩龙，13 艘大型传统彩灯花艇中，最大的长 48 米、宽 3 米、高 18 米，彩龙光龙头部分就长达 40 米（图 6.5）；2000 年为香港"龙腾灯耀庆千禧"大型灯会扎作的"腾龙"占地面积 4800 平方米，全长 280 米，龙头高 14 米，由 106 个部件组成；2002 年为佛山春节扎作

---

① 曾瑜：《扎彩灯五十年见证工艺变迁》，《珠江时报》2008 月 10 月 8 日。

的传统大彩灯高达 24.05 米。这四个作品都作为世界之最被载入吉尼斯世界纪录大全。2006 年还为香港黄大仙灯会设计制作了大型"龙凤"组灯（图 6.6）。室外彩灯突破了传统彩灯款式、品种的限制，既可扎成各种人物动物、花鸟鱼虫、亭台楼阁等造型灯，也可以设计成民间故事大组灯及巨型彩龙。制作大型广场彩灯的法门，就是用尼龙布、铁枝、钢筋、胶水代替了传统的纸张、竹篾和糨糊，既牢固又防水防晒，可观赏性更强。

图 6.5　1997 年全世界最长金龙灯在香港展出，载入世界吉尼斯纪录
（禅城非遗中心供图）

图 6.6　2006 年为香港黄大仙灯会设计制作的大型"龙凤"组灯
（禅城非遗中心供图）

二是从传统艺术变为时尚艺术。传统彩灯多属于单一的宫灯造型以及高不足 80 厘米的小灯笼，设计题材上偏重于传统中国元素。比如中秋节彩

灯主要以传统龙凤、才子佳人、八仙过海、孙悟空等为主要题材,而港澳市场的诉求点在于传统工艺与现代审美的融合。为满足需求,一般由港澳方面提供设计方案,再由艺术社负责扎制。在此基础上,佛山彩灯逐渐拓宽题材,除了对传统民间素材进行再创造外,还引入贴近生活的新颖题材。在外形上,将景色、卡通、迪士尼主题、童话故事、海底世界、现代雕塑等引入,逐步改变传统刻板面貌;彩灯艺人还积极把握网络时代的文化特征,创作上越来越贴近流行时尚。陈棣桢设计创作了"迪士尼"、"西游记"、"恐龙战队"等系列卡通彩灯,杨小燕创作了带有QQ小企鹅的"圣诞快乐"彩灯,彩灯车间为北京奥运会扎制了28个运动版福娃彩灯。正如彩灯省级传承人陈棣桢(图6.7)认为的:"要跟上潮流,就能活下来。所以要不断创新,尽力做到满足不同客户的不同需要。当然,如果传统与潮流两者能完美结合,那是最好不过。做到了这一点,也就不愁没有发展前景。"① 彩灯生产不因循守旧,而是锐意创新,因此得到了市场消费群体的认可。

图6.7　2011年11月14日,上午笔者访谈佛山彩灯省级传承人陈棣桢(左)(彭健敏摄)

---

① 曾瑜:《扎彩灯五十年见证工艺变迁》,《珠江时报》2008年10月8日。

三是从静态画面艺术变成动态视听艺术。传统彩灯仅用于室内装饰，受技术限制，多为静态艺术。20世纪90年代，随着大型会展、节庆庆典的需求涌现，艺术社运用现代环境艺术中的造型设计原理，突破灯体的外形和结构，结合声、光、色、电等技术丰富其表现手法，增加大型彩灯的科技含量，使之更符合现代人的欣赏品味。具体而言，用"声"，是指在彩灯上增加播放音乐的功能，甚至可以模仿动物的叫声；用"光"，即在照明方面由蜡烛、点灯转向电化照明，而运用LED、投幕等表现手法给人带来更佳的视觉感受；用"色"，让彩灯色彩丰富、变幻无穷，白天金碧辉煌，晚上晶莹剔透；用"钢架"，采用钢架结构搭建广场灯色，利用工程力学知识和传统精湛手艺将佛山灯色包装得既大且美。2011年，为荔园游乐场设计的大型组灯就利用了LED灯，主体部分"大型南瓜车"底两个车轮通过灯光的配合变幻动起来，小兔子与小熊守着2米多高的爆谷车摊位，爆谷车的爆米花通过风扇的吹动栩栩如生，高达6米的摩天轮在马达的驱动下真正旋转起来。"传统工艺+现代设计"的创新模式，使传统灯色工艺迸发出新的生命力。

四、关于佛山彩灯传承与保护的思考

佛山实施非遗保护的大背景，在于民间艺术在传统农业社会向现代工业社会转型、计划经济体制向市场经济体制转轨过程中遭遇了困境，同时面临着现代性渗透、城镇化发展的冲击，一些民间手工艺甚至已经"人亡艺息"，成为博物馆保护的"遗留物"。而佛山彩灯艺术却能活态传承至今，成为佛山手工艺类非遗发展的典范，其缘由值得追问梳理。从根本上说，世界华人圈对传统文化的认同，为佛山彩灯艺术的生存与发展提供了合适的空间，这种认同成为坚韧牢固的纽带，将身处世界不同地方的华人联系在一起，使他们主动认同、乐于观看佛山彩灯艺术，并愿意订购佛山彩灯。这种文化认同的土壤则是以春节、元宵节、中秋节等为代表的传统节日，以及经常性、周期性的国庆节、圣诞节等节庆娱乐活动，它们为佛山彩灯提供了展演空间、流通载体和消费源泉。由彩灯与传统节庆共同释放出了以华人归属感为内核的一系列重要价值观与习俗，突出了传统节日所固有的吉祥、美满主题以及民众对美好生活的追求，而这构成了族群认同的内生动力。反言之，强烈的族群认同让世界华人主观上愿意从彩灯及其民俗文化活动中寻索一种文化归属感，并用它们寄托乡愁、凝聚情感。

基于此，佛山彩灯在港澳台及海外市场备受青睐，屡获稳固订单。比如，连续十多年在春节、元宵节等节日期间亮相香港文化中心等地，"以香港为例,特区政府连续十多年举行的元宵传统灯展活动,均把设计方案交给了佛山传统灯色传承人手工制作"①。澳门政府在室内运动会上用佛山彩灯向世界展示中国文化,每年中秋、春节、元宵节三大节日的彩灯订单超过 50 万元;1987 年至 2008 年,佛山灯色曾先后 17 次到台湾举办灯色展览。佛山灯色成为佛山出国展览次数最多的手工艺品,从 20 世纪 70 年代开始,彩灯陆续在澳洲、美洲、欧洲、非洲、东南亚的 20 多个国家和地区参加各种艺术展览。新加坡先后 18 次邀请佛山彩灯前去举办展览,并给予"中国彩灯之最"、"彩灯一绝、名扬四海"的盛誉。世界华人圈共享共同的艺术符号、共通的文化传统,用族群认同滋育着各类生生不息的民俗节庆活动,进而为佛山彩灯提供了源源不断的外销市场。如民俗学家张紫晨在论述民俗与民间艺术时指出的,民间艺术是民俗活动的直接需要,"它来源于民俗,是民俗的组成部分,它的内容和形式大多受民俗活动或民俗心理的制约。民间艺术是民俗观念的载体"②。世界华人圈民俗节庆的消费和需要,使佛山彩灯艺术不再仅仅是一种自娱自乐的民间艺术,还成为文化交流的媒介、文化产业的载体。

随着工业化、都市化以及全球化进程的加快,佛山本土的迎神赛会等民俗活动趋于式微甚至消亡,明清时期以巡行方式展示彩灯的佛山"提灯会"早已不复存在,彩灯赖以依存的文化空间逐步丧失。以秋色特艺灯为例,它本是秋色赛会上最具特色的手工艺灯种,由于佛山秋色习俗于 2000 年至 2008 年间一度中断,秋色特艺灯所展示的空间受到挤压,被世人所了解的机会越来越少。进而言之,本土传统民俗活动的淡化以及民众对彩灯艺术认同感的耗散,使得佛山彩灯缺少本土市场的支撑。2012 年佛山彩灯的销售额达到 800 余万元,但绝大部分市场来自港澳及海外,佛山本土销量只占很少比例。"在佛山本地反而没有市场,恐怕是佛山彩灯发展遇到的最大问题。"③ 而占据价格优势的电子灯色将本土的彩灯需求进一步挤压,据笔者 2011 年 9 月初到佛山民间艺术社祖庙旗舰店调研发现,所陈设的灯色中,刨花灯、灯草灯、鱼鳞灯、荷花灯、彩蟹灯、枫木宫灯等独具特色的佛山彩灯仅占不足 20% 的比例。与单价 10 元至 30 元的电子彩灯相比,传统彩灯最便宜的需 30 元左右,而小号的寿桃灯达 48 元、中号 56 元、大号 70 元,更贵的达 2000 多元。佛山彩灯本土市场的缺失虽然没有

---

① 阎锋:《手工业税收标准等同工业企业:非遗传承人压力大》,《南方日报》2014 年 3 月 11 日。

② 张紫晨:《民俗学与民间美术》,《民俗与民间美术》,湖南美术出版社 1990 年版,第 16 页。

③ 阎锋:《佛山彩灯本土需求几乎为零》,《南方日报》2011 年 7 月 12 日。

对佛山彩灯艺人的生存问题造成根本性影响,但是因民俗生态淡化所带来的彩灯文化认同感的弱化,对构建佛山彩灯本土传承梯队造成了不可忽视的冲击。

由于港澳及海外市场的驱动以及手工艺企业本身的生存压力,佛山民间艺术社已变身为民间艺术文化发展有限公司,重组了市场营销部,力推经济回报高的现代大型彩灯、组灯的集成化制作,仅2000年为香港扎作的彩灯"腾龙"造价就达200万元。主要根据境外订单所制作的彩灯灯组的体积规模越来越大,其设计和扎作过程越来越复杂。光设计就包括构思、起稿、上色彩、输入电脑作细部处理、定稿,仅完成扎作就需要15天至2个月,扎作过程十分繁杂,包括放大原稿、扎作或焊接骨架、加工处理细部、安装照明电器、扪布和装饰等。大型彩灯制作因工序复杂,基本上都是采用流水作业、分工协作的方式完成。佛山民间艺术社从事彩灯制作的工人平常有70人左右,多时会达100多人。这一定程度上提高了生产效率和经济效益,但是流水线作业让参与其中的技术工人只熟悉了单个工序,而无法精通全套扎制流程和技艺,导致工人虽多艺人却少,使得绝大多数工人只懂得基本的"技"却无法抵达"艺"的状态。而佛山彩灯技艺门槛高,成才周期长,收入回报缺乏比较优势,青年人多望而生畏,不愿轻易从艺。自20世纪六七十年代从艺至今的杨玉榕、陈棣桢等老艺人已在六七十岁以上,老龄化突出,其他除了市级传承人林燕华、陈荣昌,仅有30多岁的黄宏宇堪称新生代传承人,传承谱系的断层明显。尤其是,大型彩灯采用分件组合的方法,用螺丝和烧焊固定灯架,属于统一化、标准化的流水线生产。如果大型彩灯或其组件部分缺少个性化、差异化的手工制作成分,那么该制作技能就不再是"非物质文化遗产"范畴内的"佛山彩灯"了。

即便按照"两条腿"走路的方法,一边发展彩灯文化产业一边持守传统彩灯制作,并通过大型彩灯产业反哺传统彩灯技艺传承,佛山彩灯制作厂企仍面临着沉重税负压力。按照2009年1月1日起施行的《中华人民共和国增值税暂行条例》以及《中华人民共和国增值税暂行条例实施细则》,传统手工艺制作作为"提供加工、修理修配劳务"的项目不在"免征增值税"范围之内,对于"年应税销售额在80万元以下"的,按照"小规模纳税人的标准"征税,其"增值税征收率为3%",而对年应税销售额在80万元以上的征收税率为17%。按此税收标准,以彩灯制作为主业之一的佛山民间艺术社,以及佛山彩灯国家级传承人杨玉榕与其子黄宏宇创办的佛山博艺灯色工艺厂都要缴纳17%的增值税。其实,2011年6月1日起施行的《非物质文化遗产法》第三十七条明确提出:"县级以上地方人民政府应当对合理利用非物质文化遗产代表性项目的单位予以扶持。单位合理利用非物质文化遗产代表性项目的,依法享受国家规定的税收优惠。"由于《非物质文化遗产法》的规定是原则性、条款化的表述,缺少配套实施细则的出台,地方在税收优惠方面的非遗扶持措施未能坐实。在没有分清传统手工艺生产和一般工业化生产的前提下征收重税,挤压的是彩灯制作厂企的利润空间,从而影响彩灯制作厂企的发展进度以及从业人员的留守积极性,对于非遗保护不可避免地造成了负面冲击。

除了税收优惠政策的落实,从根本上说,佛山彩灯的发展需要民俗文化市场与消费的驱动,这是佛山彩灯本土化生存的关键,也是佛山实施彩灯非遗保护的可为之处。同样入围国家级非遗名录的"自贡彩灯"即是范例,由于自贡彩灯艺术的发展以灯会的举办为依托,其对彩灯文化认同的运作也更多地通过灯会这个主要载体来实现。自贡灯会从深植于民间土壤的彩灯文化进入当地政府的视野,并在政府的主力打造之下,已从计划经济时代传承至今。特别是在不同时期采用不同的举办策略和方法,使自贡灯会逐渐地从以文化娱乐活动为主转变为以文化经贸型为主,再至转变为新兴的文化产业,并产生了多重性的综合效益。[①] 就其基本模式而言,"从2007年第十三届自贡灯会开始,灯会的举办采用'政府主办,全民参与,市灯贸委组织彩灯企业参展'的办灯模式","这种政府主导的灯会举办模式整合了自贡彩灯专业公司的力量参与到灯会的举办中,形成了自贡灯会举办的切实可行且长效的机制"。[②] 自贡灯会的成功对佛山彩灯的启示在于,可以考虑通过政府主导、社会参与及市场化运作的方式恢复民间灯会,使佛山彩灯与灯会民俗等活动融合相连,唤醒本土民众的感情归属与集体记忆。正如佛山彩灯国家级传承人杨玉榕所期冀的:"希望佛山能有彩灯会,结合我们传统的灯饰文化,让市民可以沿路欣赏佛山彩灯,提高市民对传统文化的认可度。"[③] 作为老艺人的肺腑之言,这句话也点明了重构佛山彩灯本土民俗市场的法门。只有通过探索与创新灯会等民俗活动的举办经营模式,以民俗文化认同为纽带促进官方及民间对彩灯艺术发展的共同参与,佛山彩灯才会产生可持续传承与发展的动力。

[①] 参见黄波《文化认同与社会网络:转型期民间艺术的发展路径——以自贡彩灯艺术为个案》,上海大学博士学位论文,2008年,第127页。
[②] 田阡:《民俗节庆与文化产业发展——以自贡灯会与彩灯文化产业的发展为例》,《文化遗产》2011年第3期,第133页。
[③] 陈焯莹:《国家级非物质文化遗产彩灯传承人杨玉榕期待佛山能有彩灯会》,《珠江时报》2013年1月30日。

第三节　个案：佛山剪纸的生产性保护实践研究

在中国民间剪纸的地域体系中，作为2006年入围首批国家级非遗名录的佛山剪纸因契合城镇民俗生活、商品市场机制和市井文化消费观的需要，主要走的是以刻为主、产销结合的市场化路线，不仅独具金碧辉煌、苍劲古拙的美学风格，而且积淀了因商而生、倚商而承的历史传统。正是依靠产销互动的生产性保护，佛山剪纸在具有生产性质的实践过程中，以保持非遗的真实性、整体性和传承性为核心，借助生产、流通、销售等手段，促推了核心技艺的代际传承以及传承梯队的形构。这是对手工艺非遗生产性保护的地方化践行，以此审视佛山剪纸的传承实践模式，将有利于充实和拓展生产性保护理论研究。

一、商业情境下佛山剪纸的产销传统

关于佛山剪纸的起源时间，历来有宋代说、宋元之间说、明代说；关于其原生地，有中原本位说、佛山本土说，众说纷纭，莫衷一是。不过佛山地处珠江三角洲腹地，自古为商贸要津，在宋代已出现手工业兴盛繁荣的市井文化为不争之事实。基于此，有论者从民间艺术的行业氛围（佛山陶艺、佛山刺绣、佛山金花）、剪纸艺术的支撑条件（佛山发达的雕刻工艺、佛山发达的剪刻工具、佛山充足的纸质铜箔材料）和广泛扎实的群众基础（"镂金作胜"民俗）等多个角度，提出了佛山剪纸起源于佛山本地的论点。[①] 该论虽具商榷空间，但其关于佛山剪纸依存于商业情境的理据，值得进一步发掘阐述。

佛山剪纸生产与佛山城镇的商业社会息息相关。以山西、蔚县等地为代表的北派传统剪纸，历史上蘖生于自给自足、稳定封闭的小农经济环境，多靠妇女用剪刀和麻纸剪制而成，艺术发生上呈现出自娱自乐的生活化取向。与此迥然不同，唐宋时期的佛山就是鼎盛南国的商贸重镇，发达的商贸让佛山成为具有浓厚实用宗教意识的市镇，也培育了城镇民众崇实尚利的民俗审美需求。古佛山集佛教、道教于一地，赛会迎神、祭祀建

[①] 参见颜明霞、谢奕锋《剪出春秋——广东剪纸》，广东教育出版社2009年版，第19～25页。

醮、出秋色是不可或缺的节目，其宗教信仰充溢着实用主义理性的色彩，比如喜好周期性的求神礼佛活动以达到祈福、问财、求子等生活目的。城镇工商、商业经济与实用宗教的耦合，必然拉动城镇民众对酬神礼佛手工艺品的需求，催生铜箔业、纸业等手工业以及由此衍生的剪纸行业。推及日常生活，为凸显婚丧嫁娶、节日庆典的神圣感、仪式感，佛山剪纸（图6.8）常被应用于婚书榜边、花鸟、神像凤冠、扎作、花车、爆竹的装饰，题材多为喜庆吉祥、驱邪纳福等内容。据宋代周密《武林旧事》载："小经纪有剪字、剪簇花样。"佛山剪纸主要不是市民吟风弄雅的把玩对象，而是地域信仰诉求的承载物和日常民俗审美的用品。

图 6.8 佛山纯色剪纸（谢中元摄）

明清时期，佛山跃为中国四大名镇之冠和仅次于京师的天下四大聚之一，臻于成熟的商业社会使剪纸行业的生产趋于集中化。明代佛山的剪纸生产工具已从剪刀发展成刻刀，剪纸刻凿更易小批量化。至清一代，市场已然扩张,"十二月小除……乡多年货,凡门神、门钱、金花、通花、条香、爆竹之类,皆以一岁之力为之,至是乃列贩于市,中方来贾者,肩摩踵接,喧闹为广郡最云","四时之节已尽,一年之景物复新,家家相馈岁,户户贴宜春"。① 宜春就包括门笺、金花、花钱等剪纸制品。至清代光绪年间,佛山剪纸呈现增产状态,据清道光十年《佛山衍略》载:当时福禄里、水巷正街、水巷直街、走马路、登笼里等都是花钱、金花、印染纸料的集中生产与销售地。而在福禄路经营剪纸的店号约有 30 多家,从事剪纸生产的工人达 300 多人,熙熙攘攘的生意形成了剪纸商业街,产品除供应省内西北江地区外,并销往中南、西南各省及远销东南亚各国。与此相呼应,清代佛山大小码头就有 61 个。受此带动,佛山镇外近郊的张槎、横滘、叠滘等乡村妇女也把剪纸作为副业生产。

重商传统使佛山城镇与中国内陆以中原文化为代表的农业区域迥乎不同,其商品经济孕育出了成行成市的剪纸产销体系以及脱离与半脱离农业生产、家庭作坊式的剪纸艺人。这一生产性传统一直延续至民国时期。据民国《佛山忠义乡志》卷六实业记载:民国初,与佛山剪纸有关的就有门钱、通花、符疏衣纸、溪纸、金花、磨花纸、醮料纸、打铜、铜箔、朱砂年红染纸、花红染纸、染色纸等十二行。店号数百家,工人近 3000 人。门钱行主要经营春节剪纸(俗称门钱、标钱、花钱)以及家庭装饰剪纸的生产,因门钱销路最广,所以以门钱行最大。醮料行主要经营赛会迎神、考试、出秋色、丧事、节日等所需剪纸,达二十多家。符疏行、溪钱行等是经营衣纸等迷信品剪纸的行业,销售量也较大。其余各行生产的醮料纸、各色染纸、打铜、铜箔都是佛山剪纸的材料来源。如:"铜箔行,本乡制品特佳,箔有厚薄,俱用一字铜制,洋铜质脆不适用,制成率售之金花店,最薄者称绚铜远销外洋。""金花行,亦为本乡特产,以铜箔发女工凿花收回制成,价值不一,行销内地各埠及西北江,家数三四十,女工居家制作者数百人。"② 各行业专制其行内产品,不兼造与跨行生产。由生产作坊及个体商户共同经营的佛山剪纸一直走商业化、市场化路线,形成了原材料加工、采购、制作、流通、销售的商业链条,故而积淀了延承至今的生产传统。

剪纸行业因商而盛,商业生态的破坏便成为导致近代佛山剪纸式微的关键因素。首先,河道淤浅直接导致了佛山交通枢纽地位的丧失,剪纸生产因市场贸易的凋零而受挫。乾隆年间,进入佛山的水道越来越狭窄,成

---

① (清)陈炎宗:《佛山忠义乡志》卷六《乡俗志》,乾隆十七年(1752)刻本。
② 汪宗惟、冼宝干总纂:《佛山忠义乡志》卷六《实业》,民国十五年(1926)刻本。

为葫芦口,栅下河成为主要航道,其他河道淤浅不能通行时"潮退冬涸,沙口不能通舟,谷船必迁道数十里,由栅下始得至埠","夏潦,每虞泛涨,在栅下犹为消泄要津"。① 至道光以后,"潘涌、仙涌皆当日引流之处,今俱淤为平壤",至于佛山城内的大塘涌也成一线余脉,除了洛水一支,已经没有纵横交错的河涌。② 其次,帝国主义侵略导致"咸丰庚申以后,各国纷请立约,洋货充斥,我国商务,愈不可向,而佛山先承其弊"③,佛山的商业和手工业遭到重创。抗日战争时期,佛山剪纸生产奄奄一息,至新中国成立时,佛山剪纸只剩茂源、泰昌等两三家剪纸店铺。

直到1956年5月4日在升平路成立民间秋色工艺社,同年9月改名为"佛山民间艺术研究社",由陈凝丹、林君选等书画家主持工作,佛山的民间手工艺人才被集纳起来,组成剪纸、灯色和秋色三个车间。主持剪纸车间的梁朗生1907年生于三水的剪纸手工艺家庭,其父兄在佛山经营泰昌号剪纸店。他被纳入国家管理体制下的合作化生产之后,从家庭作坊成员变身为合作化组织的骨干。

以前家庭内传的私密技艺成为师徒相授的公共技艺,技术的民主化使剪纸技艺的传承和剪纸商品的量产同时实现。20世纪50年代以来,佛山剪纸成为"广东的知名出口商品",堪称广东主要的出口创汇产业和优势行业。1955—1965年虽是全国、全省出口贸易的下降期,却是佛山剪纸出口的黄金期以及出口贸易的增长时期。据《佛山市志》载,1956—1960年之间,民艺社挖掘、整理并创作生产的剪纸达26.74万件④。1960年后,剪纸进入了订单式的批量生产阶段,尤以专供海内外游客的旅游剪纸和表现喜庆吉祥的春节剪纸为主,其中春节剪纸订单最多。光在1961年,民艺社公开发行剪纸形式的春节门笺、福笺达20万件,1962年出口的剪纸达16万套。据剪纸国家级传承人陈永才回忆:"如果从生产量的角度来看,当时(20世纪60年代)的春节剪纸,订单特别多,几乎整天都在加班赶工。"⑤ 为此,民艺社年初就开始制定生产计划,召集社会青年临时培训,以应对春节前后的大批出口订单。这导致"60年代初,剪纸生产达到建国

---

① 《禁设硝厂碑》,广东社会科学院历史研究所等《明清佛山碑刻文献资料》,广东人民出版社1987年版,第84页。
② 参见罗一星《明清佛山经济发展与社会变迁》,广东人民出版社1994年版,第256～257页。
③ 汪宗惟、冼宝干总纂:《佛山忠义乡志》卷十四《人物》,民国十五年(1926)刻本。
④ 参见佛山市地方志编纂委员会编《佛山市志》(上),广东省人民出版社1994年版,第1138页。
⑤ 黎丽明、张煜:《从民间日用品到艺术品——1949年以后的佛山剪纸》,《中国佛山和瑞士剪纸联展》专刊,第40页。

后的高峰,最高峰时剪纸车间达到98人,临时聘请的外工就有上千人"①。海外市场需求成为剪纸技艺得以传承的根本动因。

1969年9月至1971年9月,民艺社因被定性为"封资修大黑锅"被迫解散,但1971年9月恢复民间工艺品的生产和出口,实行对外开放,接待外宾、华侨、港澳同胞和旅游者②。民艺社开始归辖佛山轻工业局,后又转归文化局,成为以民间工艺品生产为主的国有企业。"此后(1971年)的几年,民间艺术研究社的剪纸成了外宾的抢手货,剪纸作品还没来得及上架就被抢购一空。"③ 特别是1973年国务院批转了外贸部、轻工部《关于发展工艺美术生产问题的报告》,强调发展创汇价值较高的工艺美术品的出口,为佛山剪纸发展外贸提供了政策动力,1971—1982年也成为佛山剪纸外贸的持续增长期。1972年佛山剪纸产量达20.13万张,1975年生产62.16万张、产值8.86万元,1978年生产34.53万张、产值10.94万元,1979年产值16万元。20世纪70年代,民艺社的剪纸车间有20多个剪纸设计师和80多名工人,另有大量社会人员从事剪纸的发外加工生产,内销和出口的需求持续增长。剪纸备受市场青睐,民艺社升级为剪纸商品生产基地。

改革开放之后商品经济春风劲吹,带来了20世纪80年代前期手工业生产的持续繁盛,民艺社的剪纸生产步入高产热销期。海外需求仍是佛山剪纸主要的生产驱动力,由于海外消费者对现代剪纸所反映的"文化大革命"题材有一种猎奇探幽的心理,因此反映现实政治题材的现代剪纸占剪纸产量的主体。佛山剪纸作为地方形象和象征资本的载体,还被党政机关、企业和个人作为地方文化特产赠送给宾客友人。同时,剪纸的美学价值渐被认同,国内游客以及大型的建筑装饰工程也逐渐演变为佛山剪纸的消费主力。在多重消费市场的驱动下,民艺社1982年的剪纸产值达12.15万元,1984年产值12.41万元,1985年产值21.39万元。不过80年代中后期,受印刷业和机械生产的冲击,传统手工艺整体陷入低谷,民艺社的剪纸车间也陷入半停产状态。90年代初,20多个剪纸设计师流失一半,1995年剪纸车间只剩四五人,佛山剪纸至此陷入全面困境。

敏锐的市场意识与创新思维是促成佛山剪纸产销良性互动的关键。从1997年开始,民艺社利用对外开放定点旅游单位的优势,与旅游业挂钩,

---

① 颜明霞、谢奕锋:《剪出春秋——广东剪纸》,广东教育出版社2009年版,第131页。
② 参见佛山市地方志编纂委员会编《佛山市志》(上),广东省人民出版社1994年版,第1120页。
③ 黎丽明、张煜:《从民间日用品到艺术品——1949年以后的佛山剪纸》,《中国佛山和瑞士剪纸联展》专刊,第40页。

舍弃原来用白纸夹住剪纸作品的粗糙包装,采用配镜框、镶玻璃框、设计册子、加包装盒的现代美化方式,把剪纸分档次包装成规格多样、价格分级的精美旅游产品。形象营销策略让剪纸变身为可供珍藏的剪纸册或室内装饰的艺术品,赢得了包括政府部门、民航局、旅游公司以及大型企业在内的忠诚客户。主动的品牌传播也是刺激市场消费的良方之一,2001年九运会期间,民艺社制作了一批佛山剪纸画册当作礼品派发,赢得了大批的国外订货。2003年中宣部启动了"中国民间文化遗产抢救工程",佛山剪纸名列广东省抢救工程项目,作为文化遗产进一步为世人所熟知(图6.9、图6.10)。民艺社剪纸车间改封闭式制作为敞开化生产,所实施的体验式营销让客户拥有了观赏、体验剪纸刻制的过程。从2003年5月起,民艺社每天接待数百名中外游客参观选购,其销售额得到大幅度增加。近年来,民艺社除了维持香港、澳门、台湾等地的固定订单,还启用电子商务平台探索量身定制的销售模式。2010年5月,民艺社成立市场营销部,第一笔大单就是为南庄量身打造"南庄古镇"剪纸。佛山剪纸正是通过坚持手工特色,借助按需制作和组合式营销,重构了生产、流通和消费格局。

图6.9　2011年8月23日上午,笔者访谈佛山剪纸省级传承人何燕(左)(石了英摄)

图 6.10　佛山剪纸省级传承人何燕在演示铜凿剪纸的制作方法
（谢中元摄）

二、技艺发展与佛山剪纸的创新求变

《保护非物质文化遗产公约》所强调的非遗传承是一个生产、保护、延续、再创造的过程，由于非遗生产性保护的主要目的不是生产产品，有论者认为"技能传承原则应该成为生产性保护的核心，以保证生产性保护不会成为扩大生产或使之商业化、产业化的借口"[1]。"非物质文化遗产的保护不应该是僵化的消极保存，而应该是在不违背和破坏其核心价值和核心技艺的情况下，将之引入生产领域。"[2] 学界多将生产性保护视为传承手工艺类非遗的主要策略，但又在生产性保护和产业化的边界间疑惑滑移。毕竟"生产"是一个与"销售"相对应的经济学概念，而"保护"更多属于公益性质的文化词汇，如何使手工艺类非遗既有完整的产销形态又不致跌入过度产业化的泥淖，确实没有客观的模式可循。传统剪纸的创作设

---

[1] 陈华文:《论非物质文化遗产生产性保护的几个问题》，《广西民族大学学报》（哲学社会科学版）2010 年第 5 期，第 91 页。

[2] 谭宏:《对非物质文化遗产生产性方式保护的几点理解》，《江汉论坛》2010 年第 3 期，第 131 页。

计、剪刻成型多由一人独立完成，这种创制模式能全程体现剪纸艺人的手工能力和技艺功底，但由于效率低、速度慢难以契合现代市场的需求。而若完全以机械化生产代替手工制作，可实现剪纸低成本、规模化、标准化的产业化生产，但与非遗保护遵从个性、差异以及体现"手"的价值的诉求有所背离。佛山剪纸则较好统合了两者，即通过剪纸技艺的流程化、多元化发展以及剪纸产品的应时应需而变，既持守了核心技艺又实现了产销互动，达到了生产性保护理论所倡导的生产与保护的融合。

（一）佛山剪纸技艺的流程化与多元化发展

首先是创作与刻制分开，生产分工专业化。民间剪纸艺人纳入合作化生产以后，他们从"民间艺人"变为国家认可的美术协会会员或工艺美术师，集创作、设计、美术与剪技于一身。1962—1966 年，民艺社随师学艺和自学成才的一批剪纸艺人逐渐成熟，加上一批美术院校毕业生和原来从事其他美术专业创作的美术家如汤集祥、张拔、潘宝琦、石清汉等进入民艺社，剪纸创作在观念、造型、形式上都得到了进一步推进。这时期的民艺社有中国美术家协会会员 2 人（汤集祥、张拔），高级工艺美术师 2 人（杨永雄、张拔），工艺美术师 2 人（林载华、梁志炎），助理工艺美术师 4 人（潘宝琦、何燕、谭伯潮、邓本圻），他们把美术院校的造型手法和民间画工的程式巧妙结合在一起，把版画、中国画的某些造型因素融入佛山剪纸的创作；为培养艺人的造型能力，他们晚上举办美术培训班，由陈凝丹、林君选、汤集祥、薛里昂等讲授素描、国画、书法等，可以说这 10 多人属于专业创作人员。明确细致的分工合作自此开始，即将生产人员分为创作设计人员和生产制作工人。如今创作人员负责设计初稿，一般是先创作底稿（比如是 16 开大小的画纸），然后通过电脑输出放大版，再用钢笔加粗线条；学徒工人则按照固定的内容、规格和质量要求，统一批量刻制。

其次是将剪纸技艺多元化，使"流水线"化的手工制作成为现实。佛山剪纸的制作工艺流程大体包括起稿、过稿、钉纸、操刀（或敲凿）、衬色、裱贴、装框等阶段，主要是创意设计、手工刻制，其中创意设计至关重要。作为纯手工创制的剪纸（图 6.11、图 6.12 为制作剪纸的工具），不可能纳入机械化生产，只能借助先进的技术缩短工艺流程，因此革新剪纸工艺是民艺社的思考着力点。首要之一是以"刻"为主，以"剪"为辅，由此，这项手工技艺具有了纯"剪"纸不可能具备的量产能力。车间工人用小刀刻一次便可 20～30 张，刻制粗线条的作品则一次可刻 50 张，这为流水线化生产剪纸奠定了技术基础。在此基础上，从佛山木雕、木版年画、染纸、金花、绘画等其他手工艺中进行借鉴，创造了形式多样的生产方式，包括剪、刻、凿、印、写、衬、染等多种工艺。具体生产过程中，多种技艺可变通融合，或以刻代剪，或以写代刻，或以印代写，或刻凿并用，或染印并用，或写衬并用，大大提高了剪纸生产的艺术化水平与效率。再加上车间将工艺流程分解细化，创意、设计、剪刻、凿镂、衬色、写色、染色、套印、装裱、采购、销售、核算等各流程人员专司其职或合作完成，由此通过"流水线"批量制作剪纸，既保证了剪纸艺术的流变性，又不至于丧失其核心技艺和人文蕴涵，关键是在保障剪纸手工特色的同时，合理地提升了生产速度和效率。

图 6.11　制作佛山剪纸的刻刀（谢中元摄）

（二）佛山剪纸艺术的应时应需而变

佛山传统剪纸用于赛会迎神、祭祀建醮、出秋色之所需，主要是春节门笺和迎神祭祀等民俗宗教用品，现代化、城市化和工业化进程的加快吞噬着传统民俗的生存空间，与民俗生活相生共伴的传统剪纸难免"无可奈何花落去"。而且现代社会审美急遽转型变换，大众艺术消费观也在经历相应的深刻变迁。作为现代企业的民间艺术社显然没有执守于传统剪纸的艺术范型，而是以市场期待为生产的支点，在20世纪60年代就组建了剪纸创作室，专门研究剪纸的创新问题，特别是改变传统剪纸古老而单调的

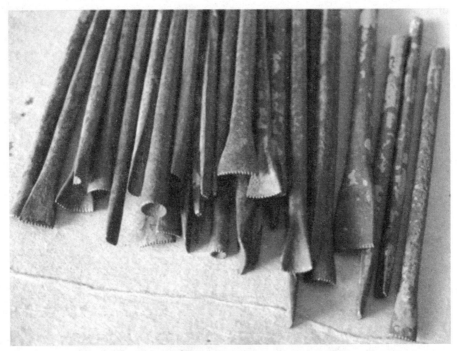

图 6.12　佛山铜凿剪纸的制作工具（谢中元摄）

功能，从题材及表现形式等角度革新生产。正是从民俗实用向艺术欣赏的转变，从小巧窗花向大型壁画的转变，佛山剪纸才满足了现代市场的期待，得以转化为具有独特底蕴的文化产品（图 6.13 为写色剪纸《春满南粤》）。

　　首先，给传统剪纸注入现代元素，使剪纸从民俗实用功能向艺术欣赏功能转变，是民艺社赢得市场的关键步骤。第一代传承人梁朗生首开创新之风，将传统铜衬剪纸与黑色色纸结合，创作出黑金套衬剪纸，他首次获奖的作品就是 1964 年创作的以越南抗美救国战争为题材的新型剪纸《出击》，以空间华丽、色彩圆润呈现出新的审美特征。在此基础上，他又发展出纸衬剪纸，由于纸衬剪纸可自如变化颜色，最易于反映现代生活题材和表达诗情画意格调，遂成为被广泛采用的现代表现手法。除此之外，梁朗生与佛山色纸厂合作研制了包括单色、衬色和套色等 160 余种不同品类的色纸，结束了以往只有一二十种单调颜色的历史。多种不同颜色的色纸可增加剪纸的艺术层次感，也可提高剪纸作品的艺术欣赏价值。在师傅的引领下，徒弟们无不走变革创新之路。据汤集祥回忆，20 世纪 60 年代民艺社剪纸创作组的大部分创作人员都在从事现代题材的创作。1960 年秋，由第一批徒弟陈希尹、郭守仁、杨永雄等创作的镌刻着时代记忆的大型铜

图 6.13　写色剪纸《春满南粤》（谢中元摄）

衬剪纸组画《人民公社好》还被送到阿联酋参加世界博览会。直至"文革"前，佛山剪纸都呈现出形式新、作品精的特点，即将版画、中国画的美术造型手法与民间画工的程式结合，同时表现当下题材，使剪纸脱离了酬神祈福的民俗载体功能。

"文革"时期，歌颂"大跃进"、工农兵、文化革命、讲卫生爱清洁等内容的剪纸成为主流，无一例外都因政治意识形态的干预呈现出重概念、轻艺术的时代倾向。但佛山剪纸向艺术欣赏功能转变的趋势不可阻挡，1972年，林载华的《水乡小景》、邓本圻的《锻炼成长》、陈永才的《水乡四季》等入选第一次全国工艺美术作品展览，已初步表征这一信号。1973年3月11日《人民日报》发表林载华的《新苗》、陈永才的《鱼水情》，被《参考消息》外电评论为：预示着中国的文艺方针不再是八个样板戏，而是逐步向多元化方向发展。随着文艺政策的放宽，走现代艺术路线不仅成为佛山剪纸的创作主向，而且也被市场广泛认同。林载华风格化的水乡小景剪纸、杨永雄反映现实生活的铜衬剪纸、汤集祥用版画黑白手法创作的现代人物剪纸等，都具有独立的艺术价值，《小鸟天堂》、《百花齐放》等数十幅剪纸成为销售最多的作品，其中，郭守仁、杨永雄创作的剪纸屏风《小鸟天堂》在香港展出时售价达3500元，创造了单个剪纸作品的价格记录。

其次，将小巧窗花变身为大型壁画，是佛山剪纸契合市场期待的创新方式。传统剪纸主要用于节日礼品装饰、祭祀装饰、刺绣雕刻图样、产品商标等，一直是小巧窗花型的艺术。从20世纪80年代起，民艺社创新工艺，把剪纸发展为大型装饰艺术。1984年，首次为广州花园大酒店设计了三幅巨型剪纸形式的壁画《红楼梦——金陵十二钗》、《水乡》、《红棉》，以及五幅以中国传统戏曲为题材的大型剪纸，还有五百多幅用于房间装饰的现代佛山剪纸。其中，长22米、宽6米的《红楼梦》是当时中国最大的剪纸壁画（图6.14），由林载华、邓本圻、张拔、潘保琦设计制作。由于凸显了佛山剪纸金碧辉煌的艺术特点，它荣登《中国名壁画》之列，开创了将佛山剪纸艺术与现代大型建筑相结合的范型，此后，花园酒店、深圳大酒店、禅城大酒店成为佛山剪纸的订购客户。1992年，吴子洲、陆驰、梁根祥合作的每幅长22米、高1.3米的剪纸石刻壁画《万里长城图》和《星洲风光图》在新加坡广惠肇碧山亭公所大堂落成，为佛山剪纸挺进海外大型建筑装饰增添范例。进入新世纪以后，大型剪纸壁画已成民艺社的经典产品，包括：2002年为香港慈善活动刻制的长48.8米、高2.44米的巨幅剪纸《纸艺传情暖万心》；2003年为佛山宾馆创作的长21米、高4米的剪纸壁画《佛山秋色盛会》；2005年为佛山琼花大剧院创作的长6.5米、宽5.3米的剪纸《天上人间》；还有近年为岭南新天地工程设计的长达9米的剪纸壁画《古镇·佛山》（图6.15）等，无不获得经济回报和社会效益的双丰收。

图6.14　大型剪纸《红楼梦》

（作者：林载华、邓本圻、张拔、潘保琦，禅城非遗中心供图）

图 6.15 大型剪纸《古镇佛山》(禅城非遗中心供图)

三、佛山剪纸的"生产性保护"绩效

一是产销互动促进完善了佛山剪纸的产品链并提升了美誉度。

高文化附加值使佛山剪纸的市场前景广阔,针对消费市场的个性化需求,艺术社的剪纸产品呈现出多种特征。第一,剪纸品种多样化。既有大型壁画型又有小巧窗花型,已应用于建筑、陶瓷、纺织、刺绣、木雕、漆器等行业,光是剪纸形式的旅游产品就已达近千个花色品种,具备建筑装饰、艺术欣赏等多种用途。第二,剪纸价格多层化。既有用料高档、做工精细、耗工费时、价格昂贵的高档剪纸商品(如铜凿料、铜衬料、纸衬料等,图 6.16 所示即为铜箔剪纸),又有一般化的中档剪纸,还有造价低、材质普通、价格便宜的廉价剪纸(如木刻套印剪纸),能同时满足高中低端市场。第三,商品形式分化,有成品和半成品两种。"半成品"剪纸,被称为"料",指作为剪纸已经完成了剪纸制作的全部工序,但不能独立使用,要依附于其他物品,可用作产品的包装装潢、喜盒装饰、彩灯花贴、扎作配件、纸影戏映画等,使用方式灵活多样。第四,剪纸市场多元化。近至本土,远至美国、以色列、东南亚等地,以港澳市场为主;既有雅好剪纸艺术收藏的个人,又有订单量大的企业公司(陶瓷企业、房地产企业、航空公司等),也有用于礼品馈赠的政府部门,其中,旅游销售和政府采购是主要市场。

早在 20 世纪 70 年代,剪纸艺人的作品已频繁入选全国美展和全国工艺美展,"1974 年全国美展展出剪纸 15 件,其中佛山剪纸占了 10 件"[①]。1977 年共有陈永才的《三八潜水队》等 14 幅作品入选全国美术作品展览;1978 年又有杨永雄与郭守仁合作的《小鸟天堂》等作品入选第二次全国工艺美术作品展览。《南方日报》等省市媒体和《人民日报》等国家级报刊经常发表民艺社创作的剪纸,光是陈永才一人就有近 300 件剪纸作品发表。

---

① 林明体:《佛山工艺美术品志》,佛山市工艺美术工业公司 1989 年版,第 56~57 页。

图6.16　佛山民间艺术研究社展出的铜箔剪纸（谢中元摄）

改革开放初的80年代也是剪纸频繁出国参加展览的时期，1982年多件剪纸作品参加"日本东京现代中国剪纸首回展览"并赴其他十多个国家展出，1986年剪纸艺人林载华带剪纸赴日本展演，1987年剪纸艺人赴澳大利亚墨尔本展演。民艺社的剪纸艺术越来越受到专业认可，2002年，张拔与潘宝琦合作的《舞龙舞狮》、谭伯潮的《金桥连四海》在第四届中国文艺"山花奖"首届民间艺术作品评奖分获金奖、银奖，梁志炎的《傣家姑娘》获2003年第五届中国（黑龙江）剪纸艺术节金奖。2004年11月，民艺社被文化部确认为国家级文化产业示范基地，此后剪纸多次获得省级以上奖项，并频繁在国际上亮相。正是依靠这项国家级非遗的细分市场和手工魅力，2010年佛山民艺社剪纸销售收入为390万元，比2009年增加120多万元。

二是良性的产销互动推动了佛山剪纸传承谱系的生成。

民艺社以市场促生产，实现了剪纸技艺的"活态传承"，构建了剪纸传承人和艺人谱系。"非物质文化遗产的保护主要是活态保护，物质文化遗产的保护是静态保护。活态保护的关键是传承人。"① 他们既是剪纸生产的核心，又是技艺传承的主体。自 1956 年以来，民艺社采用师徒相授的模式，按照口传、身教、心授的方法让核心技艺代代传递，同时通过技艺交流、业务培训、艺术讲座等形式，提高剪纸技艺水平。根据《国家级非物质文化遗产代表作（佛山剪纸）申报书》及笔者的调研访谈，佛山剪纸已建立起三代传承人谱系。由第一代传承人梁朗生开枝散叶，构建了由杨永雄、陈希尹、张拔、潘保琦、谭伯潮、石清汉、林载华、何燕、陈永才（图 6.17）、吴子洲、梁志炎、邓本圻等组成的第二代传承队伍，以及以饶宝莲、邓春红、茹新梅等为代表的第三代传承人。该谱系从"40 后"到"80 后"，从国家级传承人到市级传承人，老中青师徒结合。正是他们继承前辈的核心技艺，融入个人化的独特创造，形成了自身的艺术个性和鲜明风格。

图 6.17　笔者参加《陈永才剪纸艺术》新书发布会时与陈永才（左）大师合影

第二代传承人是佛山剪纸传承中承上启下的关键群体。其中，除了张拔等个别师傅拥有大专文化学历，多数剪纸艺人并非美术院校毕业，只具

---

① 冯骥才：《灵魂不能下跪——冯骥才文化遗产思想学术论集》，宁夏人民出版社 2007 年版，第 10 页。

备初中甚至小学学历。他们均在20世纪五六十年代进入剪纸车间（图6.18），以40年代出生的居多，靠从学徒起步逐渐掌握剪纸技艺。据笔者访谈何燕师傅得知，通过招工环节进入剪纸车间做学徒，是第二代剪纸艺人的入门环节。凡是达初中以上学历、有兴趣、有恒心的青少年均可报名，有无美术基础并非硬性门槛。而从普通学徒升为梁朗生的徒弟并非易事，拜师学艺有特定的选拔要求和程序。① 梁朗生主要通过观察学徒的做工态度、做工质量和对剪纸的兴趣来选定徒弟，方式是"在赶工中暗中观察，谁做得认真，做工质量好，赶工之后就问他是否喜欢做这个，如果喜欢，他就收作徒弟，接受进一步考验"②。而学徒入门后并非立即学习剪纸创作，而首先从学习磨刀开始，即在火柴盒上磨刻刀。何燕回忆道："师傅要求所有的刻刀自己做，有时候手都磨起泡了，不小心磨出了血，师傅都不让我们用砂轮机磨刀。"③ 佛山剪纸以"刻"为主，利于小批量刻制，因此刻刀是否磨得锋利至关重要，而且学磨刻刀也能磨练一个学徒的意志、耐性和定力。其次是学习刻纸，学徒案头一般摆一盏台灯、一块蜡板以及十几把不同大小的刻刀，依次铺一叠色纸和画毕纸样在蜡板上，学徒需要沿着纸样上的线条一点一点把色纸镂空，刻纸要求使用阴力、姿势正确（图6.18）。基本功训练过关后，还需要一定的艺术悟性和学习能力才

图6.18 佛山民间艺术研究社剪纸车间（谢中元摄）

---

① 访谈时间：2011年8月23日上午；访谈人：谢中元；受访人：佛山剪纸省级传承人何燕；访谈地点：何燕师傅家里。
② 余慎：《何燕：一凿一刻尽芳菲》，《佛山日报》2011年3月26日。
③ 余慎：《何燕：一凿一刻尽芳菲》，《佛山日报》2011年3月26日。

能进入创作设计阶段。只不过学徒中热爱剪纸、勤奋擅悟的佼佼者被收为梁朗生的徒弟后，进一步掌握核心技艺，而不能拜师入门的也能得到技艺方面的指点。在佛山剪纸行业，由学徒升格为徒弟的以男性居多，所以第二代剪纸传承人以男性为骨干，刻纸程序需要更多的细心和耐心，则多由女性学徒担任，这种男创作、女刻纸的生产组合方式有效发挥了各自性别的特长，保证了剪纸技艺的手工价值和市场订单的数量达标。

四、关于佛山剪纸的传承瓶颈及其反思

经过民艺社的合作生产与创新，佛山剪纸早已不再是酬神用品，而是集吉祥寓意、环境装饰、艺术欣赏等多种功能于一体的艺术品，既入百姓家庭又登艺术殿堂（图6.19所示为地铁站出入口的佛山剪纸图案）。种类上呈多元化特点，包括纯色剪纸、衬料剪纸、写料剪纸、铜凿剪纸四大类，根据用料和工具的不同，还细分为纯色、纸衬料、铜衬料、染色料、木刻套印料、铜写料、银写料、纸写料、铜凿料等九种。为了延续良性的产销互动格局，民艺社搬至空间更大的佛山市旧党校，正变身为一个多功能的"工艺美术大观园"。2011年初在佛山祖庙中心商圈内建设完成的1500平方米艺术品专营店，已成为佛山最大、最齐全的民间工艺展点。可以说，佛山剪纸产销互动的商业生态，是对生产性保护理论的鲜活诠释。但是作为2006年入围第一批国家级非遗名录的项目，佛山剪纸仍然面临着不少潜在危机，包括存在传承人的断代与缺失、原材料等关联行业的消亡、市场不稳与税收压力等危机。

图6.19　佛山地铁同济站出入口的佛山剪纸图案（谢中元摄）

一是剪纸技艺传承人梯队的缺失。目前第二代传承人已全部退休，有的虽被聘为艺术顾问，但年龄普遍都在70岁左右，第三代青年传承人人数上偏少，且在技艺上还有很大的提升空间。针对艺人年龄明显老化的状况，民艺社陆续招入美术院校毕业生和青年学徒。据笔者2011年8月22日访谈佛山剪纸市级传承人邓春红（图6.20），当时民艺社的剪纸车间有18人，其中17女1男，均为高中以上毕业，有多人学过美术，普遍比较年轻。2人可独立设计，其中1人为助理工艺美术师。另外还有6个美术院校毕业生兼事剪纸设计，但他们并非专门的剪纸设计人员。对一项国家级非遗而言，专门设计师的数量储备显然不足。靠自然招录增补传承人也是颇为困扰的问题，主要体现为：要掌握技艺，学徒须先从车刀和最简单的刻法学起，一般3～4个月才能独立刻制作品，而要达到独立设计的水准，则需借助悟性经数年甚至十几年的经验磨练。剪纸核心技艺门槛高，艺人成才周期较长，令青年人望而生畏。即便如此艰苦，与其他工种相比，剪纸技工的收入并无比较优势。据佛山剪纸市级传承人邓春红介绍，2011年车间的熟手一般月收入为1000～2000元。佛山剪纸被低估的市场

图6.20　2011年8月22日，笔者在佛山民间艺术社剪纸车间访谈传承人邓春红（左）（彭健敏摄）

价值也佐证了这一点,一个熟手工完成《金陵十二钗》需时五个月,售价仅为3000多元。2004年9月21日下午,广东省首届民间工艺精品展竞投会上,刘泽棉大师的一件佛山陶瓷品拍卖了20万元,而佛山剪纸代表作《红楼梦》起拍价不过2680元,最后还以流拍收场。再加上剪纸作品的署名权仅归创意设计者,普通刻工无此权利。因此在职业选择多元化的时代,年轻学徒不易招也不易留,流动性大,除了忠诚度比较高的少数几人坚守,一般1~2年就离开转行,这对剪纸的可持续性传承非常不利。

二是原材料等关联行业的消亡给剪纸传承带来难题。佛山剪纸若没有配套的原材料、工具,其传统手工技艺只会陷入"无米之炊"的困境。比如,绒片、玻璃镶衬剪纸,因技艺烦琐、原材料缺失以及市场黯淡,新中国成立前就已停产。而佛山剪纸中最具特色的铜凿剪纸,是艺人利用本地特产的铜箔,靠以凿代笔、以敲代画的核心技艺制作后,再套衬各种色纸和绘印上各种图案,独具色彩强烈、金碧辉煌的佛山特色。然而1982年铜箔工厂的关闭为这一特产带来了厄运,原材料的丧失导致铜凿剪纸一度停止制作。笔者2011年8月23日去佛山剪纸省级传承人何燕家中访谈时得知,仅民艺社以及何燕家中还剩少量铜箔片。依靠仅存的资源,何燕制作的铜凿剪纸《蝶恋花》参加2009年全国"传承与创新——工艺美术作品展",被佛山市美协副主席梁根祥评价为"佛山铜凿剪纸的经典"。2010年国家级非遗代表性传承人陈永才和徒弟饶宝莲创作的铜凿剪纸《佛山新八景》(2.66米×0.2米),采取的底层铜箔配表层金箔的手法创新了传统工艺,成为迄今为止面积最大的铜凿剪纸。他们使一度失传的铜凿剪纸技艺得以复活,但是材料问题始终无法破解。在访谈中何燕介绍,已发现的替代品"电化铝"是机器压制出来的,平板光滑,不如手工打造的铜箔片有凹凸感,而且极易被氧化,长久存放后艺术价值很快流失。再加上铜凿剪纸的核心技艺是力道均衡的凿法,重则穿透,轻则无印,易学难精,非长年累月积累很难掌握,这一技艺可能面临失传。[①]

三是市场变化与税收压力仍是传承障碍。一方面,剪纸的市场行情并不稳定。50多年来,民艺社坚持生产性保护思路,虽在多次市场危机中突围,积极主动营销,赢得市场份额,但是辽宁、陕西、山西、山东等地的剪纸作品在技术和装潢方面提升较快,一些地区学习佛山的刻刀创作技术,也将剪纸发展为大制作、批量生产,佛山剪纸市场受到一定的挤压。况且,佛山剪纸早已脱离民俗实用型功能,走欣赏型艺术路线,在实用性

---

① 访谈时间:2011年8月23日上午;访谈人:谢中元;受访人:佛山剪纸省级传承人何燕;访谈地点:何燕师傅家中。

上与民众的日常生活缺乏关联，对本土及低端剪纸市场缺乏有效培育，而非手工制作的工艺品在旅游市场上因价廉形美备受青睐，耗时费工且无价格优势的佛山剪纸就缺少吸引力了。另一方面，高税率给剪纸传承带来压力，不利于稳定人才队伍。和佛山彩灯等其他手工艺一样，佛山剪纸同样不在"免征增值税"范围之内。按照《中华人民共和国增值税暂行条例实施细则》，制作类企业只要年应税销售额在 80 万元以上的就要征收税率为 17%，加上其他各种费用，税费率在 20% 以上，而且原材料、加工费等都不能开具进项发票进行抵扣，严重制约了剪纸传承活动的开展和业务扩大。如在南风古灶 1506 创意产业园开设工作室的剪纸传承人饶宝莲所说："近年来，陶塑、彩灯等艺人们在多种场合都发出了税负太重的呼声，手工业企业执行的税收标准与工业企业一样，但其实这类企业与大生产工业的性质是不一样的。以前我的工作室还在小打小闹的阶段，没有感觉到这种烦恼。但现在，烦恼实实在在地来了。"[①] 中国民俗协会会员、广东省民俗协会理事余婉韶经研究后感叹："佛山剪纸的纳税税率远远高于四川、山东、陕西等地，这才是限制佛山剪纸发展的主要因素。"[②]

综上，佛山剪纸在传承过程中遇到了不可忽视的系列问题，虽然这些并未构成佛山剪纸生存的"致命伤"，但对剪纸从业人员的坚守、剪纸生产单位的壮大以及传承人的积极性造成了不利影响。关于剪纸的税负压力，只能通过推动佛山获批为"较大的市"进而争取地方立法权，以制定法律细则实质性地开启佛山剪纸销售的税收优惠，否则会影响佛山剪纸人才梯队的稳定性。其实，对于剪纸传承的潜在危机以及传承人培育的难题，佛山并非没有意识与行动，除了佛山非遗保护中心通过"非遗进校园"在中小学推广剪纸艺术、佛山民艺社组织艺人开展剪纸教育培训以及饶宝莲在荆蕾艺术工作室向青少年教授剪纸等等，就是将剪纸制作与企业需求连动起来，用佛山剪纸语言传播企业品牌 LOGO 和企业文化，进而寻求剪纸与商业的融合之道，这些为佛山剪纸的可持续发展带来了新机遇。

进而言之，佛山剪纸可以河北蔚县剪纸为参照，实施更大力度、更深层次的非遗保护推动与革新。有着"中国剪纸艺术之乡"、"中国剪纸艺术研究基地"之誉的河北蔚县是剪纸艺术的集合地，蔚县彩剪纸是一种以阴刻为主、阳刻为辅的剪纸，距今已有 200 多年历史，2006 年 5 月入围了首批国家级非遗名录。蔚县将剪纸作为富民强县的文化产业进行重点发展，其 22 个乡镇中有 16 个镇、96 个行政村分布着剪纸艺人，剪纸专业村 28

---

① 阎锋：《手工业税收标准等同工业企业：非遗传承人压力大》，《南方日报》2014 年 3 月 11 日。

② 邢雅丽、肖琪：《佛山剪纸明起全面提价》，《珠江时报》2010 年 6 月 30 日。

个，剪纸从业人员达 3 万余人，形成了自身特有的剪纸产业结构。相比而言，佛山剪纸的历史更为悠久，其产业化传统也更为深厚，佛山剪纸"在宋、元之间，已作为商品生产"①，"作为一种文化产业形态，也将近有 500 年的历史"②。但是与佛山剪纸仅依托佛山民艺社一家企业"独花盛开"不同，河北蔚县自 20 世纪 90 年代至今，实现了由小作坊生产到密集化专业生产的转变，形成了以消费市场需求为导向、"产品设计＋规模生产＋推广营销"的产业化运营模式，而且拥有了一批专业的推销队伍；特别是形成了幼儿园启蒙教育、小学普及基础知识、中等职业教育学技术创作品三个阶梯式发展教育体系，并率先建成了中国第一个剪纸幼儿园、第一个剪纸特色小学、第一个中等专业剪纸学校和第一个剪纸剧团。③ 蔚县年产剪纸已达 500 多万套，产品畅销美国、日本、德国、新加坡等 70 多个国家和地区，年收入 2 亿多元，已占到蔚县全县 GDP 的 40%，剪纸依靠产业化发展成为县域经济的支柱产业。

有鉴于此，佛山剪纸在产业化发展方面仍具有充足的空间，这有赖于佛山剪纸艺术本身的再创新。一是向高端收藏领域发展，通过制作大型高档剪纸作品让剪纸登上大雅之堂；二是向实用领域发展，开发剪纸画、挂历、贺年卡、相框、旅游纪念品等系列剪纸产品，将剪纸推广到家居装修领域，如玻璃剪纸门、剪纸墙绘等；三是推广到时尚领域，如剪纸婚纱作品、人物肖像作品等；四是向影视创意领域发展，制作反映民风民俗的剪纸动漫作品；五是向智力开发领域发展，制作儿童剪纸模具，让幼儿动手动脑。总之，通过剪纸产业与传统文化的结合，剪纸展文化与售文化的结合，剪纸产品与旅游、商贸的结合，民间文化产业之间的结合，政府推动与市场调节的结合，走出佛山剪纸的协同保护和创新之路。当然，不论佛山剪纸如何产业化，都不能放弃剪纸的手工制作特色，"现代西方提倡的'手工制作'，直接意味着'优质品'，应该有着信任人类之手的含义"④。而且"文化要求有个性、要求独特、要求差异"⑤，这应是生产性保护佛山剪纸不可逾越的底线。

---

① 陈春陆：《佛山剪纸艺术》，《佛山文史资料》（第九辑），1989 年，第 73～77 页。
② 梁诗裕：《佛山民间剪纸钩沉》，《炎黄之光》2004 年第 14 期，第 33～36 页。
③ 参见崔立勇《蔚县剪纸：三万人撑起的非物质文化遗产》，《中国经济导报》2010 年 9 月 9 日。
④ （日）柳宗悦：《民艺四十年》，石建中、张鲁译，徐艺乙校，广西师范大学出版社 2011 年版，第 228 页。
⑤ 徐艺乙：《非遗保护：重新发现"手"的价值》，《东方早报》2009 年 2 月 16 日。

参考文献

一、著作

（清）郭尔所：《南海县志》，康熙三十年（1691）刻本。

（清）陈宗炎：《佛山忠义乡志》，乾隆十七年（1752）刻本。

（清）吴荣光：《佛山忠义乡志》，道光十年（1830）刻本。

（清）郑梦玉等修，梁绍献等纂：《南海县志》，同治十一年刊本，《中国方志丛书》（华南地方第50号），台北：成文出版社有限公司，1967年。

（清）郑荣等修，桂坫等纂：《南海县志》，宣统二年刊本，《中国方志丛书》（华南地方第181号第2册），台北：成文出版社有限公司，1974年。

（清）郭汝诚修，冯奉初等纂：《顺德县志》，咸丰六年（1856）刻本。

（清）邹兆麟、蔡逢恩纂修，梁廷栋、区为梁纂：《高明县志》，光绪二十年（1894）刻本。

（清）佚名纂：《南海乡土志》，光绪三十四年（1908）抄本。

（清）朱次琦等修，冯栻宗等纂：《九江儒林乡志》，光绪九年（1883）刻本。

（清）吴震方：《岭南杂记》，北京：中华书局，1985年。

汪宗准、冼宝干：《佛山忠义乡志》，民国十五年（1926）刻本。

周之贞、冯葆熙修，周朝槐等纂：《顺德县志》，民国十八年（1929）刻本。

李庆邦：《三水县志》，广州：广东人民出版社，1995年。

彭泽益：《中国近代手工业史资料》第三卷，北京：生活·读书·新知三联出版社，1957年。

林明体：《佛山市工艺美术志》，佛山市工艺美术工业公司，1985年。

广东省社会科学院历史研究所中国古代史研究室等：《明清佛山碑刻文献资料选编》，广州：广东人民出版社，1987年。

林乃燊：《佛山史话》，广州：中山大学出版社，1990年。

丁世良、赵放：《中国地方志民俗资料汇编·中南卷》，北京：书目文献出版社，1991年。

区瑞芝：《佛山新语》，南海系列印刷公司，1992年。

罗一星：《明清佛山经济发展与社会变迁》，广州：广东人民出版社，1994年。

佛山市地方志编纂委员会：《佛山市志》，广州：广东人民出版社，1994年。

吴晓邦、梁伦：《中国民族民间舞蹈集成·广东卷》，北京：中国ISBN中心，1996年。

陈勇新：《龙舟歌》，广州：广东人民出版社，2005年。

余婉韶：《佛山秋色艺术》，广州：广东人民出版社，2005年。

马梓能、江佐中：《佛山粤剧文化》，广州：广东经济出版社，2005年。

梁根祥：《佛山剪纸》，广州：岭南美术出版社，2007年。

颜明霞、谢奕锋：《剪出春秋——广东剪纸》，广州：广东教育出版社，2009年。

黄白龙、关宏：《佛山非物质文化遗产名录图典》，广州：世界图书出版广东有限公司，2009年。

商学兵：《佛山读本》，广州：广东人民出版社，2010年。

关宏：《佛山年俗》，广州：世界图书出版广东有限公司，2013年。

佛山市政协文史资料组：《佛山文史资料选辑》，第1—13辑。

张紫晨：《中外民俗学词典》，杭州：浙江人民出版社，1991年。

钟敬文：《民俗学概论》，上海：上海文艺出版社，1998年。

高丙中：《居住在文化的空间里》，广州：中山大学出版社，1999年。

邹启山：《联合国教科文组织人类口头和非物质遗产代表作申报指南》，北京：文化艺术出版社，2005年。

中国民间文艺家协会：《中国民间文化杰出传承人调查、认定、命名工作手册》，2005年。

顾军、苑利：《文化遗产报告——世界文化遗产保护运动的理论与实践》，北京：社会科学文献出版社，2005年。

王文章：《非物质文化遗产概论》，北京：文化艺术出版社，2006年。

冯骥才：《灵魂不能下跪——冯骥才文化遗产思想学术论集》，银川：宁夏人民出版社，2007年。

高小康：《霓虹下的草根：非物质遗产与都市民俗》，南京：江苏人民出版社，2008年。

方李莉：《遗产：实践与经验》，昆明：云南教育出版社，2008年。

彭兆荣：《遗产：反思与阐释》，昆明：云南教育出版社，2008年。

刘锡诚：《非物质文化遗产：理论与实践》，北京：学苑出版社，2009年。

苑利、顾军：《非物质文化遗产学》，北京：高等教育出版社，2009年。

乌丙安：《非物质文化遗产保护：理论与方法》，北京：文化艺术出版社，2010年。

《中华人民共和国非物质文化遗产法》，北京：法律出版社，2011年。

邱春林：《中国手工艺文化变迁》，上海：中西书局，2011年。

康保成等：《中日韩非物质文化遗产的比较与研究》，广州：中山大学出版社，2013年。

宋俊华、王开桃：《非物质文化遗产保护研究》，广州：中山大学出版社，2013年。

康保成：《中国非物质文化遗产保护发展报告》，北京：社会科学文献出版社，2011年。

康保成：《中国非物质文化遗产保护发展报告》，北京：社会科学文献出版社，2012年。

康保成：《中国非物质文化遗产保护发展报告》，北京：社会科学文献出版社，2013年。

宋俊华：《中国非物质文化遗产保护发展报告》，北京：社会科学文献出版社，2014年。

（美）爱尔乌德：《文化进化论》，钟兆麟译，上海：世界书局，1932年。

（美）希尔斯：《论传统》，傅铿、吕乐译，上海：上海人民出版社，1991年。

（英）迈克尔·波兰尼：《个人知识——迈向后批判哲学》，许泽民译，贵阳：贵州人民出版社，2000年。

（美）保罗·康纳顿：《社会如何记忆》，纳日碧力戈译，上海：上海人民出版社，2000年。

（英）E. 霍布斯鲍姆、T. 兰格：《传统的发明》，顾杭、庞冠群译，北京：译林出版社，2004年。

（美）阿尔伯特·贝茨·洛德：《故事的歌手》，尹虎彪译，北京：中华书局，2004年。

（法）孟德拉斯：《农民的终结》，李培林译，北京：社会科学文献出版社，2005年。

（美）理查德·鲍曼：《作为表演的口头艺术》，杨利慧、安德明译，桂林：广西师范大学出版社，2008年。

（美）沃尔特·翁：《口语文化与书面文化——词语的技术化》，何道宽译，北京：北京大学出版社，2008年。

（美）詹姆斯·C.斯科特：《国家的视角：那些试图改善人类状况的项目是如何失败的》，王晓毅译，北京：社会科学文献出版社，2012年。

（美）罗伯特·芮德菲尔德：《农民社会与文化：人类学对文明的一种诠释》，王莹译，北京：中国社会科学出版社，2013年。

二、论文

吴瑞卿：《广府话说唱本木鱼书的研究》，香港中文大学中国语文学部博士学位论文，1989年。

（韩）朴基水：《清代佛山镇的城市发展和手工业、商业行会》，《中国社会历史评论》2005年第2期。

万钟如：《佛山地区民间曲艺社团"私伙局"文化研究》，《中国音乐学》2005年第4期。

冯江、梁励韵：《城市口头和非物质文化遗产保护研究——以国家历史文化名城佛山为例》，《城市问题》2006年第8期。

凌建：《佛山顺德非物质文化遗产的保护途径》，《佛山科学技术学院学报（社会科学版）》2006年第1期。

白海英：《生菜会：广州大众文化的传承与变迁》，《华南农业大学学报（社会科学版）》2008年第3期。

白海英：《传统的再生与复兴——"生菜会"流变考》，《广西民族大学学报（哲学社会科学版）》2008年第S1期。

蒋书红：《论粤剧的危机与粤剧语言艺术的创新》，《文化遗产》2010年第3期。

王馗：《粤剧的生态环境与艺术遗产》，《中国戏曲学院学报》2012年第4期。

李燕娟：《石湾龙窑保护初探》，《佛山科学技术学院学报》2011年第4期。

孙丽霞：《试析佛山祖庙庙会的复兴》，《佛山科学技术学院学报》2012年第3期。

关宏：《佛山春节习俗的传承与节日氛围的打造》，《文化遗产》2012年第2期。

陈珊、罗靖、章牧：《手工技艺类非物质文化遗产开发与利用——以广东石湾陶塑技艺为例》，《文化遗产》2010年第4期。

朱培科：《非物质文化遗产"人龙舞"的传承》，《北京舞蹈学院学报》2009年第3期。

苏雄：《湛江与佛山两地人龙舞研究》，《广州体育学院学报》2011年第3期。

蒋明智：《佛山"醒狮"的起源及其文化内涵》，《文化遗产》2011年第4期。

杜洁莉：《非物质文化遗产保护下的市场"巴泽尔困境"——以香云纱染整技艺保护为例》，《文化遗产》2013年。

乌丙安：《中国文化语境中的"非物质文化遗产"界定》，《光明日报》2005年7月1日。

宋俊华：《非物质文化遗产概念的诠释与重构》，《学术研究》2006年第9期。

刘锡诚：《传承与传承人论》，《河南教育学院学报》2006年第5期。

祁庆富：《论非物质文化遗产保护中的传承及传承人》，《西北民族研究》2006年第3期。

乌丙安：《带徒传艺：保护民间艺术遗产的关键》，《美术观察》2007年第11期。

刘魁立：《论全球化背景下的中国非物质文化遗产保护》，《河南社会科学》2007年第1期。

牟维、李琦：《非物质文化遗产保护过程中的博弈探索》，《西南民族大学学报》2007年第7期。

乌丙安：《民俗文化空间：中国非物质文化遗产保护的重中之重》，《民间文化论坛》2007年第1期。

高丙中：《作为公共文化的非物质文化遗产》，《文艺研究》2008年第2期。

彭兆荣：《遗产学与遗产运动：表述与制造》，《文艺研究》2008年第2期。

吕俊彪：《非物质文化遗产保护的去主体化倾向及原因探析》，《民族艺术》2009年第2期。

向云驹：《论非物质文化遗产的身体性——关于非物质文化遗产的若干哲学问题之三》，《中央民族大学学报》2010年第4期。

高小康：《非物质文化遗产与乡土文化复兴》，《人文杂志》2010年第5期。

廖明君、高小康：《从申报非物质文化遗产名录走向"后申报非物质文化遗产名录时期"——高小康教授访谈录》,《民族艺术》2011 年第 3 期。

刘铁梁:《民俗文化的内价值与外价值》,《民俗研究》2011 年第 4 期。

刘锡诚:《非遗保护的一个认识误区》,《河南社会科学》2011 年第 5 期。

李强、陈宇琳、刘精明:《中国城镇化"推进模式"研究》,《中国社会科学》2012 年第 7 期。

关芳芳:《非物质文化遗产濒危评价及旅游开发活化研究——以表演艺术类非物质文化遗产为例》,暨南大学 2009 年硕士学位论文。

徐艺乙:《传承人在非物质文化遗产生产性保护中的作用》,《贵州社会科学》2012 年第 12 期。

刘晓春:《非物质文化遗产传承人的若干理论与实践问题》,《思想战线》2012 年第 6 期。

王丹:《中国非物质文化遗产研究路径检讨》,《云南师范大学学报(哲学社会科学版)》2013 年第 4 期。

陈映婕:《超越"遗产观"的中国民俗学发展》,《民俗研究》2013 年第 5 期。

况宇翔:《从生存状态差异化看非物质文化遗产保护策略》,《文艺研究》2013 年第 10 期。

苑利:《非物质文化遗产分类学研究》,《河南社会科学》2013 年第 6 期。

王媛:《文化认同:非物质文化遗产存续发展的核心机制》,《福建论坛(人文社会科学版)》2014 年第 10 期。

鲁春晓:《非物质文化遗产传承模式的反思与探讨》,《东岳论丛》2013 年第 2 期。

中国金融 40 人论坛课题组:《加快推进新型城镇化:对若干重大体制改革问题的认识与政策建议》,《中国社会科学》2013 年第 7 期。

王文章:《"非遗"保护的中国经验》,《人民日报》2013 年 6 月 7 日。

张占斌:《新型城镇化的战略意义和改革难题》,《国家行政学院学报》2013 年第 1 期。

张士闪:《"顺水推舟":当代中国新型城镇化建设不应忘却乡土本位》,《民俗研究》2014 年第 1 期。

李菲:《身体与传承:非物质文化遗产研究的范式转型》,《思想战线》2014 年第 6 期。

刘晓春:《日本、台湾的"社区营造"对新型城镇化建设过程中非遗保护的启示》,《民俗研究》2014 年第 5 期。

三、外文文献

Grahamb, Ashworthgf, Tunbridgej. E. *A Geography of Heritage*: *Power, Culture and Economy*. London & New York: Arnold & Oxford University Press Inc, 2000.

William Logan. "Closing Pandora's Box: Human Rights Conundrums in Cultural Heritage Protection". Helaine Silverman and D. Fairchild Ruggles eds. *Cultural Heritage and Human Rights*. New York: Springer, 2007.

Merleau – Ponty. *Phenomenology of Perception*. translated by Colin Smith. London: Routledge & Kegan Paul, 1962.

Laurajane Smith. *Uses of Heritage*. New York: Routledge, 2006.

Redfield Robert. *Peasant Society and Culture*. Chicago: University of Chicago Press, 1956

附　录

附录一　截至2014年列入国家级非物质文化遗产名录的佛山非遗统计

表1　列入第一批（2006年）国家级非物质文化遗产名录的佛山非遗（下划线标注）

类别	序号	编号	项目名称	申报地区或单位
民间舞蹈	108	Ⅲ-5	狮舞（徐水舞狮、天塔狮舞、黄沙狮子、<u>广东醒狮</u>）	河北省徐水县，山西省襄汾县，浙江省临海市，<u>广东省佛山市</u>、遂溪县、广州市
传统戏剧	180	Ⅳ-36	<u>粤剧</u>	广东省文化厅，香港特别行政区民政事务局，澳门特别行政区文化局，广东省广州市、<u>佛山市</u>
曲艺	267	Ⅴ-31	<u>龙舟说唱</u>	<u>广东省佛山市顺德区</u>
民间美术	308	Ⅶ-9	<u>佛山木版年画</u>	<u>广东省佛山市</u>
民间美术	315	Ⅶ-16	剪纸（蔚县剪纸、丰宁满族剪纸、中阳剪纸、医巫闾山满族剪纸、扬州剪纸、乐清细纹刻纸、<u>广东剪纸</u>、傣族剪纸、安塞剪纸）	河北省蔚县、丰宁满族自治县，山西省中阳县，辽宁省锦州市，江苏省扬州市，浙江省乐清市，<u>广东省佛山市</u>、汕头市、潮州市，云南省潞西市，陕西省安塞县
传统手工技艺	353	Ⅷ-3	<u>石湾陶塑技艺</u>	<u>广东省佛山市</u>

资料来源：《国务院关于公布第一批国家级非物质文化遗产名录的通知》（国发〔2006〕18号）。

表2 列入第二批（2008年）国家级非物质文化遗产名录的佛山非遗
（下划线标注）

类别	序号	编号	项目名称	申报地区或单位
传统音乐（民间音乐）	75	Ⅱ-44（扩展项目名录）	十番音乐（楚州十番锣鼓、邵伯锣鼓小牌子、楼塔细十番、遂昌昆曲十番、黄石惠洋十音、<u>佛山十番</u>、海南八音器乐）	江苏省淮安市、江都市，浙江省杭州市、遂昌县，福建省莆田市，<u>广东省佛山市</u>，海南省海口市
传统舞蹈（民间舞蹈）	107	Ⅲ-4（扩展项目名录）	龙舞（易县摆字龙灯、曲周龙灯、金州龙舞、舞草龙、骆山大龙、兰溪断头龙、大田板灯龙、高龙、汝城香火龙、九龙舞、埔寨火龙、乔林烟花火龙、醉龙、黄龙溪火龙灯舞）	河北省易县、曲周县，辽宁省大连市金州区，上海市松江区，江苏省溧水县，浙江省兰溪市，福建省大田县，湖北省武汉市汉阳区，湖南省汝城县、平江县，广东省丰顺县、<u>佛山市</u>、江门市蓬江区、揭阳市、中山市，四川省双流县
传统美术（民间美术）	349	Ⅶ-50（扩展项目名录）	灯彩（北京灯彩、上海灯彩、秦淮灯彩、苏州灯彩、<u>佛山彩灯</u>、潮州花灯、洛阳宫灯、汴京灯笼张）	北京市崇文区、朝阳区，上海市卢湾区，江苏省句容市、苏州市，<u>广东省佛山市</u>、潮州市湘桥区，河南省洛阳市、开封市
传统美术（民间美术）	842	Ⅶ-66	彩扎（凤凰纸扎、秸秆扎刻、彩布拧台、邳州纸塑狮子头、<u>佛山狮头</u>）	湖南省凤凰县，河北省永清县、邯郸市，江苏省邳州市，<u>广东省佛山市</u>
传统技艺（传统手工技艺）	890	Ⅷ-107	<u>香云纱染整技艺</u>	<u>广东省佛山市顺德区</u>

续上表

类别	序号	编号	项目名称	申报地区或单位
民俗	453	X-5（扩展项目名录）	中秋节（中秋博饼、佛山秋色）	福建省厦门市、广东省佛山市
	991	X-84	庙会（妙峰山庙会、东岳庙庙会、晋祠庙会、上海龙华庙会、赶茶场、泰山东岳庙会、武当山庙会、火宫殿庙会、佛山祖庙庙会、药王山庙会）	北京市门头沟区、朝阳区，山西省太原市晋源区，上海市徐汇区，浙江省磐安县，山东省泰安市，湖北省十堰市，湖南省长沙市，广东省佛山市，陕西省铜川市

资料来源：《国务院关于公布第二批国家级非物质文化遗产名录和第一批国家级非物质文化遗产扩展项目名录的通知》（国发〔2008〕19号）。

表3 列入第四批（2014年）国家级非物质文化遗产名录的佛山非遗
（下划线标注）

类别	序号	编号	项目名称	申报地区或单位
传统音乐	622	Ⅱ-123（扩展项目名录）	锣鼓艺术（软槌锣鼓、花镲锣鼓、大铜器、老河口锣鼓架子、八音锣鼓）	山西省万荣县，江西省丰城市，河南省遂平县，湖北省老河口市，广东省佛山市顺德区

资料来源：《国务院关于公布第四批国家级非物质文化遗产代表性项目名录的通知》（国发〔2014〕59号）。

附录二 截至2014年列入广东省级非物质文化遗产名录的佛山非遗统计

表1 列入广东省第一批（2006年）省级非物质文化遗产名录的佛山非遗

类别	序号	项目名称	申报地区或单位
民间美术	1	佛山剪纸	佛山市
	4	佛山木版年画	佛山市
民间舞蹈	19	广东醒狮	佛山市南海区
戏曲	37	粤剧（佛山）	佛山市
曲艺	50	龙舟说唱	佛山市顺德区
民间手工技艺	56	"石湾公仔"陶塑艺术	佛山市
文化空间	74	佛山祖庙北帝诞	佛山市
	77	佛山秋色	佛山市

资料来源：《广东省人民政府关于批准并公布广东省第一批省级非物质文化遗产代表作名录的通知》（粤府〔2006〕53号）。

表2 列入广东省第二批（2007年）省级非物质文化遗产名录的佛山非遗

分类（代码）	序号	项目名称	申报地区或单位
民间音乐Ⅱ	5	佛山十番	佛山市
	6	八音锣鼓	佛山市
民间舞蹈Ⅲ	30	龙舞（杏坛人龙、龙岗舞龙、荷塘纱龙、花环龙、东莞龙舞、乔林烟花火龙）	佛山市顺德区、深圳市龙岗区、江门市蓬江区、梅州市大塘县、东莞市大朗镇、揭阳市东山区
曲艺Ⅴ	39	粤曲星腔	佛山市
民间美术Ⅶ	49	佛山彩灯	佛山市
	58	木雕	揭阳市、佛山市、汕头市
传统手工技艺Ⅷ	60	香云纱染整技艺	佛山市顺德区
	64	佛山狮头制作技艺	佛山市
民俗Ⅹ	72	春节习俗（揭阳春节习俗、佛山春节习俗）	揭阳市、佛山市
	91	行通济	佛山市
	93	灯会（乐安花灯会、泮村灯会）	佛山市、江门市开平市

资料来源：《广东省人民政府关于批准并公布广东省第二批省级非物质文化遗产名录的通知》（粤府〔2007〕57号）。

表3 列入广东省第三批（2009年）省级非物质文化遗产名录的佛山非遗

分类（代码）	序号	项目名称	申报地区或单位
传统技艺	7	石湾玉冰烧酒酿制技艺	佛山市禅城区
传统技艺	8	九江双蒸酒酿制技艺	佛山市南海区
民俗	5	官窑生菜会	佛山市南海区
民俗	6	陈村花会	佛山市顺德区

资料来源：《广东省人民政府关于批准并公布广东省第三批省级非物质文化遗产名录的通知》（粤府〔2009〕112号）。

表4 列入广东省第四批（2012年）省级非物质文化遗产名录的佛山非遗

分类	序号	项目编号	项目名称	申报地区或单位
传统音乐	6	Ⅱ-22	高明花鼓调	佛山市高明区
传统美术	18	Ⅶ-30	南海藤编制作技艺（大沥、里水）	佛山市南海区大沥镇、佛山市南海区里水镇
传统技艺	33	Ⅷ-51	石湾龙窑营造与烧制技艺	佛山市
传统技艺	35	Ⅷ-53	金箔锻造技艺	佛山市南海区
传统医药	44	Ⅸ-7	中医养生（源吉林甘和茶）	佛山市
传统体育、游艺与杂技（扩展项目）	11	Ⅵ-1	蔡李佛拳（佛山、广州北胜蔡李佛拳）	佛山市、广东省武术协会
传统体育、游艺与杂技（扩展项目）	12	Ⅵ-2	咏春拳（佛山、叶问宗支）	佛山市、佛山市南海区
传统体育、游艺与杂技（扩展项目）	13	Ⅵ-6	赛龙舟（九江传统龙舟、三人燕尾龙舟竞技、小榄赛龙艇、石岐赛龙舟、东风五人飞艇赛、南头五人飞艇赛）	佛山市南海区、清远市清新县、中山市小榄镇、中山市石岐区、中山市东凤镇、中山市南头镇
传统美术（扩展项目）	15	Ⅶ-4	粤绣（广绣）	广州市海珠、佛山市顺德区
传统医药（扩展项目）	28	Ⅸ-3	中医传统制剂方法（小柴胡制剂方法、冯了性风湿跌打药酒传统组方及工艺）	广州市、佛山市
民俗	35	Ⅹ-15	端午节（盐步老龙礼俗）	佛山市南海区

资料来源：《广东省人民政府关于批准并公布广东省第四批省级非物质文化遗产名录的通知》（粤府〔2012〕20号）。

表5 列入广东省第五批（2013年）省级非物质文化遗产名录的佛山非遗

分类	序号	项目名称	申报地区或单位
民俗	10	真步堂天文历算	佛山市顺德区
民俗（扩展项目）	2	庙会（大仙诞庙会）	佛山市南海区
民俗（扩展项目）	3	民间信俗（观音信俗、南沙妈祖信俗）	佛山市顺德区、广州市南沙区
曲艺（扩展项目）	1	粤曲	佛山市

资料来源：《广东省人民政府关于批准并公布广东省第五批省级非物质文化遗产名录的通知》（粤府〔2013〕118号）。

附录三 截至 2014 年列入广东省级以上名录的佛山非遗代表性传承人统计[①]

表1 佛山第一批（2008年）广东省级非遗项目代表性传承人

序号	项目类别	项目名称	申报地区或单位	传承人 姓名	性别	出生年	备注
1	传统音乐	*十番音乐（佛山十番）	佛山	何汉然	男	1927	已故
2		*八音锣鼓	佛山	梁兆帝	男	1926	已故
3	传统舞蹈	*狮舞（广东醒狮）	佛山	关润雄	男	1959	
4		*龙舞（人龙舞）	佛山	苏求应	男	1961	
5	曲艺	*龙舟说唱	佛山	*伍于筹（国家级第二批）	男	1930	已故
6			佛山	*尤学尧（国家级第二批）	男	1939	已故
7		粤曲星腔	佛山	李月友	女	1957	
8	传统美术	*剪纸（广东剪纸）	佛山	*陈永才（国家级第三批）	男	1941	
9		*佛山木版年画	佛山	*冯炳棠（国家级第一批）	男	1936	
10		佛山木雕	佛山	何耀辉	男	1949	
11		*灯彩（佛山彩灯）	佛山	*邓辉（国家级第三批）	男	1923	已故
12			佛山	陈棣桢	男	1945	
13			佛山	*杨玉榕（国家级第四批）	女	1945	
14		*彩扎（佛山狮头）	佛山	*黎伟（国家级第三批）	男	1945	
15			佛山	黎婉珍	女	1964	

---

① 参见广东省文化馆，http://www.gdsqyg.com/wzwh/list.php?catid=17。另：经笔者2015年3月15日与佛山市非遗保护中心关宏副主任核实，了解到已故的省级传承人达7人，均在备注栏标注。

续上表

序号	项目类别	项目名称	申报地区或单位	传承人 姓名	性别	出生年	备注
16	传统技艺	*石湾陶塑技艺	佛山	*刘泽棉（国家级第一批）	男	1937	
17			佛山	*黄松坚（国家级第四批）	男	1941	
18			佛山	*廖洪标（国家级第四批）	男	1936	
19		*香云纱染整技艺	佛山	*梁珠（国家级第三批）	男	1935	
20			佛山	黄田胜	男	1961	
21	民俗	*中秋节（佛山秋色）	佛山	何信	男	1946	

说明：项目前带"*"的为国家级非遗，传承人前带"*"的为国家级传承人。以下各表同。

表2 佛山第二批（2011年）广东省级非遗项目代表性传承人

序号	项目类别	项目名称	申报地区或单位	传承人 姓名	性别	出生年	备注
1	传统舞蹈	*狮舞（广东醒狮）	佛山市	黄钦添	男	1965	
2		*龙舞（杏坛人龙）	佛山市	林普宣	男	1930	已故
3	传统美术	*剪纸（广东剪纸）	佛山市	何燕	女	1943	已故
4	传统技艺	*石湾陶塑技艺	佛山市	梅文鼎	男	1940	
5			佛山市	钟汝荣	男	1956	
6		*中秋节（佛山秋色）	佛山市	何洁桦	女	1945	

表3 佛山、顺德第三批（2012年）广东省级非遗项目代表性传承人

序号	项目类别	项目名称	申报地区或单位	传承人 姓名	性别	出生年	备注
1	传统音乐	*十番音乐（佛山十番）	佛山市	何汉沛	男	1947	
2	曲艺	*龙舟说唱	顺德区	陈振球	男	1941	
3	传统体育、游艺与杂技	蔡李佛拳	佛山市	黄镇江	男	1950	

续上表

序号	项目类别	项目名称	申报地区或单位	传承人 姓名	性别	出生年	备注
4	传统美术	*灯彩（佛山彩灯）	佛山市	梁达光	男	1958	
5	传统技艺	酿造酒传统酿造技艺（九江双蒸酒酿制技艺）	佛山市	何松贵	男	1971	
6		酿造酒传统酿造技艺（石湾玉冰烧酒酿制技艺）	佛山市	郭波	男	1965	
7		*石湾陶塑技艺	佛山市	潘柏林	男	1953	
8		中医传统制剂方法（源吉林甘和茶）	佛山市	陈云鹄	男	1965	

表4　佛山、顺德第四批（2014年）广东省级非遗项目代表性传承人

序号	项目类别	项目名称	申报地区或单位	传承人 姓名	性别	出生年	备注
1	传统体育、游艺与杂技	咏春拳（叶问宗支）	佛山市	叶准	男	1935	
2		蔡李佛拳（佛山）	佛山市	梁伟永	男	1958	
3		赛龙舟（九江传统龙舟）	佛山市	朱石明	男	1948	
4	传统美术	粤绣（广绣）	顺德区	阮贤娥	女	1956	
5		*佛山木版年画	佛山市	冯锦强	男	1976	
6		*剪纸（广东剪纸）	佛山市	饶宝莲	女	1974	
7		藤编（大沥）	佛山市	梁灿尧	男	1960	
8	传统技艺	*石湾陶塑技艺	佛山市	刘国祥	男	1947	
9		金箔锻造技艺	佛山市	吴深龙	男	1960	
10		石湾龙窑营造与烧制技艺	佛山市	蒙文德	男	1948	
11	民俗	端午节（盐步老龙礼俗）	佛山市	邵钜熙	男	1944	
12		真步堂天文历算	顺德区	蔡伯励	男	1922	

后　　记

十年前我对佛山的印象，还仅停留在对"黄飞鸿"、"石湾公仔"等词语的想象状态。2006年我辗转到佛山工作，随着观察的拓展和体验的加深，对这座岭南历史文化名城的认同和喜爱逐渐稳固。在此期间，国家的非遗保护"落地"佛山并全线展开，曾少人关注的佛山非遗渐次成为话题焦点，一股不小的非遗研究热也在佛山兴起。受此"热浪"席卷，我转身步入非遗领域，并于2013年考入中山大学中国非遗研究中心在职攻读非遗学博士，开启了我探研非遗的个人之旅。

近几年我对非遗理论以及佛山非遗传承与保护的思考，大多凝结成了这本小书中的文字。《走向"后申遗时期"的佛山非遗传承与保护研究》得以顺利出版，要感谢佛山市委宣传部"佛山市人文和社科研究丛书"的立项资助，感谢佛山市社科联、广东省广府文化研究基地对我开展非遗个案调研的经费资助，感谢佛山市非遗保护中心和禅城、南海、顺德、三水、高明各区非遗保护中心以及杏坛、狮山、大沥等镇街文化站在我搜集图文资料、开展调研访谈过程中提供的鼎力支持。感谢佛山岭南文化研究院为我完成书稿写作提供的平台和时间保障。

尤其要感谢佛山市委宣传部商学兵副部长、佛山市社科联邓翔副主席、佛山市委宣传部理论科科长何子健、佛山市社科联科长李若岚、佛山市博物馆副馆长、佛山市非遗保护中心副主任关宏、佛山市民间艺术研究社副主任吕锦萍以及各区非遗保护中心负责人等领导的关怀支持。感谢在调研写作过程中访谈、求教过的佛山龙舟说唱、彩灯、剪纸、木版年画等非遗项目的多位传承人，以及余婉韶、梁国澄等佛山非遗保护专家，并向他们致以深深的敬意。

本书写作离不开诸多前辈、师长和专家的指导。我的博导高小康教授不仅对本书思路提出了宝贵意见和建议，还在十分忙碌的情况下欣然赐序；我的硕导刘绍瑾教授时时给予鼓励和指引，去年年底术后康复期间还专门询问本书进展，令我非常感动。同时，感谢中山大学康保成教授、宋俊华教授对于本书写作的点拨和启发。

佛山科学技术学院原文学院院长李克和教授、科技处副处长兼佛山岭南文化研究院负责人陈恩维教授最早将我带入了佛山非遗研究领域，不仅将我列为他们所主持非遗课题的主要成员，在调查研究方面手把手地指导，特别是陈恩维教授为推动本书的立项、调研、写作不遗余力，颇多费神操心，还亲自撰写了第六章第一节的部分内容。文学院院长万伟成教授、中文系主任莫运平教授对我开展佛山非遗研究也多有指导和帮助。在此，一并表示我诚挚的感谢。

需要提及的是，本书多数章节已被《探索与争鸣》、《学术论坛》、《文化遗产》、《理论导刊》、《原生态民族文化学刊》、《佛山科学技术学院学报》等期刊公开发表，其中个别篇章被中国人民大学报刊复印资料《文化研究》全文转载，感谢这些专业期刊对本书成果的认可，感谢期刊编辑老师们所给予的指点和建议。

不管是外出调研，还是闭门写作，爱妻石了英博士给了我最大程度的包容和支持，女儿宛琬的童言萌语、绕膝撒娇也为我紧张忙碌的写作生活增趣不少，这些又岂是一个"谢"字可以道尽的！

本书写作能得到如此多领导、前辈、师长和亲友的支持，是我的荣幸。只因自己学养有限，涉足非遗研究的时间不长，书中定有诸多疏漏不当之处，敬请各位专家、读者不吝指正。我将以此为起点，更扎实地深入田野，继续做好非遗项目的调查、记录和研究，为促进佛山非遗的传承与保护略尽绵薄之力。

谢中元

2015 年 6 月 30 日于佛山岭南文化研究院